国家"双高计划"水利水电建筑工程高水平专业群活页式教材

景观生态学

主　编　王勤香　王　来
副主编　张　芳　郝　满　黄福青
主　审　雷　恒

中国水利水电出版社
www.waterpub.com.cn
·北京·

内 容 提 要

本书是国家"双高计划"水利水电建筑工程高水平专业群特色教材，是根据中国特色高水平高职学校和水利水电建筑工程高水平专业群建设要求，按照"景观生态学"课程标准编写而成。

本书内容共有景观生态学的基本概念及科学范畴、景观生态学的理论与核心、景观要素及其生态属性、景观结构与格局分析、景观评价、景观生态规划、景观生态与生态系统管理和"3S"技术在景观调查中的应用八个学习项目。

本书可用作水生态修复技术专业、水土保持专业教材，也可供水利类相关专业教学使用，亦是相关行业职工培训教材。

图书在版编目（CIP）数据

景观生态学 / 王勤香，王来主编. -- 北京 : 中国水利水电出版社，2023.7
国家"双高计划"水利水电建筑工程高水平专业群活页式教材
ISBN 978-7-5226-1704-6

Ⅰ．①景… Ⅱ．①王… ②王… Ⅲ．①景观学－生态学－高等职业教育－教材 Ⅳ．①Q149

中国国家版本馆CIP数据核字(2023)第141976号

书　　名	国家"双高计划"水利水电建筑工程高水平专业群活页式教材 **景观生态学** JINGGUAN SHENGTAIXUE
作　　者	主　编　王勤香　王　来 副主编　张　芳　郝　满　黄福青 主　审　雷　恒
出版发行	中国水利水电出版社 （北京市海淀区玉渊潭南路1号D座　100038） 网址：www.waterpub.com.cn E-mail：sales@mwr.gov.cn 电话：（010）68545888（营销中心）
经　　售	北京科水图书销售有限公司 电话：（010）68545874、63202643 全国各地新华书店和相关出版物销售网点
排　　版	中国水利水电出版社微机排版中心
印　　刷	北京市密东印刷有限公司
规　　格	184mm×260mm　16开本　10印张　237千字
版　　次	2023年7月第1版　2023年7月第1次印刷
印　　数	0001—1000册
定　　价	35.00元

凡购买我社图书，如有缺页、倒页、脱页的，本社营销中心负责调换
版权所有·侵权必究

前言

本书是贯彻落实《国家职业教育改革实施方案》（国发〔2019〕4号）、《关于实施中国特色高水平高职学校和专业建设计划的意见》（教职成〔2019〕5号）和《职业教育提质培优行动计划（2020—2023年）》（教职成〔2020〕7号）等文件精神，按照中国特色高水平高职学校和水利水电建筑工程高水平专业群建设要求编写完成的。

本书从高职教育实际出发，根据学生特点及认知规律，融"教、学、练"为一体。本书内容编写方面，紧紧围绕景观生态学的研究特色，注重理论知识与实践应用的有机结合，深入浅出地介绍景观生态学基本原理、景观结构和格局分析、景观生态评价及规划与景观文化建设，融入绿色生态、可持续发展、人与自然和谐共生理念，融合国内外最新的研究成果及"3S"技术，并提供翔实、生动且可操作的案例，具有实用性、实践性和创新性；教材框架方面，考虑教材特点，具有内容系统性，项目模块化特点，满足不同专业、不同层次人员的需求。

本书由黄河水利职业技术学院和中冶建筑研究总院有限公司校企合作完成。编写具体分工如下：黄河水利职业技术学院王勤香编写绪论、项目7和项目8，郝满编写项目4及所有拓展思考题，张芳编写项目5和项目7；中冶建筑研究总院有限公司王来编写项目1、项目3和项目6，黄福青编写项目2。本书由王勤香、王来担任主编并负责全书统稿；由张芳、郝满、黄福青担任副主编；由黄河水利职业技术学院雷恒教授担任主审。

书中参考了景观生态学和其他相关领域内的研究成果，已在书后的参考文献中列出，在这里向相关的编写者表示衷心感谢。本书编写过程中，尽管编者力求将景观生态学的基本原理、方法与实践进行有机融合，然而景观生态学正处于不断发展之中，内容不断推陈出新，涉及学科众多；同时，由于受编者的水平局限，在诸多方面还不够深入浅出，存在不足与疏漏之处敬请读者批评指正。

编者

2023年6月

目 录

前言

项目1 绪论 ······ 1
   任务1 景观与景观生态学 ······ 1
   任务2 景观生态学的研究对象和任务 ······ 2
   任务3 景观生态学的应用领域 ······ 5
   任务4 景观生态学的发展沿革 ······ 7
   拓展思考题 ······ 11

项目2 景观生态学的理论与核心 ······ 13
   任务1 景观生态学的理论基础 ······ 13
   任务2 景观生态学的重要理论 ······ 19
   任务3 景观生态学的核心论题 ······ 25
   拓展思考题 ······ 31

项目3 景观要素及其生态属性 ······ 32
   任务1 斑块 ······ 32
   任务2 廊道 ······ 38
   任务3 基底 ······ 42
   任务4 景观分类 ······ 46
   拓展思考题 ······ 49

项目4 景观结构与格局分析 ······ 50
   任务1 景观结构与格局 ······ 50
   任务2 景观格局分析 ······ 62
   任务3 景观空间分析 ······ 78
   拓展思考题 ······ 87

项目5 景观评价 ······ 89
   任务1 景观评价尺度 ······ 89
   任务2 景观评价类型 ······ 93
   拓展思考题 ······ 98

项目6 景观生态规划 ······ 99
   任务1 景观生态规划的目的和原则 ······ 99

  任务2 景观生态规划的方法模型 …………………………………………… 108
  任务3 景观生态规划的应用 ……………………………………………… 115
  拓展思考题 ………………………………………………………………………… 117

项目7 景观生态与生态系统管理 …………………………………………………… 118
  任务1 景观生态与生态系统 …………………………………………………… 118
  任务2 景观生态管理 ……………………………………………………………… 121
  任务3 景观生态与自然保护区 ………………………………………………… 129
  任务4 景观文化建设 ……………………………………………………………… 132
  拓展思考题 ………………………………………………………………………… 137

项目8 "3S"技术在景观调查中的应用 ………………………………………………… 138
  任务1 遥感技术及其在景观生态学中的应用 …………………………………… 138
  任务2 全球定位系统及其在景观生态学中的应用 ………………………………… 140
  任务3 地理信息系统及其在景观生态学中的应用 ………………………………… 141
  拓展思考题 ………………………………………………………………………… 146

参考答案 ……………………………………………………………………………………… 147

参考文献 ……………………………………………………………………………………… 148

项目 1

绪 论

景观生态学是生态学和地理学交叉融合形成的生态学分支学科，随着现代遥感技术、计算机技术及数学模型技术的发展和宏观生态学研究的兴起，景观生态学科受到越来越多的关注。本项目主要介绍景观与景观生态学概念、研究对象、解决问题、工程应用及发展沿革。

任务1 景观与景观生态学

1.1 景观的概念

"景观"一词最早出现在希伯来文《圣经》的《旧约全书》中，用来描绘城堡和宫殿构成的耶路撒冷城美丽的景色。15世纪中叶，西欧艺术家们在风景油画构图中，景观是透视中所见地球表面景色的代称。此时，景观的含义与汉语中的"风景""景致""景象"等类同，等同于英语中的"scenery"，都是视觉美学意义上的概念。在德语中，景观是指一片或一块乡村土地，但通常被用来描述美丽的乡村自然风光；英语中的景观源于德语，被理解为形象而又富于艺术性的风景；汉语中景观作为风景的同义语，一直沿用至今。这种针对美学风景的景观理解，既是景观最朴素的含义，也是后来科学概念内涵的重要来源之一。

在生态学中景观的定义可概括为狭义和广义两种。狭义景观是指在几十千米至几百千米范围内，由不同类型生态系统所组成的、具有重复性格局的异质性地理单元。反映气候、地理生物、经济、社会和文化综合特征的景观复合体相应地称为区域。狭义景观和区域即人们通常所指的宏观景观；广义景观则包括出现在从微观到宏观不同尺度上的，具有异质性或斑块性的空间单元。显然，狭义的景观是景观生态学的主要研究对象，也是景观生态学发展的根据；广义景观概念强调空间异质性，景观的绝对空间尺度随研究对象、方法和目的而变化，它体现了生态学系统中多尺度和等级结构的特征，有助于多学科、多途径研究。景观概念的生态学内涵：景观为空间上镶嵌出现和紧密联系的生态系统组合而形成的中尺度异质性地表单元，在更大尺度的区域中，景观是互不重叠且对比性强的基本结构单元。景观通常具有特定的结构、过程和功能特征，通常可以据此把景观分成林地景观、草原景观、农业景观、荒漠景观等不同类型。

1.2 景观生态学的概念

景观生态学（landscape ecology）一词是1939年由德国地植物学家特罗尔在利用航空相片研究东非土地利用问题时首先提出来的，用来表示对支配一个区域单位的自然-生物综合体的相互关系的分析。

1998年，国际景观生态学会将景观生态学定义为"对于不同尺度上景观空间变化的研究，它包括景观异质性的生物、地理和社会的因素，它是一门连接自然科学和相关人类科学的交叉学科。"

景观生态学是一门多学科交叉的新兴学科，它的主体是地理学与生态学之间的交叉。景观生态学以整个景观为对象，通过物质流、能量流、信息流与价值流在地球表层的传输和交换，通过生物与非生物要素以及人类之间的相互作用与转化，运用生态系统原理和系统方法研究景观结构和功能、景观动态变化以及相互作用机制，研究景观的美化格局、优化结构、合理利用和保护。景观生态学强调异质性、尺度性、高度综合性，是新一代的生态学；从组织水平上讲，处于个体生态学—种群生态学—群落生态学—生态系统生态学—景观生态学—全球生态学系列的较高层次，具有很强的实用性（图1.1）。景观综合、空间结构、宏观动态、区域建设、应用实践是景观生态学的几个主要特点。从学科地位来讲，景观生态学兼有生态学、地理学、环境科学、资源科学、规划科学、管理科学等许多现代大学科群系的多功能优点，适宜于组织协调跨学科多专业的区域生态综合研究，因而在现代生态学分类体系中处于应用基础生态学的地位。

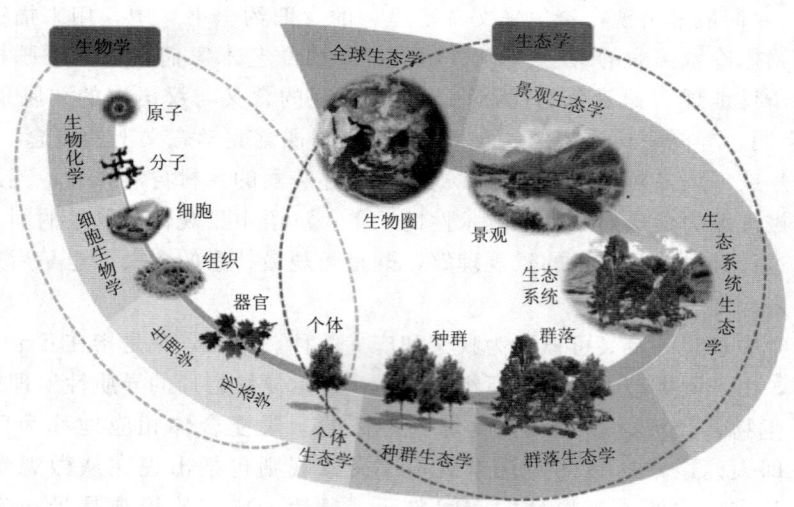

图1.1　景观生态学与其他生态学学科的关系

任务2　景观生态学的研究对象和任务

2.1　景观生态学的研究对象和内容

景观生态学是一门研究一定地域范围内不同生态系统或景观发展所形成的功能整体的结构、过程与动态的生态学分支学科，其研究对象是由不同生态系统与景观要素组成的异质性景观，研究景观要素间的物质流、物种交流、能量流、景观要素的空间格局与生态过程的关系以及景观格局与生态过程的动态变化（图 1.2）。因此，景观生态学的研究内容可以概括为四个方面。

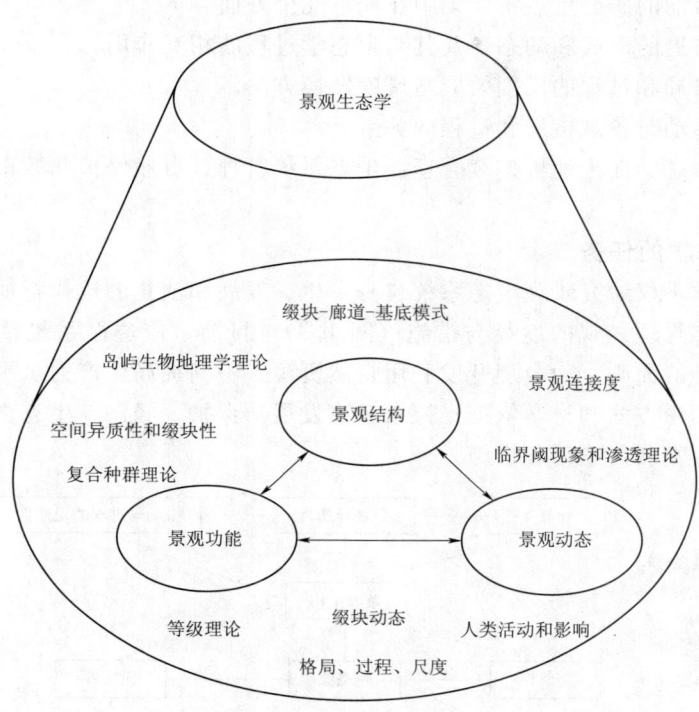

图 1.2　景观生态学中的基本概念

（1）景观结构：研究景观组成单元的类型、空间关系及其形成机制。如包括构成景观的生态系统类型、面积、空间分布方式及其综合特征，如多样性、破碎化、连通性、优势度等。不同的尺度，景观往往表现出不同的结构特征。

（2）景观生态过程：研究景观要素之间的相互联系方式与相互作用，如景观要素之间的动物、植物的物种迁移、扩散规律、物质流、能量流与信息流等。

（3）景观动态：研究景观结构与景观生态过程随时间的变化特征与规律。

（4）景观生态学与自然资源管理：景观生态学为生态学原理应用于土地等自然资源管理提供了桥梁，景观生态学的起源与土地管理、自然保护和区域规划密切联系在一起。现代景观生态学也一直保持其显著的应用科学特色，寻求为区域规划、土地可持续管理与自然保护提供生态学基础。

景观生态学研究内容的四个方面是相互联系在一起的。景观结构与景观生态过程是相互依赖、相互作用的。通常景观结构决定景观生态过程，而景观结构的形成又受景观生态过程的影响。景观结构与景观生态过程以及两者之间的相互关系均是随时间而变化的。同时，对景观结构与景观生态过程及其动态的认识，有助于人们规划与设计生态合理的人类活动，设计可持续的土地管理和自然资源利用方式。而区域可持续发展与自然资源管理的要求也推动了景观生态学的发展。可以说，正是 20 世纪 60 年代以来的区域性与全球性的生态环境危机推动了景观生态学的发展。

景观生态学作为一门发展中的生态学分支，其研究内容、研究方法与研究热点都在发展变化中。目前的研究重点主要集中在如下几个方面：

（1）空间格局的形成和动态，及其与生态学过程的相互作用。

（2）景观格局和过程的尺度效应与尺度转换方法。

（3）人类活动与景观格局和过程的关系。

（4）景观生态学在土地可持续管理、生态系统管理、自然保护和城市与区域发展中的应用。

2.2 景观生态学的任务

景观生态学不仅研究景观生态系统自身发生、发展和演化的规律特征，而且探求合理利用、保护和管理景观的途径与措施（图 1.3）。目前，应遵循系统整体优化、循环再生和区域分异的原则，为合理开发利用自然资源、不断提高生产力水平、保护与建设生态环境提供理论方法和科学依据；探求解决发展与保护、经济与生态之间的矛盾，促进生态经济持续发展的途径和措施。

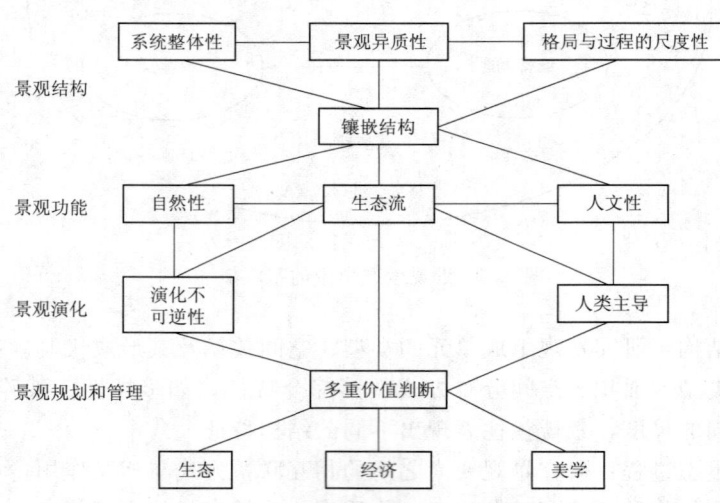

图 1.3 景观生态学的核心概念框架

景观生态学基本任务可概括为以下四个方面。

2.2.1 景观生态系统结构和功能研究

这方面包括对自然景观生态系统和人工景观生态系统的研究。通过研究景观生态系统中的物理过程、化学过程、生物过程以及社会经济过程来探讨各类生态系统的结构、功能、稳定性及演替。研究景观生态系统中物质流、能量流、信息流和价值流，模拟生态系统的动态变化，建立各类景观生态系统的优化结构模式。景观生态系统结构研究主要包括景观空间尺度的有序等级。景观功能研究主要包括景观生态系统内部以及与外界所进行的物质、能量、信息交换及这种交换影响下景观内部发生的种种变化和表现出的性能。特别要注意人类作为景观的一个要素在景观生态系统中的行为和作用。对人工景观生态系统的研究，如城市生态系统、工矿生态系统，要考虑系统中的非生物过程。这方面的研究工作是景观生态学的基础研究，通过研究来丰富景观生态学的理论，指导应用和实践。

2.2.2 景观生态监测和预警研究

这方面的研究是对人类活动影响和干预下自然环境变化的监测，以及对景观生态系统结构和功能的可能改变和环境变化的预报。景观生态监测的任务是不断监测自然和人工生态系统及生物圈其他组成部分的状况，确定改变的方向和速度，并查明种种人类活动在这种改变中所起的作用。景观生态监测工作，应在有代表性的景观生态系统类型中建立监测站，积累资料，完善生态数据库，动态地监测物种及生态系统状态的变化趋势，及时发出，为决策部门制定合理利用自然资源与保护生态环境的政策措施提供科学依据。景观生态预警是对资源利用的生态后果、生态环境与社会经济协调发展的预测和警报。一是在监测基础上，从时间和空间尺度对景观变化作出预报。这种研究要通过承载力、稳定性、缓冲力、生产力和调控力，分析区域生态环境容量和可持续发展能力，对区域生态环境对经济发展的协调性和适应性进行评价，对超负荷的区域和重大的生态环境问题进行预警，采取必要的措施。二是对种种大型工程所引起的生态环境变化的预测，如南水北调和长江三峡水利工程的生态环境预测。

2.2.3 景观生态设计与规划研究

景观生态规划是通过分析景观特性以及对其判释、综合和评价，提出景观最优利用方案。其目的是使景观内部社会活动以及景观生态特征在时间和空间上协调化，达到对景观优化利用，既保护环境，又发展生产，合理处理生产与生态、资源开发与保护、经济发展与环境质量，开发速度、规模、容量、承载力等的辩证关系。根据区域生态良性循环和环境质量要求设计与区域协调和相容的生产和生态结构，提出生态系统管理途径与措施。其主要包括景观生态分类、景观生态评价、景观生态设计、景观生态规划和实施。

2.2.4 景观生态保护与管理研究

运用生态学原理和方法探讨合理利用、保护和管理景观生态系统的途径。应用有关演替理论，通过科学实验与建立生态系统数学模型，研究景观生态系统的最佳组合、技术管理措施和约束条件，通过多级利用生态工程等有效途径，提高光合作用的强度，最大限度地利用初级异养生产，提高不同营养级生物产品利用的经济效益。建立自然景观和人文景观保护区，经营管理和保护资源与环境。保护主要生态过程与生命支持系统；保护遗传基因的多样性；保护现有生产物种；保护文化景观，使之为人类永续利用，不断加强种种生态系统的功能。景观生态管理还应加强景观生态信息系统研究，主要包括数据库、模型库、景观生态专家系统和知识库。

任务3 景观生态学的应用领域

景观生态学的发展从一开始就与土地规划、管理、森林经营、农业生产实践、自然保护等实际问题联系，有着十分广泛的应用领域。

3.1 在景观建筑与规划中的应用

景观规划建筑学是适应现代社会发展的需要而产生的一门工程应用性学科，它是景观科学与建筑学的交叉，城市规划、风景园林设计与景观生态学的交叉。这门学科在美国已有百余年的历史，倡导自然与城市生活相融合，将生态思想与景观设计相结合。美国许多大学开设"景观规划建筑"课程远早于景观生态学，20世纪80年代以后，北美景观生态学的兴盛无疑又为景观建筑与景观规划注入新的活力。

现在很多研究利用仿生学及景观生态学的启示分析生命，如海藻、海星、瓜蔓等生物是如何通过扩大自身表面来最大限度地获得自然界的营养，启迪我们如何通过景观生态格局的设计和建筑的布局来最大限度地使人与自然相接触。景观生态学通过自然斑块形状的设计来平衡边缘与核心的比例，形成完善的生态功能，通过景观空间结构的调整，优化组合原有景观组分或引入新的成分；控制人类活动的方式与程度，补偿与恢复景观的生态功能；按生态学规律进行可更新自然资源的开发与生产活动；建设与自然系统和谐协调、适于人类生存的可持续景观模式。

3.2 在自然保护中的应用

景观生态学为保护生物学提供了新的理论基础。从景观生态学的角度来看，传统的以物种为中心的自然保护途径，缺乏考虑多重尺度上的生物多样性的格局和过程及其相互关系。多年来，景观生态学原理和方法在自然保护的研究和实践中应用广泛，对自然保护中从"物种范式"向"景观范式"的转变起到了积极推动作用。保护景观途径并不是指把整个景观作为保护区，而是强调应用景观生态学的理论和原理设计自然保护方案。

3.3 在生态系统管理中的应用

近年来，景观生态学原理和方法在森林资源开发与管理方面的应用更为广泛和深入。不少学者认为，区域景观尺度是考虑自然资源的宏观永续利用和应对全球气候变化带来的生态学后果的最合理尺度。在自然资源管理和利用方面，景观生态学途径越来越受到重视。

3.4 在恢复生态学中的应用

景观生态学为恢复生态学提供新的理论基础，并且为其发展不断提出新目标。利用景观生态学方法能够根据周围环境的背景来建立恢复的目标并为恢复地点的选择提供参考，从景观生态学的角度可以评价恢复是否取得成功。

3.5 在非点源污染研究中的应用

非点源污染已成为环境污染的第一因素，在美国，60%的水资源污染起源于非点源污染。几乎所有的非点源污染来源都和景观变化密切联系。现在很多研究都是利用一些模型如NPS（非点源）、AGNPS（农业非点源污染模型）同景观生态学和GIS（地理信息系统）结合，评估不同景观造成非点源污染的严重程度，并在模拟预测结果的基础上提出最佳利用方式。

任务 4　景观生态学的发展沿革

4.1　国际景观生态学发展沿革

景观生态学是伴随现代地理学和生态学的不断发展而逐渐兴起的学科。纵观国际景观生态学发展历程，大致可以分成萌芽、形成和全面发展三个阶段。

4.1.1　景观生态学的萌芽阶段（1806—1939 年）

这一阶段是现代地理学和生态学被提出并不断发展的阶段，但景观生态学的概念还没有正式被提出，景观最初是作为一个地理学概念被引入科学研究范畴。近代地理学奠基人洪堡最早将这一概念作为地理学术语提出，认为景观是指具有特定外貌特征的地域综合体，由此奠定了景观在地理学乃至其他相关学科研究中被普遍应用的基础。此后，一些欧洲地理学工作者继承了洪堡的这种学术观点，并逐渐发展出景观地理学研究这一新方向。例如，德国学者阿培尔与威默尔在其《历史景观学》（1885 年）一书中认为，景观学是着眼于景观的全貌和事物在景观中的相互联系，并从历史发展角度加以研究的学科范畴。

进入 19 世纪末至 20 世纪初期，随着地理学科的不断发展，人们开始对景观概念的内涵不断地深化和细化。俄国学者道库恰耶夫和他的学生贝尔格在野外调查中发现自然界生物和非生物之间的关系及其地带性规律，认为地理景观是各种对象和现象的整体，其中地貌、气候、水文、土壤、植物、动物等因素及人类活动的干扰形成一个统一体，重复地出现在地表一定地带内，其实质是把景观作为地理综合体的同义词。德国学者帕萨格亦持有类似观点，认为景观是由景观要素（地貌、气候、水文、土壤、植被和文化现象）组成的地域复合体，并将这种地域复合体称为景观空间。

与地理学外貌方向的景观学发展历程类似，生态学也是在这一阶段逐步从传统生物学研究中脱胎出来，逐渐成为一门独立的学科。1869 年，生物学家赫克尔首先提出了"生态学"这一概念，以表征生物学研究领域中不仅包括有机体自身，还包括其与非生物环境的相互作用关系方面的研究。1935 年，植物学家坦斯利提出了"生态系统"概念，用来表征任何等级的生态单位中生物与其环境的综合体概念，体现了自然界生物和非生物之间密切联系的思想，把传统生物学研究内容拓展到生物与环境之间的相互关系研究，进而把生物与环境之间的密切联系视为一个统一的整体，是生态学拥有明确的研究对象和研究内容，并得以诞生和发展的基础条件。

这一时期地理学和生态学的研究还处于并行阶段，学科交叉融合亦处于初期阶段，地理学者已经认识到生命组分是地理分异特征的重要表征因子，生态学工作者因为关注生境特征自然需要考虑环境因素的差异对地表生命现象分异的影响。因而最初的学科交叉源于生物学与地理学之间的相互借鉴和渗透，其结果是生物地理学研究在欧洲迅速兴起，并一直延续至今。不过，生态系统概念的提出，与景观地理学中的地域综合体思路形成了某种契合。加上生物地理学研究不断深入，关于地表结构组成的认识不断深化，这些为地理学与生态学交叉融合的产物——景观生态学的诞生奠定了基础。

4.1.2 景观生态学的形成阶段（1939—1981年）

1939年，德国地植物学家特罗尔利用航空像片研究东非土地利用问题时，正式提出了"景观生态学"一词，以研究支配一个区域不同地域单元的自然-生物综合体的相互作用关系。此后，这一学术思想为中北欧地区的一些学者所接受，用于在整合传统地理学和生态学研究思路的基础上，围绕自然环境保护、土地利用和规划实践问题开展的理论与应用研究，从而奠定了早期欧洲景观生态学偏重应用的学科发展特色。直到20世纪50年代，由于基本概念框架和基本理论体系还没有建立起来，景观生态学研究还不能称为独立的学科，而是如同特罗尔当初倡导的那样，被看成是一种带有交叉综合特色的地域空间研究思路。

进入20世纪60年代，随着人口增长，粮食需求增加和资源环境问题显现，人们开始重视资源的合理开发利用与生态保护工作，中北欧地区景观生态学研究呈现出蓬勃发展的态势。1962年，捷克斯洛伐克科学院成立了景观管理与保护研究所，强调地理学与生态学的融合研究，重点关注景观规划及景观生态规划；德国的诸多大学和研究所开设了景观生态学课程教学，倡导以人类与环境、文化与工业景观的相互关系为着眼点，协调自然与文化及社会经济发展之间的矛盾，提高自然生物环境综合体的可持续能力；荷兰学者则根据国家发展需求，开展了大量景观生态学的理论与应用研究，推动了景观生态学基本法则在土地利用评价与规划、自然保护与环境管理等方面应用。特别是20世纪70年代中期，国际知名刊物《景观与城市规划》的创刊，极大地推动了欧洲景观生态学的发展。

这一时期欧洲景观生态学的理论研究还相对薄弱，但部分苏联学者的工作具有一定的代表性。例如，1940年苏卡乔夫提出的生物地理群落学说以及20世纪70年代索恰瓦提出的地理系统学说。苏卡乔夫认为，生物地理群落是指自然界任何自然的有生物生存的地段中包括植物、动物、微生物、土壤、大气（及后两者中的水分）部分，它们相互作用并组成一个整体；索恰瓦将地理系统定义为一切的地球空间，在这些空间内自然界各组成成分相互作用、相互联系，作为统一的整体同宇宙圈和人类社会发生作用。两者的概念理解虽然有差异，但都强调了区域性和整体性，可以看作现代景观概念的雏形。

从上述总结可以看出，这期间景观生态学的发展还处于初期阶段，尽管后期有少数非欧洲学者参与开展了一些较为经典的工作，如以色列学者纳维在地中海地区的研究工作，景观生态学仍属于局限在中北欧地区发展的一个小学科。

4.1.3 景观生态学的全面发展阶段（1981年至今）

1981年，在荷兰的埃因霍温召开了"首届国际景观生态学大会"，随后国际景观生态学会于1982年10月在捷克斯洛伐克召开的国际景观生态学研讨会上正式成立。国际景观生态学会的成立一方面标志着景观生态学研究已经引起世界范围内的广泛关注，作为一个独立的生态学分支学科发展的条件基本成熟；另一方面也为有效组织和引导各国、各地区景观生态学研究，推动国际化的学术交流与合作打造了一个坚实的平台。1983年，第一届世界景观生态学大会在丹麦的罗斯基勒召开，迄今为止已连续举办9届，吸引了全世界越来越多的景观生态学工作者的积极参与。国际景观生态学的旗舰刊物《景观生态学》于 1987 年正式创刊，与《景观与城市规划》一道成为全球景观生态学工作者发表独立研究成果和进行专业学术交流的主要平台，极大地推动了景观生态学科的全面发展。

这一时期景观生态学学科发展的一个显著特色就是吸引了一大批北美生态学家积极参与景观生态学研究，进而带动了世界其他国家和地区（如东亚、大洋洲和南美等地区）学者的踊跃参与，使得景观生态学的学科影响从欧洲迅速向全球扩散开来。随着景观生态学研究工作的不断普及以及国际景观生态学会的影响力不断提升，1990 年在日本横滨召开的第五届国际生态学大会上第一次同时设置了三个景观生态学专题，分别由著名学者福尔曼、纳维和特纳主持，标志着景观生态学正式成为生态学大家族的一员。此后的历届国际生态学大会中，景观生态学一直是重要的学科主题之一，并且随着全球范围对于宏观生态问题研究越来越重视，景观生态学的学科地位不断突出。

这一时期景观生态学学术发展的突出成就体现在各国景观生态学工作者通过广泛的学术交流与融合，初步搭建了景观生态学的基本概念框架体系和研究范式，并形成了丰富的基础理论、方法论和应用研究积累，为今后景观生态学学科的完善和成熟创造了有利条件。

4.2 我国景观生态学发展沿革

我国景观生态学研究的起步相对较晚。自 20 世纪 80 年代初开始，我国老一辈地理学和生态学科技工作者将欧美景观生态学的概念和理论引入到中国，引起了一些单位和学者的重视，我国景观生态学开始进入了蓬勃发展阶段，并逐渐形成具有特色的中国景观生态学基础研究进展与学科发展格局，成为国际景观生态学界的一支重要力量。回顾我国的景观生态学发展历程，可以分成探索与酝酿、引进与发展、拓展与创新三个不同阶段。

4.2.1 探索与酝酿阶段（1981 年以前）

与欧洲景观生态学的发展历程类似，我国地理学工作者和地植物学工作者在推进中国景观生态学研究和学科发展方面起到了不可替代的作用。1949 年之前，我国地理学和生态学领域与景观生态学相关的研究工作基本处于空白阶段。1949 年以后，由于我国现代科学发展基本复制了苏联的科研组织和管理模式，景观地理学和地植物学研究成为与现代景观生态学密切相关的两个热点研究领域。

20 世纪 50 年代中期，苏联著名景观地理学家伊萨钦科在我国以培训班的方式培养了一批年轻的景观地理学家，推动了我国景观地理学研究的发展。陈传康教授先后以"景观概念是否正确？"和"苏联景观学的发展现况与趋势"为题，系统介绍了苏联景观地理学的发展概况。黄锡畴教授在 1959 年报道了"长白山高山苔原景观"一文，提出了长白山自然景观垂直带结构的新模式，而后出版了《欧亚大陆温带山地垂直带结构类型》一书，成为我国景观地理学研究的代表性成果。中山大学地质地理系在 20 世纪 60 年代初期先后翻译出版了《苏联景观学的发展》《景观概念与景观学的一般问题》。林超和李昌文等从 1980 年开始利用苏联景观地理学的方法，对北京山区土地类型进行系列研究报道。以上成果对于后续我国开展景观地理学研究起到了积极的促进作用。

4.2.2 引进与发展阶段（1981—2011年）

进入 20 世纪 80 年代以后，随着我国科研机构的逐步恢复和建立以及科研的组织和管理工作逐步走入正轨，加上欧美先进的科学发展成果逐步被引入国内，我国出现了两种与景观生态学相关的科研发展需求：①一些传统学科如自然地理学、地植物学等由于传统研究内容和模式难以为继，急需寻求新的学科生长点；②一些传统科研单位的研究方向需要根据科学和应用研究的需求变化进行转型。前者如自然地理学科，随着气象气候学、土壤学、水文学等专业学科逐渐独立，加上遥感等新技术学科异军突起，最后只剩下土地类型一个研究对象，急需拓展新的研究对象和内容；后者如当时我国已经涌现出生态农业建设、资源环境保护等新的发展需求，而传统学科研究内容以及相关机构的功能设置还无法与上述需求进行有效衔接。

针对上述问题，一批有远见的学者开始将欧美景观生态学的思想引入到国内。在初步引进、消化和吸收了欧美景观生态学最新研究思路的基础上，我国学者随后开始尝试在国内开展相关实证研究工作。经过 20 余年的快速发展，我国景观生态学研究已经形成了一系列有特色的研究方向。如土地利用格局与生态过程、城市生态用地与景观安全格局构建、景观生态规划与自然保护区网络优化、源汇景观格局与生态风险评价、森林景观动态模拟与生态系统管理等方面研究工作，已经在国内外具有较好的学术影响力和美誉度。

4.2.3 拓展与创新阶段（2011年至今）

中国景观生态学研究工作的起步虽然较晚，但凭借优越的发展基础和条件迅速形成了较为显著的学术影响力。2011 年 8 月，国际景观生态学会中国分会在此前击败了日本等强大竞争对手的基础上，在北京成功举办了第八届国际景观生态学大会。这次会议主题为"景观生态学——为了可持续的环境与文化"，大会吸引了国内外学者 1000 余人参加。这是该系列会议首次在西方发达国家以外地区举办，也是有史以来规模最大的一次景观生态学会议。这次会议的成功举办，说明中国景观生态学研究取得的成就已经获得了国际景观生态学界同行的认可，同时也标志着中国景观生态学科技工作者已经成为国际景观生态学领域的一支重要力量。

这次会议的成功召开，可以视为中国景观生态学学科发展的一个里程碑事件。然而客观评价，我国景观生态学的发展水平与欧美相比还有着明显的差距。围绕景观生态学的热点理论、方法论和应用问题进行拓展和创新，是今后我国景观生态学工作者的核心任务。目前，我国已经确定了新农村建设、新型城镇化、生态文明建设等重大发展策略，并通过可持续发展、节能减排、低碳城市建设等重大发展政策的实施来贯彻落实这些国家战略。针对上述学科发展任务和国家需求，我国景观生态学工作者已经开始围绕生态服务权衡、文化景观构建、生态修复与管理、区域安全格局构建等热点话题开展攻关研究，力争进一步凝练中国景观生态学的研究特色，尽快形成具有重大突破性的研究进展，推动国际景观生态学的学科发展，同时为我国应对各种关键性的生态环境挑战作出独特的贡献。

4.3 中国景观生态学未来发展重点

中国景观生态学发展已经走上影响和引领国际景观生态学发展的前沿舞台。在新形势下，如何紧密结合国民经济发展中出现的新问题，开展独创性的研究，是目前亟待解决的问题。

（1）在学科建设和理论研究方面，应紧密结合景观生态学国际发展动向，从以下方面开展研究：①景观生态学学科领域的拓展，如研究景观格局对基因遗传多样性影响的景观遗传学；探讨城市景观格局对人居环境健康影响的宜居景观生态学；探讨景观格局与可持续发展关系的可持续景观生态学；研究景观不同功能协调与综合利用的功能景观生态学；②格局-过程的定量识别与研究方法；③基于格局-过程耦合的生态服务评价模型；④探讨和建立具有生态学意义的景观格局指数，为此需要结合具体的生态学过程，揭示不同景观类型对特定生态过程的影响，发展景观格局指数。

（2）在研究地区选择上，尤其需要重视以下地区的景观生态学问题研究：①人口高度集中的城市化地区；②存在高度不确定性的城乡过渡带；③传统文化长期影响下的文化遗产景观区；④农业发展与乡村景观地区；⑤自然背景下形成的生态脆弱地区；⑥具有高度生态服务价值的重要生态功能区。

（3）在实践应用方面，需要紧密结合中国生态环境面临的实际问题，以及国家发展中的重大需求，重点关注以下几个方面研究：①生物多样性保护与国家生态安全格局的关系；②快速城镇化过程对区域生态服务功能及其生态安全的影响；③城市生态用地流失对城市生态安全的影响；④城市生态服务效应与人居环境健康之间的定量关系；⑤景观服务/生态系统服务权衡与景观可持续性。

景观生态学的发展经历了萌芽、形成、快速发展的时期，作为一门应用性较强的学科，如何更好地将景观生态理论和方法应用到解决实际问题中，目前仍然是广大科技工作者十分困惑的问题。尽管中国景观生态学发展取得了突出的成绩，但在服务于国民经济发展和国土生态安全方面仍然缺乏有效实用的手段，这正是今后需要努力的方向。

拓展思考题

一、选择题

1. 景观生态学是（　　）和（　　）的交叉融合形成的生态学分支学科。
   A. 生态学、景观学　　　　　　　　B. 地理学、景观学
   C. 生态学、地理学　　　　　　　　D. 景观学、风景学

2. 景观概念的内涵是指由气候、水文、（　　）、植被等自然因素以及文化现象组成的地域综合体。
   A. 土壤　　　　B. 生态　　　　C. 环境　　　　D. 地质因素

3. 德国植物学家特罗尔在（　　）年提出景观生态学这一新学科的发展方向。
   A. 1938　　　　B. 1939　　　　C. 1936　　　　D. 1935

4. （　　）是指在一个景观中，景观元素类型、组合及属性在空间或时间上的变异程度，是景观区别于其他生命层次的最显著特征。
   A. 异质性　　　　B. 尺度　　　　C. 景观格局　　　　D. 景观结构

5. 斑块大小的生态学意义主要表现在（　　）上。
   A. 边缘效应　　　　　　　　　　　B. 物种-面积关系

C. 空间关系 D. 结构与过程关系

二、简答题

1. 什么是景观？如何理解景观的美学概念、地理学概念和生态学概念？
2. 景观有哪些基本特征？如何理解景观和景观要素之间的联系与区别？
3. 请举例说明景观现象的尺度效应。
4. 什么是景观生态学？其包括哪些主要研究内容？
5. 景观生态学有哪些特点？如何认识其学科地位？

项目 2

景观生态学的理论与核心

景观生态学作为一门发展迅速的综合性交叉学科，其理论的直接源泉是生态学与地理学，同时从现代科学的诸多相关理论中也汲取了丰富的营养。本项目围绕景观生态学的理论基础、重要理论和景观生态学的核心论题，即格局、过程与尺度及其耦合关系展开论述。

任务 1 景观生态学的理论基础

1.1 系统论与景观生态学

1.1.1 系统论的基本内涵

系统论是一门运用逻辑学和数学方法研究一般系统运动规律的理论，从系统的角度揭示了客观事物和现象之间相互联系、相互作用的共同本质和内在规律性。系统论的主题是阐述对于一切系统普遍有效的原理，不管系统组成元素的性质和关系如何。

系统论的基本概念包括系统、层次、结构、功能、反馈、信息、平衡、涨落、突变和自组织等。系统是由若干要素组成的具有一定新功能的有机整体；层次是指系统组织的等级秩序性；结构是系统内部组成要素间相对稳定的联系方式、组织秩序与时空表现形式；功能是指系统对外部环境所表现出的性质、能力和功效；反馈是系统输出与输入之间的相互作用，系统自我调节的循环过程；信息是指不确定性的量度，系统的组织程度和有序程度，物质、能量时空不均匀性的表现；平衡是指在一定条件下，系统所处的相对稳定状态；涨落是对系统稳定的平衡状态的偏离，又称为干扰和噪声；突变是指外部条件连续变化时系统发生在跃迁临界点上的不连续性；自组织是系统自发走向有序结构的性质和能力。

现代科学的发展越来越表现出一种综合的趋势，然而不同学科建立在不同的事实和矛盾基础之上，其发展是相对独立的。系统论为科学发展中的综合从理论上奠定了基础。

1.1.2 景观生态学与系统论的关系

景观生态学是以地理学和生态学为基础多学科综合交叉的产物，它以景观生态系统为研究对象，通过能量流、物质流、物种流以及信息流在景观结构中的转换与传输，研究景观生态系统的空间结构、生态功能、时间与空间相互关系以及时空模型的构建等。

因此，景观生态学从研究对象和研究方法上就体现综合、整体等系统论思想。

（1）景观生态学的综合整体性。

研究对象的复杂性决定了景观生态学必须采用综合性的研究方法。景观生态系统综合分析包含三个层次：第一个层次由数学、系统生态学、经济学等基础学科的系统方法构成；第二个层次由相关景观生态系统组分的地貌学、土壤学、水文学、气象学、植物学、动物学和经济学等传统学科方法所构成；第三个层次是景观生态学自身发展中形成的技术和方法体系，具有较强的综合分析、表达、解释和预测能力，有利于多学科的沟通与协同。

景观生态系统是由相互作用的斑块组成，以相似的方式重复出现，具有高度空间异质性的区域。因此，景观生态系统由不同的生态系统以斑块镶嵌的形式构成，在自然等级系统中处于一般生态系统之上。与其他生态系统一样，景观生态系统具有特定的结构、功能，可以作为一个整体进行研究和管理。

在景观生态系统中，各组分间的有机结合，使得"整体大于部分之和"这个系统论的核心思想得以真正体现，同时，景观生态系统的复杂多样性和不同层次的稳定性也体现了这一系统思想。在一个复杂系统中，不存在绝对的部分和绝对的整体。任何一个子系统对于它的各要素来说，是一个独立的整体，而对上一级系统来说，则又是一个从属部分，各子系统有自我肯定和自我超越的双重趋势。景观生态系统以"整体"的形式出现，它的组成斑块也是一个相对独立的整体。

（2）景观生态系统的有机关联性。

系统论着重研究系统诸因素之间的相互关联和相互作用。这种要素之间的相互关联和相互作用常用"有机关联性"这个概念来表达。它表明了这样一个基本原则：任何具有整体性的系统，内部诸要素之间的联系都是有机的，这种相互联系和相互作用使各要素共同构成系统；在系统中，各要素是相对独立的子系统，并且是组成系统的有机成分；同时，系统与环境也处于有机联系之中。

景观生态系统是一个符合有机关联性原则的开放系统，除了各要素间的有机联系之外，它们还与环境有着物质的、能量的、信息的交换，有相应的输出和输入以及量的增加和减少。

结合现实景观，上述有机关联性会更容易理解，如一座城市就是一个景观生态系统。城市中的道路、居民区、公园绿地、商业区作为城市景观的构成要素，它们之间具有密切的功能联系，城市景观的发展变化很大程度上受到这种功能联系的影响；城市景观本身也是一个开放系统，离开了与其外界的物质、能量和信息的交换，城市将无法正常运转。

（3）景观生态系统的动态性。

景观生态系统的有机关联性不是静态的，而是与时间相关，是动态的。景观生态系统随时间的演替是动态性的有力证据。动态性是系统保持相对静态的前提，是系统得以生存的基本保证。一方面，景观生态系统内部的结构，各要素的分布位置、数量不是固定不变的，而是随时间迁移变化的；另一方面，整个系统的开放性、有机关联性强调了系统同外界物质、能量、信息的联系与交换。而动态性则保证了这种物质、能量、信息交换的存在，它们在系统中可以表现为相对的稳态，这种稳态是系统动态的一种表达。

动态性是景观生态系统的一个固有属性。地球表层各要素都处于动态变化之中，哲学家甚至认为"无法两次踏入同一条河流"，这个论点最有价值的地方就在于强调了事物总是处在运动变化之中。景观作为地球表层的一部分也必然具有动态性。任何时刻获得的景观信息都是景观在这一时刻状态的表达，而多个时刻景观信息集成起来，就能够反映景观的动态性，就像把对同一对象在不同时刻拍摄的照片按照时间顺序连续播放就会展现这个对象的动态变化所构成的流动影像。实际上，当前景观动态的研究也在采取类似的方式：获取景观在不同时刻的遥感影像，通过影像的解译判读完成景观类型制图，基于多期景观分类制图结果进行景观格局动态的定量评价和模拟。

(4) 景观生态系统的有序性。

系统从无序到有序标志着系统的组织性或组织度的增加，而系统的组织性既与系统内部因素有机关联性有关，又与其动态过程有关。景观生态系统中的生物、非生物成分的物质、能量等组成了一个有序的动态综合体，其相关组分间存在着有机联系，这种有机联系决定了景观生态系统中的生物多样性、物种流趋势、养分分配、能量流方向以及景观变化方式和速率。植被、土壤等景观要素的空间分异，如山地景观的垂直带性分异，就是这种有序性的客观体现，当前地球上已经少有不受人类干扰和影响的景观。人类从自然景观有序性中获得知识，并应用于对景观的改造和利用。因此，研究景观生态系统有序性，人类的能动作用及其对景观有序性的影响已经成为不容忽视的命题。

(5) 景观生态系统的目的性。

景观生态系统的目的性不言而喻，其正常的终极目的是达到整个系统的持续性。在偶然因素（干扰）的作用下，其异质性会增大，适度的异质性增加将有利于系统向理想境界发展，但过度的异质性增加则会破坏一个原本稳定的景观生态系统。目的性在人为景观中更为直观，如农田景观，其目的性就表现为各种农田生态系统及其镶嵌组合下生产功能的优化和可持续。

综合整体性、有机关联性、动态性、有序性和目的性是一般系统论最基本的出发点，也是景观生态系统最重要的五个基本特征，从而使系统论成为研究景观生态系统的强有力工具。不过景观生态系统是以人类为主导的高度复杂的系统，除应用一般系统论分析方法和耗散结构理论、协同论、突变论等大系统分析方法之外，还有必要引入和创建综合性更强的复杂系统分析方法。

1.2 等级理论与景观生态学

1.2.1 等级理论的基本概念

等级理论认为，任何系统皆属于一定的等级，并具有一定的时间和空间尺度。生态系统可以分解为不同的等级层次，不同等级层次上的系统具有不同的特征。等级组织是一个尺度科学概念，因此，景观生态学研究的尺度选择和景观生态分类具有重要意义（图 2.1）。考虑到复杂性是景观的一个内在属性，等级理论能够解释存在于某一尺度内的不同组分与另一分辨率尺度上的其他组分发生联系的现象和规律性。

整个生物圈是一个多重等级层次系统的有序整体，每一高级层次系统都是由具有自己特征的低级层次系统组成的。若干基本粒子共同构成原子核，原子核与核外电子共同

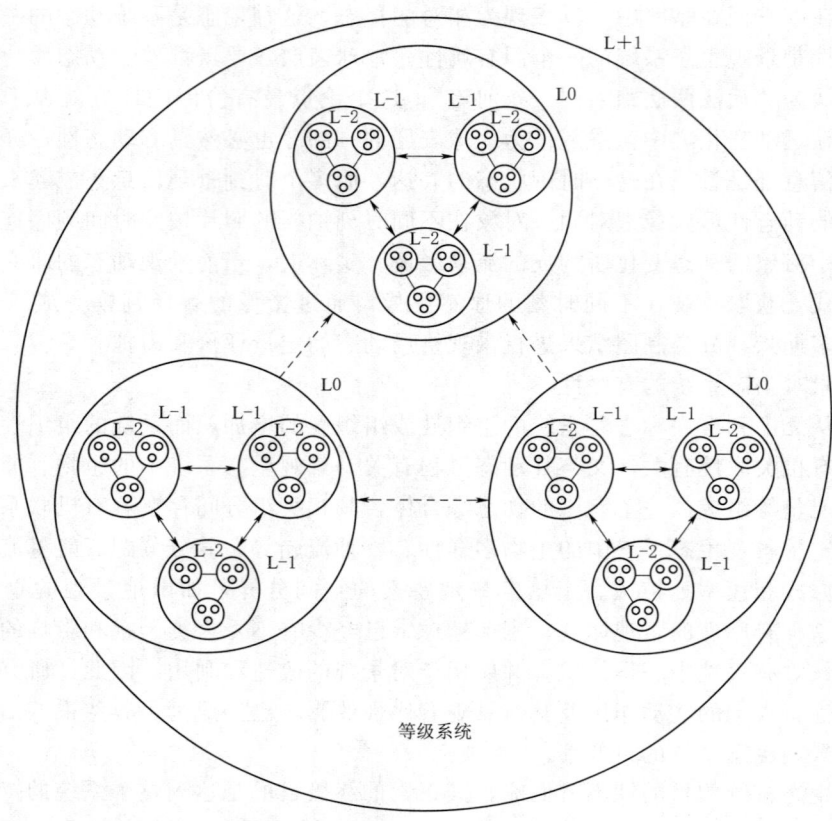

图 2.1 等级系统理论示意图

组成原子，若干原子形成分子，许多大分子组成细胞，细胞组成有机体，有机体组成种群，种群又组成生物群落，生物群落与周围环境一起组成生态系统，生态系统又与景观生态系统一起组成生物圈生态系统。

由于生物圈是多重等级系统，对每一个等级的局部干扰，可以影响整体；而对局部控制又可以调节整体。例如，人们燃烧煤、石油及天然气等化石燃料，已经引起了全球大气 CO_2 含量的增加。1958—1978年，夏威夷岛冒纳罗亚山峰附近一个观测站观测到的大气中 CO_2 浓度为 316~336ppm，平均每年增加 1ppm，这种全球大气 CO_2 浓度增加的趋势是人们在局部燃烧化石燃料引起的全球性后果。如果想抑制 CO_2 浓度增加的趋势，只能采取局部控制的方法，以便整体得到调节。这种局部控制策略是在大量燃烧化石燃料，与 CO_2 浓度形成正因果反馈键的工业城市内部及工业城市郊区，增加一个负反馈键，即绿色植被覆盖，通过光合固定使 CO_2 浓度在局部降低，以调节全球的 CO_2 浓度不再增加。

1.2.2 景观的等级性

景观是生态系统组成的空间镶嵌体，同样具有等级特征。可以说，等级理论是分析景观总体构架的基础。景观的性质依其所属的等级不同而异。等级理论认为，包括景观在内的任何生物系统，从细胞到生物圈，都具有等级结构。所谓等级结构是指对于任何等级的生物系统，它们都由低一等级水平上的组分组成。每一组分又是在该等级水平上的整体，同样由更低一等级水平的组分所组成。

等级结构的一个重要概念是约束。等级结构的约束来自两个方面，对于某一等级上的生态系统，它受低一等级水平上的组分行为约束。同时，生态系统受高一等级水平上的环境约束（图2.2）。这种约束包含生态系统所必需的物理、化学、生物等条件。所以，一个生态系统的约束是低一等级水平上生物约束和高一等级水平上环境约束的总和。约束力的范围和边界构成约束体系。这种约束体系在低一等级水平上与生态位具有相似的含义。从普遍意义上理解，约束体系就是限制因素。约束体系的重要性在于它可以用来预测某一生态系统是否属于某一约束体系。这是因为不同的生态系统属于不同的约束体系。但由于生态系统的复杂性，人们又很难预测生态系统在约束体系内的具体空间位置。

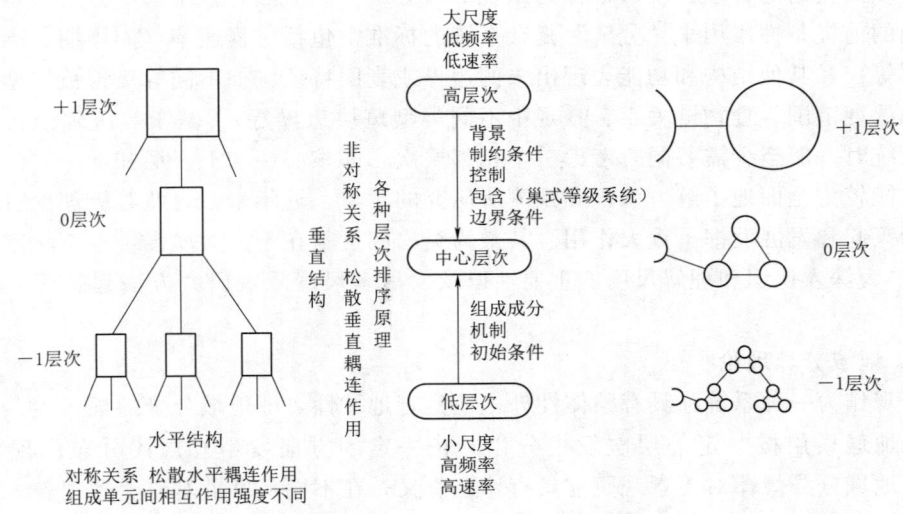

图2.2　景观等级层次约束示意图

理解等级理论，需要同时理解不同等级水平上的生态系统是非平衡的，动态是生态系统的普遍现象。作为生物地球化学复合体的生态系统具有物质和能量动态过程。一般认为，生态系统动态服从热力学定律。但用热力学解释生态系统动态是很复杂的，传统热力学认为，封闭系统的熵值只有增加或保持。熵是非负的，当系统取得最大熵值时，系统处于热力学平衡态。生态系统是开放系统，它与外界有能量和物质交换，不断地通过消耗自由能来减小熵值，这种由外部能量维持的生态系统是非平衡的。

等级理论同时认为，景观生态系统具有亚稳态性，即景观生态系统在一定的时间和空间上能保持相对稳定。而且，景观生态系统遭受一定程度的干扰后，具有恢复能力。景观生态系统的亚稳态性只有在一定条件下，或者说，在约束体系里才能实现。当干扰程度超过一定的阈值时，景观生态系统的性质就会发生改变，失去恢复能力。而亚稳态性也不复存在。

时间和空间尺度对景观生态系统的亚稳态和动态相当重要。高等级系统（如森林小

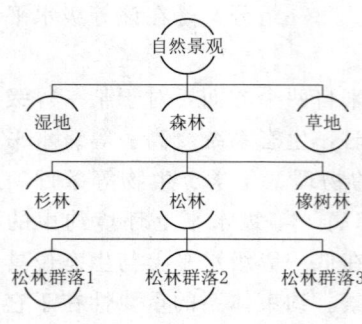

图 2.3 自然景观等级层次

流域景观）的动态，时间尺度要大些。而低等级系统（如林分或斑块）的动态，其时间尺度要小些。所以，从小的时间尺度上观察景观相对处于亚稳态，而斑块则处于动态。动态的空间尺度同样不可忽略。例如，森林的动态和个体树木的生长动态，具有不同的内涵（图2.3）。

等级理论最根本的作用在于简化复杂系统，以便达到对其结构、功能和行为的理解和预测。许多复杂系统，包括景观系统在内，大多可认为具有等级结构。将这些系统中繁多、相互作用的组分按照某一标准进行组合，赋予其层次结构，是等级理论的关键一步。某一复杂系统是否能够被由此而化简或其化简的合理程度通常称为系统的可分解性。显然，系统的可分解性是应用等级理论的前提条件。用来"分解"复杂系统的标准常包括过程速率（如周期、频率、反应时间等）和其他结构和功能表现出来的边界或表面特征（如不同等级植被类型分布的温度和湿度范围、食物链关系、景观中不同类型斑块边界等）。基于等级理论，在研究复杂系统时一般至少需要同时考虑三个相邻层次，即核心层、上一层和下一层。只有如此，方能较为全面地了解、认识和预测所研究的对象。近年来，自然等级理论对景观生态学的兴起和发展发挥了重大作用。其最为突出的贡献在于大大增强了生态学家的"尺度感"，为深入认识和理解尺度的重要性以及发展多尺度景观研究方法起到了显著的促进作用。

1.2.3 地域分异理论

景观作为一种系统除具有整体性外，还具有地域性，即地域分异的规律性，它是指景观在地球表层按一定的层次发生分化并按一定的方向发生有规律分布的现象（表2.1）。地域分异规律对于景观研究具有普遍意义，在不同尺度上对自然景观和人文景观的结构、功能和动态发挥作用。按照地域分异因素作用特征可以将地域分异规律分为地带性和非地带性两种。同时，地域分异规律又具有不同的规模和尺度。地带性的根本成因是太阳能在地球表层的非均匀分布，其具体表现是地球表层自然景观以及许多自然现象和过程（甚至可以是某些人文景观、现象）由赤道向两极呈有规律的变化。非地带性

表 2.1　地表重要的地域分异规律

地域分异类型	形成基础	影响因素	分布明显地区
由赤道到两极的地域分异（纬度地带性）	热量	太阳辐射从赤道到两极递减	高纬度地区和低纬度地区
由沿海到内陆的地域分异（经度地带性）	水分	距海远近不同，受海洋水汽影响程度不同	中纬度地区从沿海到内陆
山地垂直地域分异（垂直地带性）	水热状况的差异	海拔高度	高大山区
非地带性分布地域分异	地域小环境	局部环境因素	

与地带性相对应，主要成因是地球内能对地表作用的非均衡性。非地带性表现为干湿带性、垂直带性（自然现象和过程大致沿海拔高度的规律性变化）。地带性和非地带性在地球表层同时发挥作用，因而地球表层景观的分异是二者综合作用的产物。景观在不同尺度上的分布和演化受制于相应尺度上地带性和非地带性规律的综合作用。地域分异规律对于景观生态学研究中景观类型的分布和尺度转换研究具有重要的指导意义。

地带性和非地带性地域分异规律是经典自然地理学的一个重要理论成果，在自然区划、土地分类和评价中发挥了重要作用。景观生态学在地域分异规律的基础上，更加强调空间异质性，深化和发展了地域分异的研究。同时，地域分异理论也为解析景观空间复杂性提供了有力支持。

自然环境因子和人类活动因子对景观空间分异都发挥着重要作用。在地形起伏较大的山丘区，景观的自然和人文特征会随着海拔梯度的变化而变化。城市作为人类主导的景观类型，在区域、建成区和场地等不同尺度上都会表现出一定的生态分异，而这种分异的规律性又能够指导城市景观的规划和设计。文化的地域分异导致文化景观的地域分异，如广东的华侨文化景观就存在着广府、五邑、潮汕、东江—兴梅、琼东北的地域差异性。作为景观生态学新兴分支的景观遗传学所关注的地域分异的对象更加微观，达到了基因流和基因多样性的层次。基因流和遗传多样性空间分异的研究对于动植物流行病调查和风险评估、生物多样性变化的微观机制和管理策略的规划设计等都具有重要的科学意义。可见，地域分异理论在景观的自然、文化甚至经济等方面都有所体现，成为景观生态研究的一个重要视角。

任务 2　景观生态学的重要理论

景观生态学的发展过程从一定意义上说也是相关学科理论引入、应用和发展的过程。空间镶嵌与生态交错带、岛屿生物地理学理论、复合种群理论和渗透理论在景观生态学中得到了广泛的应用，在景观生态学的发展中占有重要地位。

2.1　空间镶嵌

空间镶嵌是以斑块、廊道和基底为核心的一系列概念形成的景观结构模式（图2.4）。这一模式为我们提供了一种描述生态系统的"空间语言"，使得对景观结构、功能和动态的表述更为具体、形象。而且，斑块-廊道-基底模式有利于考虑景观结构与功能之间的拓扑关系，比较它们在时间上的变化。

广义而言，把基底看作景观中占绝对主导地位的斑块亦未尝不可。由于景观结构单元的划分总是与观察尺度相联系，所以斑块、廊道和基底的区分往往是相对的。例如，某一尺度上的斑块可能成为较小尺度上的基底，又是较大尺度上廊道的一部分。

2.2　生态交错带

边缘效应或边际效应是指斑块边缘部分由于受两侧生态系统的共同影响和交互作用而表现出与斑块内部不同的生态学特征和功能的现象。斑块内部的土壤条件、小气候条件（如光照、温度、湿度、风速）、物种组成等方面都与边际部分有明显差异。因此，异质景观要素（生态系统）之间，边际带是客观存在的，当研究的问题涉及边际带两侧不同生态系统的作用时，往往被称为生态交错带或过渡带。许多研究表明，生态交错带或边际带通常具有较高的生物多样性和初级生产力，物质循环和能量流动速率更快，生态过程更活跃（图2.5）。

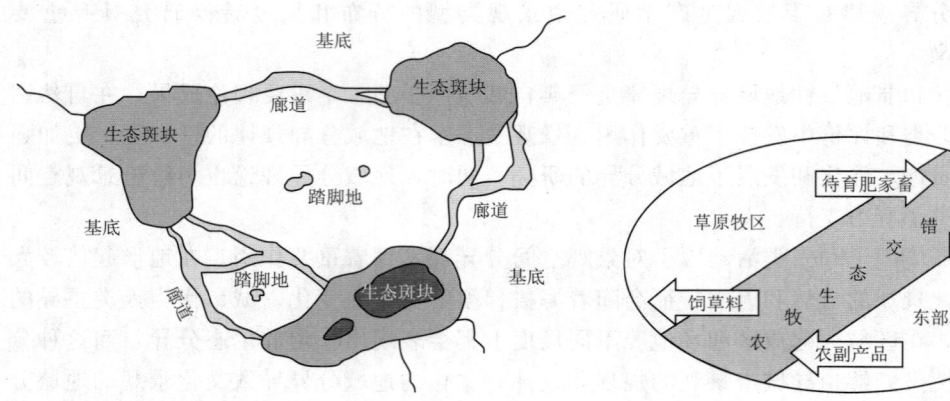

图2.4　斑块-廊道-基底模式示意图　　　　图2.5　一个农牧生态交错带的示意图

一些需要稳定而相对单一环境资源条件的内部物种，往往集中分布在斑块内部，而另一些需要多种环境资源条件或适应多变环境的物种，主要分布在边际带，则称为边缘物种。一般而言，内部物种更容易受由于生境退化和破碎化而灭绝的威胁。因此，斑块大小变化的一个重要生态效应就是导致内部生境的变化。边际带的宽度和边际效应的大小与斑块的大小和相邻斑块或基底的特征及其差异程度密切相关。

由于边缘效应，生态系统光合作用效率以及养分循环和收支平衡特点，都会受到斑块大小及有关结构特征的影响。斑块边缘常常是风蚀或水土流失的起始或程度严重之处。一般而言，斑块越小，越易受到外围环境或基底中各种干扰的影响。而这些影响的大小不仅与斑块的面积有关，也与斑块的形状及其边界特征有关。

2.3　景观连接度与渗透理论

2.3.1　景观连接度

景观连接度是对景观空间结构单元相互之间连续性的量度（图2.6），它包括结构连接度和功能连接度。结构连接度是指景观在空间结构特征上表现出的连续性，它主要受研究的特定景观要素的空间分布特征和空间关系的控制，可通过对景观要素图进行拓扑分析加以确定。功能连接度比结构连接度要复杂得多，它是指以景观要素的生态过程和功能关系为主要特征和指标反映的景观连续性。也有人将景观结构连接度称作景观连

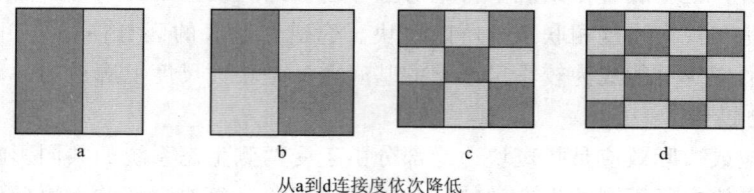

从a到d连接度依次降低

图2.6　景观连接度示意图

通性，而用景观连接度专指景观功能连接度，并严格区分了两者的概念和属性。

景观连接度对研究尺度和研究对象的特征尺度有很强的依赖性，不同的尺度上景观空间结构特征、生态学过程和功能都有所不同，景观连接度的差别也很大；同时，结构连接度和功能连接度之间有着密切的联系，许多景观生态过程和功能与景观的功能连接度依赖于景观的结构连接度，但也有许多景观或景观的许多生态过程和功能连接度与结构连接度没有必然联系，仅仅考虑景观的结构连接度，而不考虑景观生态过程和功能关系，不可能真正揭示景观结构与功能之间的关系及其动态变化的特征和机制，也就不可能得出能够指导景观规划和管理的可靠结论。

2.3.2 景观渗透理论

渗透理论最初是用以描述胶体和玻璃类物质的物理特性，并逐渐成为研究流体在介质中运动的理论基础，一直用于研究流体在介质中的扩散行为。其中的临界阈限现象也常常可以在景观生态过程中被发现，例如，种群动态、水土流失过程、干扰蔓延、动物的运动和传播等，因而在景观生态研究中很有应用价值，特别是作为景观中性模型建构的理论基础，受到了高度重视。

在流体分子的不规则热运动和随机扩散过程中，粒子可以在介质中随机运动到任何位置，但渗透过程中粒子的行为方式却显著不同。临界阈限是景观中景观单元之间生态连接度的一个关键值，当景观单元之间的连接度达到某一临界值时，生态过程或事件在景观中的扩散类似于随机过程，否则就说明在景观中存在类似于半透膜的过滤器，甚至是使景观完全分割破碎化的景观阻力。对于不同的生态过程或功能，临界阈限的生态学意义及其对人类的作用很不相同。例如，对于林火、病虫害、水土流失等过程来说，应尽可能使其连接度降低到临界阈限以下，以降低灾害蔓延的可能性，而对于物种保护来说，显然应提高其景观连接度，以增加种群交流的机会，提高种群抗干扰能力。可见，对于不同性质的景观和不同管理目标的景观，确定景观连接度的临界值，对于景观合理规划和管理具有重要意义。

2.4 岛屿生物地理学理论

岛屿生物地理学研究从物种-面积关系开始。对于岛屿生物地理现象的关注可追溯到近代生物学先驱达尔文关于岛屿生物物种多样性的记述。以 MacArthur 和 Wilson 于 1967 年提出的"均衡理论"为标志，岛屿生物地理学理论成为成熟的理论。群落生态学研究中关于物种数量与取样面积关系的许多结论，促进了该理论向陆地生境研究推广，当把生境斑块看作被其他非生境景观要素所包围的孤立"岛屿"时，类似岛屿生境的基本假设可以在一定条件下存在，并可应用于景观生态学研究中。

岛屿生物地理学理论中物种数与岛屿面积之间的关系表达为

$$S = c \cdot A^z \tag{2.1}$$

式中　S——岛屿的生物物种数；

　　　A——岛屿面积；

　　　c——与单位面积平均物种数有关的常数；

　　　z——待定参数，它与岛屿的地理位置、隔离度和邻域状况等有关。

景观中生境斑块的面积大小、形状、数目以及空间关系，对生物多样性和各种生态

学过程都会有影响。考虑到景观斑块的不同特征，物种与斑块面积的一般关系可表达为

物种丰富度＝f(生境多样性，干扰，斑块面积，演替阶段，基底特征，斑块隔离程度)

(2.2)

一般而言，斑块数量的增加常伴随着物种的增加。岛屿生物地理学理论将生境斑块的面积和隔离程度与物种多样性联系在一起，成为许多早期北美景观生态学研究的理论基础。可以认为，它对斑块动态理论以及景观生态学的发展起了重要的启发作用。

岛屿生物地理学理论将生境斑块的面积和隔离程度与物种多样性联系在一起，认为岛屿的物种数取决于物种迁入和灭绝两个过程。该理论的一般数学表达式为

$$dS/dt = I - E$$

(2.3)

式中 S——物种数；

t——时间；

I——迁居速率（是种源与斑块间距离 D 的函数）；

E——灭绝速率（是斑块面积 A 的函数）。

距离大陆越远的岛屿物种迁入率越小——距离效应；岛屿的面积越小其灭绝率越大——面积效应。面积较大而距离较近的岛屿比面积较小距离较远的岛屿的平衡物种数要大（图 2.7）。

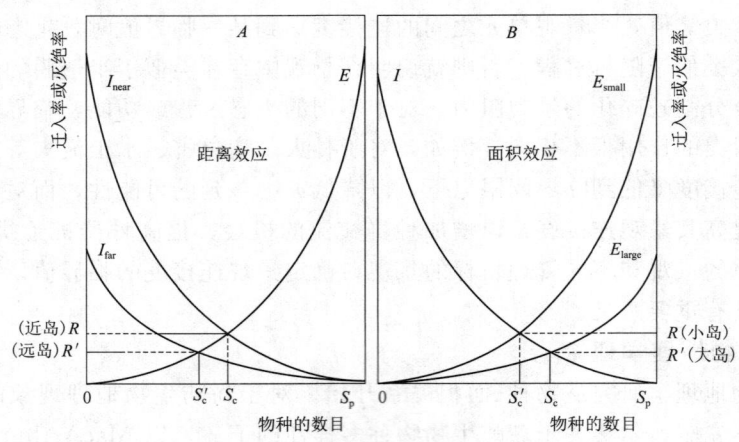

图 2.7 岛屿理论模型

岛屿生物地理学理论是研究物种生存过程的时空耦合理论，既涉及物种的空间分布，又涉及物种的迁移、扩散、存活及动态平衡，它的最大贡献就是把生境斑块的空间特征与物种数量联系在一起，为此后许多生态学概念和理论的发展奠定了基础。其最直接的应用价值则是为生物保护的自然保护区设计提供了原则性指导，并为景观生态学的发展奠定了理论基础，通过与其他相关理论的结合为景观综合规划设计提供理论依据。

2.5 复合种群理论

景观生态学中与生物多样性保护和种群生态过程密切相关，基本理论是复合种群理论和源-汇模型。森林破碎化的加剧已经成为自然生境变化的共同问题，产生了许多相互隔离的林地小斑块，破碎化林地斑块中的物种要比连续的森林景观中少得多，特别是一些对生境敏感的内部物种的数量更少。生活在异质景观中的种群被有害或不利生境隔

离时,物种就地灭绝的危险性更高,这些相互分离的种群一般被看作复合种群的组分,由于只能通过个体迁出和迁入来保证种群内个体之间的联系,其再定居的可能性将主要取决于诸如物种扩散能力等多种因素,它也是复合种群动态过程的基础。

美国生态学家 R. Levins 在 1970 年首次采用了"复合种群"(meta-population)一词,用来描述种群,并将其定义为"由经常局部性绝灭,但又能重新定居而再生的种群所组成的种群"。复合种群理论把注意力放在这种由一组相互联系的亚种群组成的总体上(图2.8,图2.9)。

换言之,复合种群是由空间上相互隔离,但又有功能联系(繁殖体或生物个体的交流)的两个或两个以上亚种群组成的种群系统。复合种群是一个复合系统,由灭绝和再定居过程产生的种群个体数量波动保证了亚种群之间的基因联系,这种情况在受干扰的和破碎化的生境中普遍存在。亚种群一般分布在特定的生境

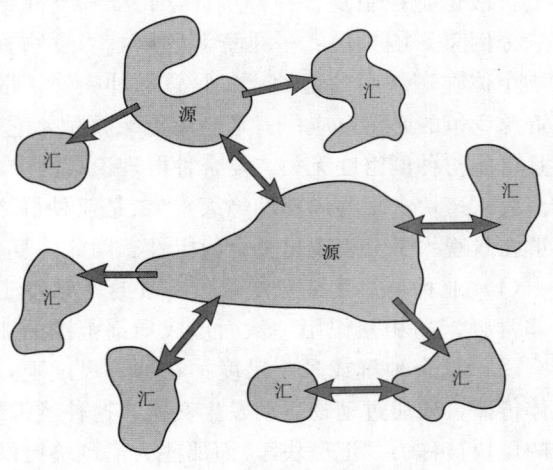

图 2.8 复合种群理论概念模型

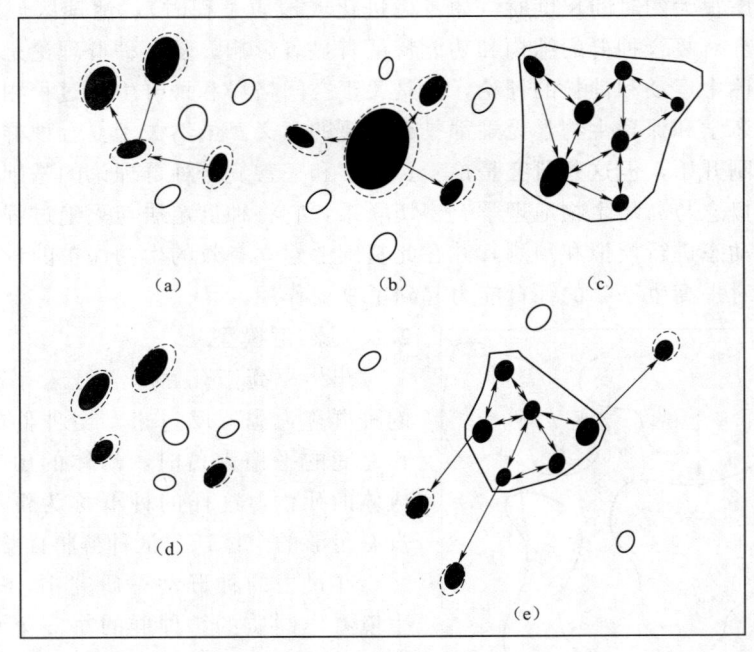

图 2.9 种群的空间结构类型
(图中实心环表示被种群占据的生境缀块,空心环表示未被物种占据的
生境缀块,虚线表示亚种群的边界,箭头表示种群扩散方向)
(a) 经典型;(b) 大陆-岛屿型;(c) 缀块型;(d) 非平衡态型;(e) 混合型

斑块中，而复合种群的生存环境则对应于景观镶嵌体。"meta"一词正是强调这种空间复合体特征。需要指出的是，所有种群的生境在空间上均具有不同程度的异质性，但它们并不全是复合种群。过去一直将出生率和死亡率作为种群生态过程的重要特征，但事实上扩散也是控制复合种群统计学特征和空间结构的重要因素。Harrison（1991）认为有三个因素影响扩散：一是资源阈限，当食物资源水平低于某一关键性水平时，将导致生物个体在斑块间的运动；二是资源冲突，扩散是避免对诸如食物、繁殖地和水源等有限资源竞争的必然反应；三是避免近亲繁殖，它既可能是基本因素，也可能是一般因素，并且可能与种群密度无关。复合种群理论有两个基本要点：一是亚种群频繁地从生境斑块中消失（斑块水平的局部性绝灭）；二是亚种群之间有繁殖体或个体的交流，从而使复合种群在景观水平上表现出复合稳定性。因此，复合种群动态往往涉及三个空间尺度。

（1）亚种群尺度或斑块尺度：在这一尺度上，生物个体通过日常采食和繁殖活动发挥非常频繁的相互作用，从而形成局部范围的亚种群单元。

（2）复合种群或景观尺度：在这一尺度上，不同亚种群之间通过植物种子和其他繁殖体传播，或通过动物运动发生交换。这种经常靠外来繁殖体或个体维持生存的亚种群所在的斑块被称为"汇斑块"，而那些为汇斑块提供生物繁殖体和个体的称为"源斑块"。

（3）地理区域尺度：这一尺度有了所研究物种的地理分布，即生物个体或种群的生长和繁殖活动不可能超越这一空间范围。

在一定的区域范围内，可能有若干个复合种群，但一般来说，它们很少相互交流和作用。但在考虑很大的时间尺度时（如考虑进化或地质过程时），地理区域范围内的一些偶发作用也会对复合种群的结构和功能特征有显著影响。复合种群理论是关于种群在景观斑块复合体中运动和消长的理论，也是关于空间格局和种群生态过程相互作用的理论，对景观生态学和保育生物学无疑都具有重要的意义。虽然关于复合种群动态的野外实验研究才刚刚开始，但这些研究是检验、充实和完善复合种群理论的基础。

复合种群概念与岛屿生物地理学有密切联系，它将种群定居与灭绝过程作为破碎化环境中的物种动态进行模拟和预测，并在此基础上建立有效的生物保护的景观生态规划和管理途径，对提高生态学的综合能力起到了重要作用。

2.6 源-汇模型

出生率高于死亡率且迁入率高于迁出率的种群称为源。反过来，当种群的出生与死亡之间的平稳为负时，幼体的出生无法补偿成体的死亡，这样的种群称为汇种群，如果没有足够的个体迁入汇种群将面临灭绝。

在过去的种群动态研究中，多数模型将生境看作同质的，种群的每一个个体都处于相同的环境条件中。但实际上同一物种的个体和亚种群栖息的生境在资源可及度上都是异质的。由 Pulliam 于 1988 年初提出的源-汇模型作为一个种群统计模型正是在异质性和景观镶

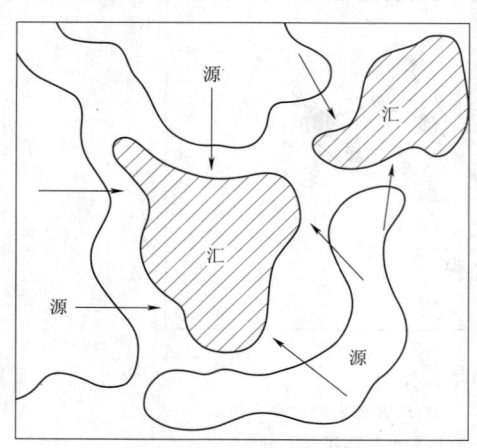

图 2.10 源-汇模型示意图

嵌体概念基础上提出的（图2.10），异质性和景观镶嵌体概念被普遍接受以后，更得到普遍认同，并将包含源种群的生境看作源斑块，而将汇种群所占据的生境作为汇斑块。

源-汇模型在景观生态学解释个体在景观镶嵌体的各部分具有不同分布特征时极为有用，它与复合种群概念、景观镶嵌体中生境斑块的异质条件和亚种群之间的个体交流等有密切关系，并成为研究种群动态和稳定机制的基础。生境破碎化导致的生境斑块源-汇属性变化对复合种群动态和生境斑块质量的影响，是景观生态学研究中关于生物多样性保护的重要研究领域。

任务3 景观生态学的核心论题

3.1 格局与过程

景观是由不同生态系统组成的地表综合体。实质上，这些生态系统经常可以表现为不同的土地利用或土地覆被类型。因此，景观格局主要是指构成景观的生态系统或土地利用/土地覆被类型的形状、比例和空间配置。这种景观格局的定义，主要依据的是景观空间结构的外在表象，是景观格局"斑块-廊道-基底"分析框架的具体化。以"斑块-廊道-基底"的基本理论范式为基础发展起来的景观指数成为景观格局分析的主要工具。但是由于理论基础的表观性，景观指数在应用过程中表现出了很大的局限性，主要表现在：①对景观格局变化的响应以及格局指数与某些生态过程的变量之间的相关关系不具有一致性；②景观指数对数据源（遥感图像或土地利用图）的分类方案或指标以及观测或取样尺度敏感而对景观的功能特征不敏感；③很多景观指数的结果难以进行生态学解释。因此，需要新的理论范式来完善景观格局的研究。以生态过程和景观生态功能为导向的格局分析，可能会成为深化景观格局研究的非常有潜力的方向。在这一方向上，已经有学者从景观单元的"源""汇"功能角度，对景观格局分析的新范式展开了有益的探索。

生态过程是景观中生态系统内部和不同生态系统之间物质、能量、信息的流动和迁移转化过程的总称，其具体表现多种多样，包括植物的生理生态、动物的迁徙和种群动态、群落演替、土壤质量演变和干扰等在特定景观中构成的物理、化学和生物过程以及人类活动对这些过程的影响。在较小的空间尺度上（如样地、坡面和小流域），有关生态过程的数据采集主要通过实地观测和实验的手段来完成。由于生态系统和景观及其动态的复杂性，基于监测的长期生态研究得到了普遍关注。然而，在区域以上的大尺度，试图穷尽所有生态系统类型及其相关生态过程的定位监测和实验不现实，因而合理的取样策略和监测方案非常重要。在这种情况下，多元数据融合和多学科方法的综合运用尽管富有挑战，仍将是颇具希望的问题解决方案。

3.2 尺度与尺度推绎

3.2.1 尺度

景观生态学的尺度指的是研究对象的时间和空间细化水平，任何景观现象和生态过程均具有明显的时间和空间尺度特征。景观生态学研究的重要任务之一，就是了解不同时间、空间水平上的尺度信息，弄清研究内容随尺度发生变化的规律性（图2.11）。景观特征通常会随着尺度变化出现显著差异,以景观异质性为例,小尺度上观测到的异质性结构,在较大尺度上可能会作为细节被忽略。因此,某一尺度上获得的任何研究结果,不能未经转换就向另一种尺度推广。

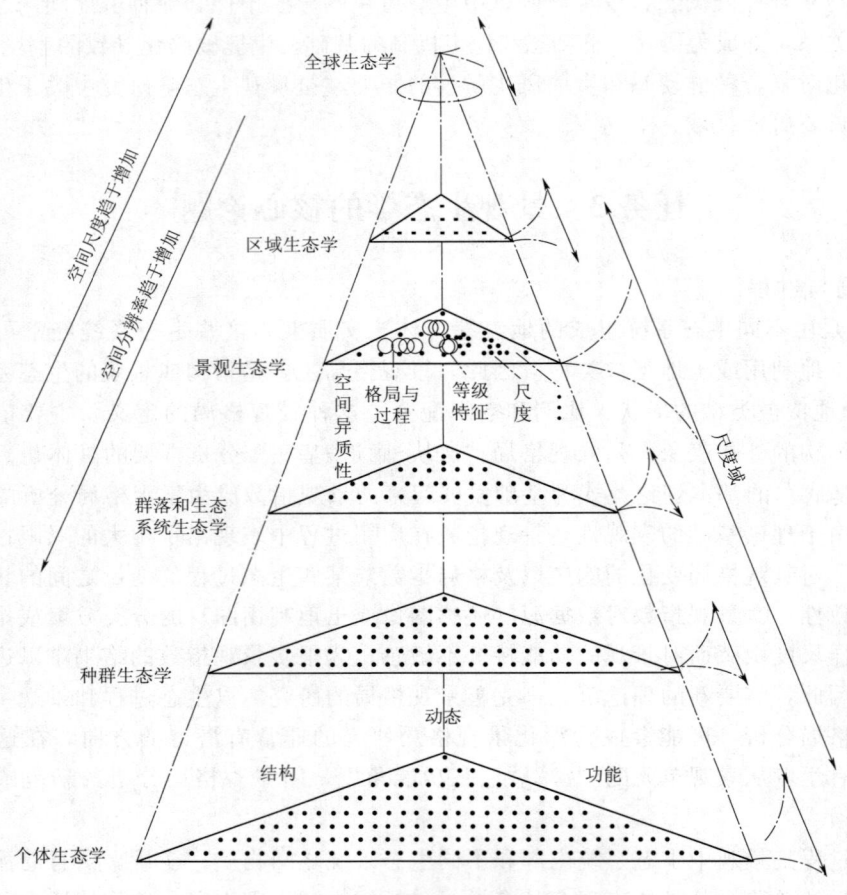

图 2.11 时空尺度与生态学研究

不同的分析尺度对于景观结构特征以及研究方法的选择均具有重要影响,虽然在大多数情况下,景观生态学是在与人类活动相适应的相对宏观尺度上描述自然和生物环境的结构,但景观以下的生态系统、群落等小尺度资料对于景观生态学分析仍具有重要的支撑作用。不过,最大限度地追求资料的尺度精细水平同样是一种不可取的做法,因为小尺度的资料虽然可以提供更多的细节信息,但却增加了准确把握景观整体规律的难度。所以,在着手进行一项景观生态问题研究时,确定合适的研究尺度以及相适应的研究方法,是取得合理研究成果的必要保证。

景观尺度效应的实质是不同尺度水平具有不同的约束体系,属于某一尺度的景观生态过程和性质受制于该尺度特殊的约束体系。不同尺度间约束体系的不可替代性,导致大多数景观尺度规律难以外推。不过,不同等级的系统都是由低一级亚系统构成,不同等级之间存在密切的生态学联系,这种联系也许能使尺度规律外推成为可能。在地理信息系统技术应用日益广泛的今天，景观的特征信息可以利用各种图件方便地存储和表达。尺度差异也可以直观地利用图像信息的分辨率水平来表示。这都为尺度效应分析提供了良好的技术和资料基础。

3.2.2 时间和空间尺度

时间和空间尺度包含于任何景观的生态过程之中。景观格局和景观异质性都依所测定的时间和空间尺度变化而异。通常，在一种尺度下空间变异中的噪声成分，可在另一较小尺度下表现为结构性成分。显然，在一个尺度上定义的同质性单元，可以随着观测尺度的改变而转变成异质性景观。因此，生态学研究必须考虑尺度的作用，而绝不可未经研究，就把在一种尺度上得到的概括性结论推广到另一种尺度上去。离开尺度来讨论景观的异质性、格局和干扰将失去现实意义。

尺度这一术语通常用于指观察或研究的物体或过程的空间分辨度和时间单位。尺度暗示着对细节了解的水平。从生态学的角度来说，尺度是指所研究的生态系统的面积大小（即空间尺度），或者是指所研究的生态系统动态的时间间隔（即时间尺度）。在景观生态学中，尺度的表示方法与制图学不同。我们用小尺度表示较小的研究面积，或较短的时间间隔。大尺度则用于表示较大的研究面积和较长的时间间隔。小尺度具有较高的分辨率（低概括），而大尺度分辨率较低（高概括）。以空间和时间来刻画具体的尺度概念是最基本的方式，在具体应用中应该仔细区分观测尺度、生态现象的尺度（本征尺度）以及定量分析的尺度。因此，构建详尽的取样和数据分析方案对于分析尺度问题很有帮助。在野外调查和试验中应该遵循的重要原则包括：①取样单元的尺寸要大于对象单元（如单个生物），而要小于试图通过取样设计探测到的、在单元过程作用下形成的结构（如一个斑块）。②格局分析的空间滞后是样本量的函数，而样本量反过来又取决于可能的研究投入〔对于样带，滞后＝幅度/样本数；对于面状取样，滞后＝(幅度^2/样本数)$^{1/2}$；对于三维取样空间，滞后＝(幅度^3/样本数)$^{1/3}$〕。③取样滞后（或间隔）应该小于预想过程导致的结构（如斑块）之间的平均距离。④取样幅度（或范围）不能小于研究对象或过程的覆盖面积。

由于地理信息系统越来越成为景观生态学的重要研究工具，许多图像术语也引入景观生态学中。例如，讨论空间尺度时用的"分辨率"一词，即表示测量的精度或图像的基本单元大小。空间分辨率单位称为粒度或像元-图像单元。每一像元内可视为同质，而像元之间可以是异质的。

生态过程和约束也因尺度不同而异。测量不同尺度上的异质性有助于认识在哪一尺度上异质性控制某一生态过程。如果一个生态学家要检验景观异质性约束干扰的假说，较合理的方法是测定这种干扰在不同尺度异质景观上的反应。研究在哪一尺度上异质景观约束干扰的扩散。如果干扰与某种尺度上的异质景观有关，一般改变该景观的异质性程度，可以改变干扰的性质。如果找不出干扰和异质性程度的相关关系，则存在两种可能性：一种是干扰不受景观异质性的约束；另一种是需要在其他尺度上继续观察这种干扰过程。

同时，观察异质性景观在不同尺度上的动态，还可以了解景观的空间等级结构。Urban等（1987）用图例表示生物系统的等级结构。如，从叶片、树木、林窗、斑块、景观到区域，不同等级水平上系统的空间和时间尺度大小都不一样（图2.12）。例如，叶片的生理过程一般发生在平方毫米或平方厘米的空间尺度，以及秒至分钟的时间尺度上。而景观的动态过程则多发生在平方千米的空间尺度和百年的时间尺度上。

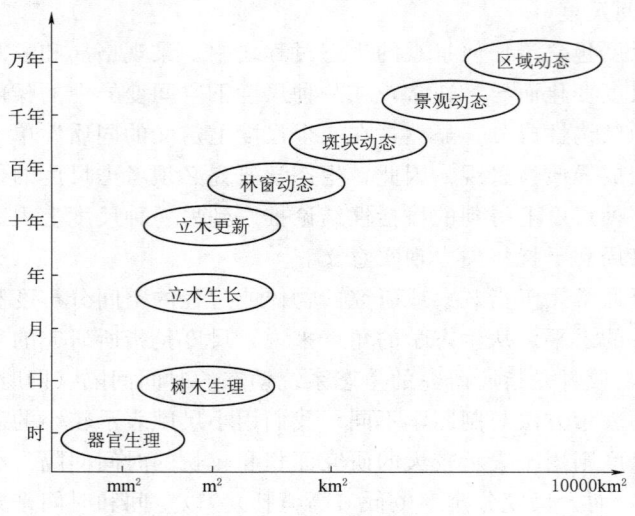

图2.12 时空尺度与生态等级

长期生态研究可将时间尺度扩展到数年、数十年或一个世纪来研究生态过程。短期的研究，不能揭示数年或几十年的变化趋势，也不能解释这些变化的因果关系，长期的过程常常隐含于不可见的存在中。在几十年或上百年的时间尺度上，人们常常认为自然的、生态的变化过程相对缓慢甚至处于静态，也就常常低估了这些变化，而且没有能力去解释其中的因果关系。

Magnuson对梦多塔湖的冰层研究揭示了时间尺度的重要性。在较小的时间尺度下，如1982—1983年的特定年份中，冰层覆盖的时间数据难以解释，但当时间尺度扩展到10年、50年直到开始建立监测站的132年中，便可以发现不同的问题。在10年时间尺度上可以比较发现，1983年的冰层覆盖时间比其他9年的平均时间短40天。50年时间尺度上的资料表明，在有厄尔尼诺现象时，冰层覆盖的时间变短。而132年的资料可以证明全球气候在逐渐变暖。

生态系统的时间延迟效应十分明显，许多生态过程需要长期的观测才可完成，生态过程的因果之间或者对自然生态系统的干扰及其引起的生态反应之间的时间间隔常常超过一年。这些生态过程的变化在很长一段时间内起作用，而且主要是一些人为的干扰类型。

引发一个生态过程或事件的几个必要条件很少同时发生。在研究草原牧草种群变化时，发现适宜的土壤、水分及幼苗成活率是牧草恢复的必要条件。但这两种因素在半干旱的草原中少有巧合。在对牧草种群500年的模拟中，发现牧草受干扰后再恢复的时间延迟可以是10年、20年、80年，但一般不会低于35年。

一系列因果关系的事件也增加了延迟时间。Magnuson发现在水晶湖中水的混浊度与一种河鲈的数量关系密切。在河鲈数量增加到一定程度后，它们便会游到开阔水域，并以一种食藻类的微型浮游动物为食。浮游动物的减少，使得藻类捕食压力降低，藻类大量繁殖，从而降低水的透明度。这个过程往往需要2~3年的时间。每个过程（河鲈数量增加、捕食压力增大、藻类大量繁殖）皆需要一定时间，所以造成了时间上的延迟。

在空间上景观尺度的扩展，也会造成时间延迟。研究的尺度越大，以上几个过程所需的时间越长，或者过程就会越复杂。相应的生态过程和反应时间也会加长。长期生态研究在空间尺度上的扩展可以从数平方千米的生态系统及景观水平到几十平方千米甚至几百平方千米的区域水平，一直到跨越洲、大陆的全球水平。其也可包括不同的气候带，跨度从热带雨林、干旱草原到荒漠，类型从森林、农田、湖泊、河流到湿地及三角洲等。

在生态系统和景观生态水平上的长期生态研究，尺度的扩展十分必要。一个单独监测研究点的结果常常隐含于"不可见地点"的研究结果中，这样就会造成研究结果的不明确性，生态网络研究便提供了一个更大范围的空间尺度。长期生态研究在空间尺度上分为以下几个层次：小区、斑块、景观、区域、大陆及全球尺度。尺度的研究也因不同的研究目的和内容而定（图2.13）。

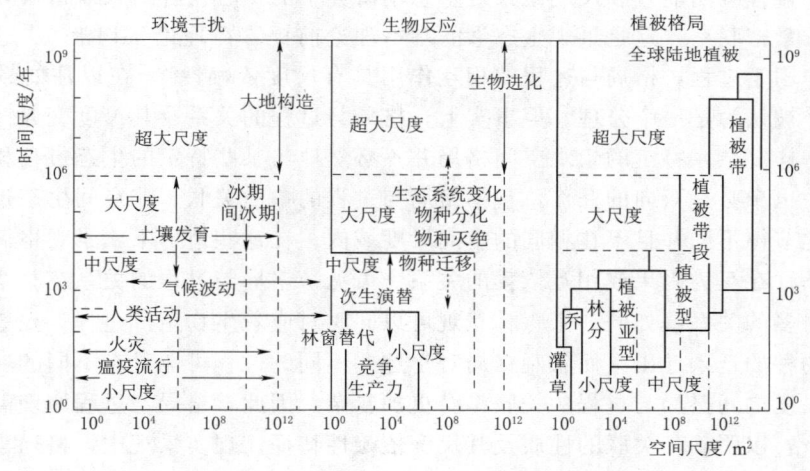

图2.13　不同时空尺度的生态学研究

在景观尺度上，比较不同景观的结构和功能时，会发现景观内的物质运移、有机体的运动、能量的流动有所不同。这些不同的特征也同样影响物种的多样性，种群的分布及在时间上的动态和生物地球化学特征等方面。研究环境变化、污染物的迁移转化、土地利用、生物多样性等生态过程必须有足够的空间尺度才可行。而且比较不同生态系统，有时必须用同样的尺度进行研究，从而网络对比研究使空间尺度的扩展成为可能。长期生态研究要求不同监测点之间的协作及结果的比较，而且可以对其进行多尺度的分析。

3.2.3　尺度推绎

当我们讨论景观的性质总是依赖于所观察的时间尺度和空间尺度时，人们会问，是否可以将一个尺度上的性质外推到另一个尺度上呢？一般来说很困难。按O'Neill

等（1986）的等级理论，属于某一尺度的系统过程和性质即受约于该尺度。每一尺度都有其约束体系和临界值。尺度外推必然超越这些约束体系和临界值。外推所获得的结论将很难理解。例如，如果用景观上森林斑块火灾干扰的性质，尺度上推至包括灌丛和草地斑块的整个景观上火灾干扰的性质，将很困难。景观上各种斑块对大的干扰反应不一样，火的干扰历史也不一样。同理，从整个景观的性质尺度下推来获得某些斑块的性质，也很困难。但 King（1991）认为，不同等级上的生态系统都是由低一等级的系统所构成，如斑块构成景观，景观又构成区域。不同等级之间存在着信息交流。这种信息交流就构成了等级之间的相互联系。这种联系也许能使尺度上推和尺度下推成为可能。

尺度转换（或尺度推绎）关系到景观生态学的方方面面，同时也是普通生态学中的一个关键问题。尺度推绎的对象是景观格局与生态过程之间的跨尺度相互作用问题，这种相互作用经常表现为非线性和动态性的特点，对于理解和预测景观生态过程来说，仍然是一大挑战。但是，由于尺度转换问题的复杂性，当前的研究只取得了非常初步的进展，仍然需要大量新的理论与方法的武装和深化。

3.2.4 格局、过程相互作用及其尺度依赖性

格局、过程（功能）和尺度是景观生态学研究中的核心内容。景观格局与生态过程之间存在着紧密联系，这是景观生态学的基本理论前提。在理论认识上，"过程产生格局，格局作用于过程，格局与过程的相互作用具有尺度依赖性"，在以往的景观生态学研究中几乎被认为是一个公理。但事实上，格局与过程的关系及其尺度变异性的表现跟景观本身一样复杂。特定的景观空间格局并不必然地与某些特定的生态过程相关联，而且即便相关也未必是双向的互作，包括格局与过程的单向关联、非空间生态过程、格局和过程变化节律不同并且不在相同的空间尺度域内。在这些情形下，景观格局与生态过程之间便不存在互为因果或相互依赖的关系。可见，格局与过程的关系在某个确定的尺度上是一对多的关系（如同一个森林景观可以同时对应着生物生产过程、土壤和养分流失过程、物种的迁入迁出，而景观格局对于这些不同的过程可能具有不同的功能含义），而在不同尺度之间格局与过程的关联将会更加复杂。因此，格局与过程原理需要具体问题具体分析，以明确其关联的性质及其尺度依赖性特征。现实景观中，格局与过程是不可分割的客观存在。只是为了使问题简化，在研究中有的侧重景观格局及其动态的分析，有的则侧重生态过程的深入探讨。实际上，景观格局和生态过程之间具有多种多样的相互影响和作用，忽略任何一方，都不能达到对景观特性的全面理解和准确把握。

某一时空尺度上的过程与另一尺度上的过程之间相互作用导致具有阈限效应的非线性动态，这是格局与过程相互作用尺度依赖性的理论根源。环境驱动因子或干扰，如斑块尺度干扰对应于气候变化，对不同尺度上的格局与过程关系会产生直接影响；在小尺度上改变了的反馈关系会引发较大尺度上反馈关系的改变；较大尺度上的改变也会影响小尺度上的格局与过程关系。

中尺度空间异质性和传输过程被作为关注的核心，提供大尺度和小尺度格局与过程相互作用的纽带。环境驱动因子能够影响每一个尺度阈。格局与过程相互作用及其尺度依赖性的基本原理对于景观模型的发展具有重要指导意义。例如，复杂景观中空间格局与水文过程的模拟就需要考虑流域、景观单元、地形单元、土壤-植被单元和土壤剖面

的等级镶嵌的多尺度框架。

格局与过程相互作用及其尺度依赖性原理已经得到了实验研究的验证和支持。立地尺度的景观格局特征对水分和养分的截留和利用、生物多样性的维持、生态系统的长期恢复能力等有重要的功能含义；景观尺度植被的总体格局与土壤和地形的梯度变化相关，在干扰、物种分布、物理化学变化过程的驱动下形成的小尺度斑块综合体镶嵌其中。格局过程多尺度复杂相互作用决定了景观的时空动态、稳定性、恢复力和生态功能。格局、过程、尺度及其相互关系作为景观生态学的核心已毋庸置疑，然而，格局与过程相互作用及其尺度依赖性中蕴含着相当的复杂性和不确定性，景观生态学的未来发展也因此面临众多机遇和挑战。其中景观格局与生态过程的多尺度、多维度耦合研究便是一个蕴含机遇又颇具挑战性的重要领域。

拓展思考题

一、选择题

1. 等级理论同时认为，景观生态系统具有（　　），即景观生态系统在一定时间和空间上能保持相对稳定。
   A. 稳态性　　　　B. 稳定性　　　　C. 亚稳态性　　　　D. 保持性

2. 由于（　　），生态系统的光合作用效率以及养分循环和收支平衡的特点，都会受到斑块大小及有关结构的特征的影响。
   A. 边缘效应　　　B. 边际效应　　　C. 空间异质性　　　D. 空间复杂性

3. 景观中性模型是（　　）及其影响的模型。
   A. 不包含地形变化　　　　　　　B. 空间聚集性
   C. 干扰历史　　　　　　　　　　D. 生态学过程

4. 物种丰富度包含生境多样性、干扰、斑块面积、演替阶段、基底特征和（　　）。
   A. 廊道　　　　B. 生态交错带　　　C. 动植物　　　D. 斑块隔离程度

5. 在对牧草种群500年的模拟中，发现牧草受干扰后在恢复的时间延迟一般不会低于（　　）年。
   A. 15　　　　　B. 25　　　　　　C. 35　　　　　　D. 45

二、简答题

1. 景观生态学的基本理论有哪些？
2. 什么是空间异质性？景观空间异质性的含义是什么？
3. 什么是景观生态学尺度？如何理解空间尺度、时间尺度和组织尺度的含义？
4. 什么是生态交错带？什么是边际效应？
5. 如何理解渗透理论及其意义？中性模型有什么特点？
6. 岛屿生物地理学理论的核心思想是什么？其意义是什么？
7. 复合种群理论的核心内容有哪些？源-汇模型对景观生态学研究有什么意义？

项目 3

景观要素及其生态属性

景观是若干生态系统组成的生态综合体，景观要素指地球表面相对同质的生态要素或单元。本项目主要介绍斑块、廊道和基底景观要素的三种基本类型，以及景观分类。

任务 1 斑　　块

斑块是在外观或者性质上不同于周围环境（基底），且具有一定内部均质性的非线性地表区域。斑块是明显而普遍存在的景观结构特征（图 3.1）。斑块依赖于尺度而存在，即斑块会因尺度和研究对象的不同而有不同的体现。不同斑块的起源，形成机制和持久性、稳定性都存在很大的差异。

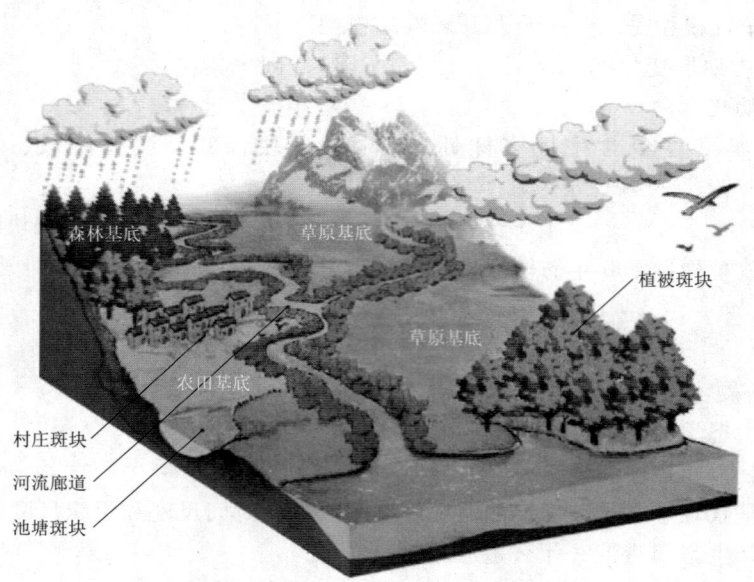

图 3.1　斑块-廊道-基底

1.1 斑块的类型

干扰、环境资源的异质性和人为引进都可能产生不同的斑块类型。根据斑块的不同起源和主要形成机制，可以将斑块分为环境资源斑块、干扰斑块、残遗斑块和引入斑块。其中，环境资源斑块相对持久，其他斑块类型相对变化较大，其持续性取决于形成斑块的干扰是单一的还是长期的。

1.1.1 环境资源斑块

环境异质性导致环境资源斑块产生。环境资源斑块相当稳定，与干扰无关。例如，裸露山脊上的石南荒原、石灰岩地区的低湿地、沙漠上的绿洲以及山谷内聚集的传粉昆虫等，都属于环境资源斑块。环境资源斑块的起源是由于环境资源的空间异质性及镶嵌分布规律。由于环境资源分布的相对持久性，所以斑块也相对持久，周转速率相当低。在这些稳定的斑块内部也始终存在种群波动、迁入迁出和灭绝过程，但变化水平极低。物种变化对斑块上的群落和周围群落来说是正常现象，所以不存在松弛期和调解期。

1.1.2 干扰斑块

基底内的各种局部干扰都可形成干扰斑块。泥石流、雪崩、风暴、冰雹、食草动物大爆发、哺乳动物的践踏和其他许多自然变化都可能产生干扰斑块。人类活动也可产生干扰斑块。例如，森林采伐、草原烧荒及矿区开采等都是地球表面广泛分布的干扰斑块。

干扰斑块具有最高的周转率，持续时间最短，通常也是消失最快的斑块类型。但如果干扰长期持续，这类斑块也可长期存在。例如，一个重复放牧的牧场，演替过程不断重复进行或重新开始，斑块也能保持稳定并持续较长时间。

长期干扰斑块主要由人类活动引起，但有时长期的自然干扰也能够形成。例如，周期性洪水、大型哺乳动物践踏或野火，使斑块上的物种适应于干扰状态，与周围基底保持平衡。

1.1.3 残遗斑块

残遗斑块的成因与干扰斑块刚好相反，它是动植物群落受干扰后基底内的残留部分。植物残遗斑块，如景观遭火烧时残遗的植被斑块，免遭蝗虫危害的植被，都是残遗斑块。动物残遗斑块，如生活在温暖阳坡免遭严寒淘汰的鸟类，罕见严寒期生存下来的巢栖皮蝇群落，或逃避攻击性捕食动物侵袭的草食动物等。残遗斑块和干扰斑块相似，两者都起源于自然干扰或人类干扰。它们的种群大小、迁入和灭绝等在初始剧烈变化，随后进入平稳演替阶段。当基底和斑块融为一体时，两者都会消失，都具有较高的周转率。

1.1.4 引入斑块

当人们把生物引进某一地区时，就产生了引入斑块。它与干扰斑块相似，小面积的干扰可产生这种斑块。在所有情况下，新引进的物种，无论是植物、动物或人等，都对斑块产生持续而重要的影响。

（1）种植斑块——农田、人工林、高尔夫球场等，都是在基底上形成的种植斑块。在种植斑块内，物种动态和斑块周转速率取决于人类的管理活动。如果不进行管理，那么基底的物种就会侵入斑块，并发生演替，同干扰斑块一样，最终也将消失。不同的是，引进物种（如在人工林中）可能长期占优势，延缓了演替过程。

（2）聚居地——人类聚居地是最明显而又普遍存在的景观组分之一，包括房屋、庭院、道路和毗邻的周边环境。聚居地由干扰形成，其干扰可能是局部的，也可能是全部清除自然生态系统,然后大兴土木,并引进新物种。由于人类活动随时间而变,聚居地生态系统一般是不稳定的。但是,聚居地往往会作为一种斑块而保持数年、数十年甚至数千年。

聚居地内的生态结构取决于替代自然生态系统的生物类型。聚居地生态系统包括四种不同类型的物种:人、引进的动植物、不慎引入的害虫和从异地移入的本地种。人是最重要的,他们不仅是巨大的消费者,而且是保持聚居地续存的长期干扰的实施者。现有的大多数植物种是人们引进供消费或用来装饰花园、庭院和公共场所的物种。某些植物可能是当地种,但人们更喜欢用各种不同的外来种装饰周围的环境。同样,他们也喜欢引进一些动物。人们一般比较喜欢家养动物和牲畜,如猫、牛和金丝鸟,而不喜欢本地的短尾猫、野牛和蝙蝠。然而,由于引进时的疏忽,聚居地生态系统也会富集一些有害动植物,如鼠类、跳蚤、白蚁、蟑螂、蟋蟀、豚草等,从而引起麻烦。聚居地是高度人文化的斑块类型,其成功与否取决于管理水平和持久性。

1.2 斑块结构特征及其生态功能

斑块的结构特征决定和影响着其自身的生态功能,大小、形状、数目和镶嵌格局等是斑块最基本的结构特征。

1.2.1 斑块的大小及其生态功能

斑块的大小,即斑块的面积,是斑块的最基本特征。斑块大小是影响物种多样性和物种运动、能量流和物质流以及各种生态学过程的主要因素。斑块的大小对生态功能的影响主要体现在以下两个方面。

(1) 斑块面积对斑块内物质流和能量流的影响。如果大斑块和小斑块中单位面积的能量或物质含量相同,则斑块内的能量或物质总量与斑块的面积成正比,即大斑块的能量或物质的总量要比小斑块多。但很多情况下,一方面,同一斑块内物质和能量并非均匀分布,受斑块周边基底或相邻斑块影响程度的不同,会产生斑块从边缘到中心生境的梯度变化;另一方面,大斑块和小斑块中单位面积的能量或物质含量并不相同,甚至可能出现大斑块的能量或物质总量低于小斑块的情况。在斑块周边环境影响强弱不同时,小斑块中心的微环境(物质和能量分布)会明显不同于大斑块的中心。

实际上,斑块内的物质和能量含量不仅与斑块的大小有关,还与斑块的内缘,即斑块内部面积和边线面积的比率有关,而且关系非常复杂。斑块边缘与内部能量、养分的差异是受斑块大小影响这一基本问题的核心要点,也是目前仍然期待深入研究和探讨的问题。

(2) 斑块面积对斑块内物种多样性的影响。有关斑块面积对物种多样性影响的研究始于对岛屿面积和岛屿内部物种多样性关系的研究,其中 MacArthur 等提出的岛屿生物地理学理论认为,岛屿物种的多样性取决于物种的迁入率和灭绝率,而迁入率和灭绝率与岛屿的面积、隔离程度(到大陆的距离)和年龄有关。许多研究表明,物种多样性 S 与岛屿特征有如下函数关系:

$$S = f(生境多样性 - 干扰 + 斑块面积 - 隔离程度 + 年龄)$$

式中,岛屿特征按照其重要性进行排序,+表示正相关,-表示负相关。

岛屿生物地理学理论阐明了岛屿面积的重要性，即面积大的斑块比面积小的斑块往往能够容纳更多的物种和个体。

在陆地景观中，显然斑块与岛屿有许多不同，特别是斑块的边界并不是非常明确，有些边界还呈现梯度变化。陆地上的基底与海洋相比面积小，有相当高的异质性，所以基底可以作为动物迁移的中继站，使得岛屿生物地理学理论中隔离程度的重要性降低。陆地景观中斑块的物种多样性与斑块特征有如下函数关系：

$$S = f(生境多样性 \pm 干扰 + 斑块面积 + 年龄 + 基底异质性 - 隔离程度 - 边界不连续性)$$

式中，斑块特征按照其重要性进行排序，＋表示正相关，－表示负相关。

可以看出，不管是岛屿还是陆地景观，面积与物种多样性显著相关。这主要是因为：

斑块越大，生境空间异质性和多样性越高（图3.2）。斑块越大，局地微气候、地形地貌、水热特征在斑块内部越容易存在差异，环境特征变化会导致生境空间异质性增强，生境多样性也就会高。更加异质和多样性的生境一方面适宜不同生态位需求和抗性的多个物种，利于维持更多的生物个体生存，并增加遗传基因的多样性；另一方面可为生物个体提供更多的避难所，对物种的灭绝过程有缓冲作用，并可能作为源地为基底或者其他斑块提供种源。

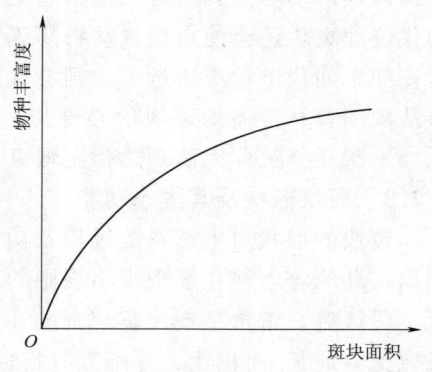

图3.2 斑块面积与物种丰富度的关系

斑块越大，内部生境比例往往越大。对环境变化敏感的物种往往需要较稳定的环境条件，而大面积的斑块通常拥有较稳定的内部生境，能够为这部分敏感物种提供保护场所。在现实景观中，各种大小的斑块往往同时存在，它们具有不同的生态学功能。大的斑块，如大的森林斑块，有利于生境敏感物种的生存，为大型脊椎动物提供核心生境和避难所，为景观中其他组成部分提供种源，能维持更近乎自然的生态干扰体系，在环境变化的情况下，对物种灭绝过程有缓冲作用。但是，小斑块亦有重要的生态学作用，可以作为物种传播以及物种局部灭绝后重新定居的生境和"踏脚石"，从而增加景观的连接度，为物种源的保留、物种的迁移和再生等提供了更多的机会，可以避免灾害性事件发生而导致物种灭绝。有研究显示，多个小的斑块与同等面积的大斑块相比，在一些情况下也可能维持更多的生物多样性。例如，在破碎化的农业景观中，更多数量的小斑块可能覆盖了更加异质的生境，从而能够比同样面积的少数几个大的斑块维持更高的生物多样性，甚至是维持更多的濒危物种。因此，在景观规划的过程中，需要合理设置大小斑块的数量及其空间。

自然保护区的规划与管理中一个长期有争议的问题就是在总面积相同的情况下，设立一个大保护区还是几个小保护区更有利于保护物种多样性。斑块的大小是生物多样性保护中需要考虑的重要问题，在进行自然保护区规划时，一般建议保护的面积尽可能大

表 3.1　美国农业部为保护不同物种推荐的最小斑块面积

物种类别	最小斑块面积
植物	$2\sim101hm^2$
无脊椎动物	$4.6m^2\sim1hm^2$
爬行类和两栖类动物	$1.2\sim14.2m^2$
草地鸟类	$4.9\sim54.6m^2$
水禽	$\geq4.9hm^2$
森林鸟类	$2\sim38.4hm^2$
小型哺乳动物	$1\sim10hm^2$
大型哺乳动物	$0.162\sim5.2km^2$
大兴肉食哺乳动物	$9.1\sim2201.5km^2$

一些。由于不同物种所需要的最小斑块面积存在较大差异，因而需要针对不同的物种来制订具体的保护方案。以下为美国农业部为保护不同物种推荐的最小斑块面积，见表 3.1。

在农林生产的实践中，常常会遇到如何确定斑块大小的问题。例如，森林间伐迹地斑块多大才能更好地实现采伐后森林的自然更新？过小或过大的间伐迹地斑块对森林的自然更新均不利。过小的间伐迹地斑块使得周围森林对斑块仍然保留很强的遮蔽作用，不利于喜光植物的生存，也使得斑块内植物受到来自周围植物更强的竞争压力，尤其是水分和养分的竞争；过小的间伐迹地斑块还会使得植食动物易于穿越斑块，使斑块内的植物容易受到植食动物的啃食。如果间伐迹地斑块过大，则会导致斑块内风力加剧，坡地上水土流失严重，种子很难从周围森林传播到斑块中心部位，中心部位的自然更新缺失，捕食者的捕食效率降低，一次迁移过程无法到达指定地点等。

1.2.2　斑块形状及其生态功能

斑块的形状对生态系统过程及功能也会产生重要影响。通常，自然形成的斑块，如湖泊、岛屿等，往往表现出不规则的复杂形状，而人为活动造成的斑块，如农田、居民区、厂区等，常常呈现比较规则的几何形状。斑块的形状及其复杂性可以通过内缘比、长宽比、周长-面积比、分维数等指标进行描述（详见项目 5 景观格局分析相关内容）。

（1）斑块的边缘效应。斑块的边缘是两个不同的生态系统相交而形成的狭窄地区。因不同生态系统的交叉，许多典型的物种限制在边缘或者内部环境，使斑块的边缘部分有不同于内部的物种组成和丰富度，这就是通常说的边缘效应。边缘效应是造成不同形状斑块生境差异的重要原因。斑块内部面积和边缘面积的比率，即内缘比，是量化边缘效应和斑块形状的重要参数。

内缘比不同的斑块，其内部与边缘在生境条件上（如微气候、土壤、食物、天敌等）存在差异，因而造成边缘与内部物种组成及数量的差异，对生态学过程的促进或抑制作用也有所不同。例如，有些物种需要较稳定的环境条件，往往集中分布在斑块中心部分（核心区），称为内部种；另一些物种适应多变的或阳光充足的环境条件，主要分布在斑块边缘部分，称为边缘种；有许多物种的分布介于这两者之间。

一般而言，斑块面积增加时，核心区面积比边缘面积增加得要快；同样，斑块面积减小时，核心区面积比边缘面积减小得要快。当斑块面积很小时，核心区和边缘区环境差异很弱或者不存在，斑块生境特征受到周边斑块或者基底的边缘效应影响强烈，斑块内物种均为边缘种或者对生境不敏感的种占据。当然，边缘效应除了与斑块的大小相关外，还与相邻斑块和基底的特征相关。

在相同面积条件下，核心区面积与边缘面积之比（内缘比）说明了形状上的意义（图3.3），一般圆形的内缘比要大于被拉伸或者不规则的斑块，细长的斑块内缘比最低，甚至有可能为零。

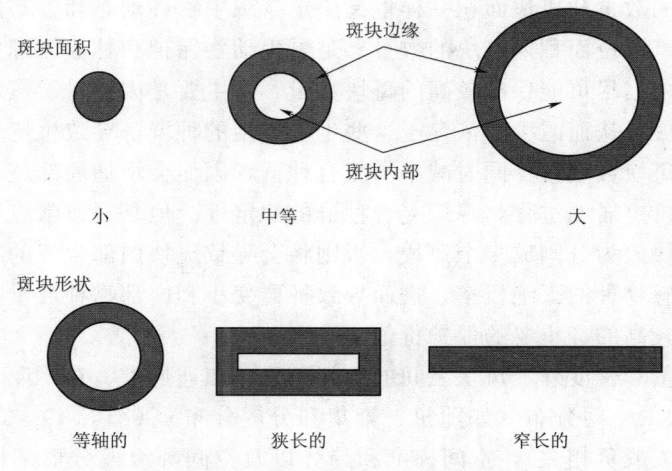

图 3.3 斑块内缘比与斑块形状和面积的关系

边缘效应是生态学研究和关注的一个重要内容，目前已有许多学者研究边缘效应对小气候、物种迁移和生物多样性保护的影响及其在森林恢复和自然保护区设计与管理中的应用。由于斑块边缘内生境的高异质性、生物多样性以及对环境变化的敏感性，与其他部分相比，更具有生态环境变化指示和预警意义。例如，目前备受关注的城乡交错带、农牧交错带等的生态环境研究，都是基于边缘效应研究的重要内容。

（2）斑块形状对相邻基底或斑块间相互作用的影响。斑块边界的形状影响基底与斑块间或者斑块与斑块间的生态流。斑块的形状越复杂，与周边基底间的相互作用（不管是有用还是有害）就越大。具有高度复杂边界的斑块会具有面积更大的边缘生境，使边缘生境的数量增加，但却大量减少了内部种的数量，特别是一些需要保护的目标种。生态上最优的斑块通常呈现"宇宙飞船"形状，具有圆形的核心部分以保护资源，并有一些卷曲状的边界及少量的指状突出以利于物种扩散。

Hardt 等（1989）比较了凹、凸和直的矿区边界对植被恢复情况的影响，在有凹形边界的地区，树木定居的数量是其他形状地区的2.5倍。大量证据表明，动物更多地取食凸形边界的植被，因而凸形边界形状更容易快速演替。Forman 等（2001）调查了新墨西哥州北部松柏林与草地之间的边界形状对野生生物利用与穿越边界的影响。结果表明，随着边界曲度的增加，麋鹿和骡鹿对边界的利用增加，沿着边界的运动减少，而穿越边界的运动增加；对于直边界，更多的是沿着边界运动。在等面积条件下，斑块的长宽比或周长-面积比越接近正方形或圆形的值，其形状就越"紧密"。已有的相关研究结果显示，紧密形状在单位面积中的边缘比例小，有利于保蓄能量、养分和生物，而松散形状（如长宽比很大或边界蜿蜒多曲）易于促进斑块内部与外围环境相互作用，尤其是能量、物质和生物方面的交换。

1.2.3 斑块数量与镶嵌特征及其生态功能

景观中除斑块自身特征，如斑块类型、大小和形状影响景观的生态过程和功能外，景观中斑块数量及斑块之间相互作用、镶嵌而成的空间分布格局也会对景观能量流、物质流、干扰传播等产生重要的影响。

景观中斑块的数量和斑块面积一样也是决定景观中物种动态和分布的重要因素。斑块的数量和密度（单位面积内斑块的数量）是野生动物保护和林业管理中考虑的重要因素。一般而言，应当尽可能保持较高的斑块数量，这主要是因为：①斑块数量的减少往往导致生境的丧失，从而减少了依存于这些生境类型的种群，导致生境多样性和物种多样性的减少；②斑块数量减少同时减小了复合种群，因而会增加局部斑块间种群灭绝的概率，减缓生物再定居的过程，降低复合种群的稳定性。但是，通常应当避免将现存较大面积的生境斑块人为分割成多个斑块，否则将会导致斑块内部生境的减少，增加对斑块面积变化较敏感物种的灭绝概率，进而导致种群变小和内部物种数量减少，而这些内部物种一般具有较高的、重要的保护价值。

除斑块的数量和密度外，斑块之间的空间关系（如连通度、对比度、聚集度和隔离度等），同类斑块的空间分布（如随机、聚集和分散分布）（图3.4），斑块之间的空间关联程度（正相关或负相关），空间梯度和趋势以及空间等级或分形结构、等级水平等空间镶嵌结构特征对景观的生态过程和功能都有决定性的影响。

图 3.4　斑块的空间分布格局

例如，城市景观中大面积绿地斑块与周边小面积绿地斑块在隔离度较小情况下（"大陆-岛屿格局"），大面积绿地降温效应的边缘效应会增强小面积绿地斑块的降温效应，进而加强绿地景观格局缓解城市热环境的功能。因此，在城市绿地景观规划和设计中，需要充分考虑绿地景观的空间镶嵌格局对绿地降温效应的影响。再如，森林斑块连通性不同对火灾和病虫害干扰的传播作用也不同，连通性强可能会导致火灾和病虫害很快蔓延，干扰迅速扩散；若连通性弱，隔离度高，其他非森林斑块会对火灾或病虫害的传播起到抑制作用，则干扰不容易扩散。因此，在自然保护区或景观规划中，对于火灾或者病虫害易发区，应尽可能将不同类型的斑块镶嵌组合在一起，增加景观的异质性，避免相邻斑块的相似性。

任务2　廊　　道

廊道是指不同于两侧基底，以条带状出现的景观单元，可以看作被"拉伸"的斑块，如河流、铁路、公路、运河、防护林带等（图3.5）。

廊道具有通道、资源（栖息地、源和汇）、保护（屏障、过滤）和美学等方面的功能。廊道可以是孤立的带，将景观单元分割；也可以起纽带作用，将相似组分的景观单元相连。廊道在很大程度上影响景观的连通性，进而影响景观内物种、能量和物质的交

图 3.5　一种由道路和林带组成的复合型廊道

流。例如，森林中道路的修建使森林单元相互隔离，呈现破碎化，阻碍了森林中生物种群之间的迁移和交流，起阻隔作用；同时也能使周边的居民点相互联系，增加了连通性，促进了居民点间的人、物等的流通，起到重要的纽带作用。廊道这种双重而相反的特性证明了廊道在景观中的重要作用。

2.1　廊道的类型

与斑块的分类相似，根据廊道起源的不同，可以将廊道分为干扰廊道、残遗廊道、环境资源廊道、人为引入（种植）廊道和再生廊道。干扰廊道由带状干扰所致，如线性采运作业、铁路和动力线通道等。残遗廊道由基底的干扰所引起，采伐森林所留下的林带，或穿越农田的铁路两侧的天然草原带，都是以前大面积植被的残遗群落。环境资源廊道是由环境资源在空间上的异质性线性分布形成的，如河流廊道。人为引入（种植）廊道如防护林带、穿过郊区的高速公路或许多矮小带刺的树篱，都是由于人类种植形成。再生廊道则是指干扰地区内的再生带状植被，沿栅栏生长的树篱和城市绿化带都是再生廊道。

另外，按照廊道的宽度（与起源、人类利用和景观类型无关），可以将廊道分为线状廊道和带状廊道。线状廊道是指全部由边缘物种占优势的狭长条带，受相邻基底影响明显，不存在核心区或者内部生境，常见的有小道、公路、树篱和沟渠等。带状廊道则是指廊道宽度可以形成内部环境的条带，含丰富内部种，廊道每边都有边缘效应，如宽的林带、输电线路和高速公路。线状廊道与带状廊道的主要差别在于廊道宽度，并影响廊道的功能，这种影响通常被称为"宽度效应"。

根据廊道的组成成分和生态系统类型，又可将廊道分为森林廊道、河流廊道和道路廊道等。其中森林廊道因特有的生态功能，又称为绿色廊道。森林廊道是重要的生态廊道，通常具有保护生物多样性、过滤污染物、防止水土流失、防风固沙、调控洪水等生态系统服务功能。森林廊道通常和河流廊道结合，形成生态廊道实现生物多样性保护、污染物控制等多种生态功能，同时实现环境美化、娱乐休闲等人类需求，目前已成为生态建设和景观规划考虑的重要环节和内容。

2.2 廊道的结构特征及其生态功能

廊道的结构特征与其生态功能密切相关。廊道的结构特征主要包括廊道的宽度、连通性、数量构成、曲度及内环境等（图3.6）。

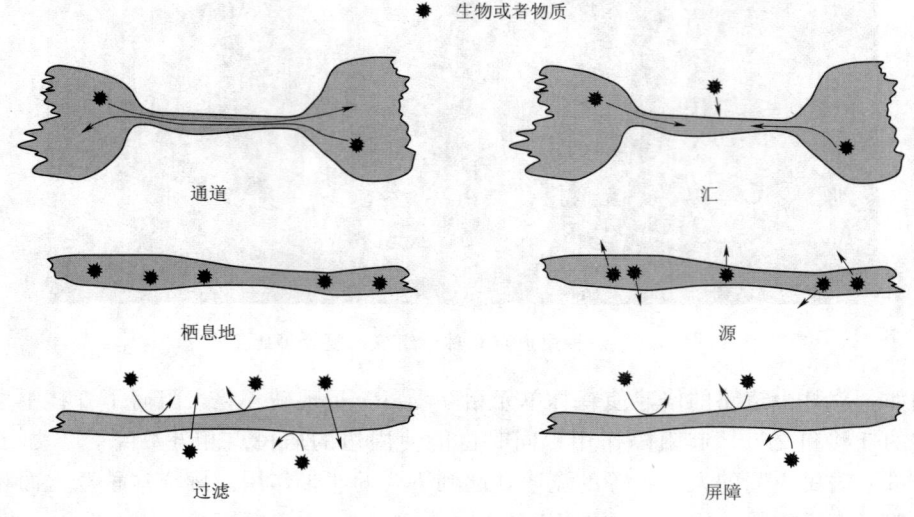

图3.6　廊道的结构特征与其生态功能

2.2.1 廊道的宽度及其生态功能

廊道宽度对沿廊道或穿越廊道的物种迁移、生物多样性维持及物质流和能量流有重要的影响。廊道宽度不同，边缘效应的影响不同，边缘种及内部种变化的幅度也不同，因而导致生物多样性格局的变化（图3.7）。非常窄的廊道几乎不存在内部种，而较宽的廊道包含这个区域大多数的边缘种，但仍然缺乏足够的微环境（核心区）来支持内部种。非常宽的廊道才会拥有较好的微环境（核心区）来支持内部种。事实上，横轴（廊道宽度）需要延伸很远，内部种曲线才有可能趋向稳定，但这时的廊道应该被称作斑块。

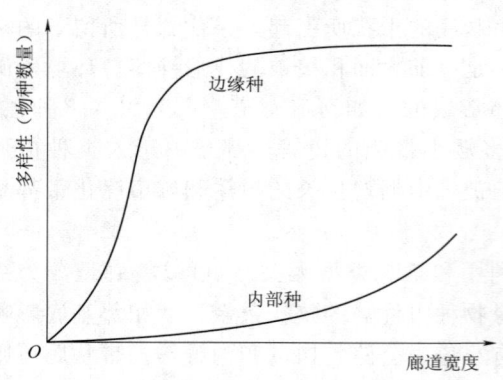

图3.7　廊道的宽度与内部种及边缘种的关系

例如，美国新泽西州宽度为3～20m、长度为100m的30个树篱，进行了草本植物多样性的调查研究。结果表明，树篱宽度对草本植物边缘种数量的影响并不明显，但是对内部种数量的影响明显，随着树篱宽度的增加，内部种多样性显著增加。尽管从统计来看，树篱宽度与草本植物多样性之间成显著的线性相关，但对物种多样性分布格局的详细观察可以发现，狭窄的树篱廊道，草本植物的内部种和边缘种几乎不存在；较宽的树篱廊道，包括大多数的边缘种，但内部种较少；很宽的树篱廊道（>12m），边缘种变化不明显，但内部种的多样性却是较宽廊道的2倍以上。所以，树篱廊道对草本植物多样性影响的"宽度效应"阈值为12m，树篱宽度小于12m为线状廊道，大于12m为带状廊道。

在景观的管理中，保护目标物种不同，廊道设计的宽度也应不同。一般而言，目标物种体型越大，为方便其迁移并提供潜在栖息地所需廊道的宽度也越大；随廊道长度增加，宽度也应相应增加。表3.2所示为美国农业部为保护不同生物所需的生态廊道推荐的廊道宽度值。

另外，廊道功能需求不同，廊道设计的宽度也应有所不同。廊道宽度的设定需要根据廊道建设目标、廊道植被构成情况（包括植被垂直、水平及年龄结构，多样性、密度、盖度等）、廊道其他功能（如游憩、文化遗产保护、交通运输、过滤等）、廊道长度、地形等多个因素共同决定。在实际工作中，虽然往往没有足够的信息和时间来进行详细实验研究，但如果能够综合考虑上述各个因素的影响，并参考相应的研究结果及经验值，也可以确定合适的廊道宽度。对于尺度较大的河流廊道而言，由于其所流经地区可能在自然地理、人文地理背景等方面存在巨大差异，其不同河段的基本景观类型及主要生态过程与功能也可能差异较大，因此其宽度的确定应当充分考虑各河段的实际情况。

表3.2 美国农业部为保护不同生物所需的生态廊道推荐的廊道宽度值

物种类别	最小建议宽度	建议宽度上限
植物	30.5m	100.6m
无脊椎动物	30.5m	61m
水生生物	30.5m	61m
爬行及两栖类动物	30.5m	182.9m
鸟类内部种	61m	1.6km
鸟类边缘种	30.5m	100.6m
小型哺乳动物	58m	100.6m
大型哺乳动物	100.6m	2.4km
大型食肉哺乳动物	100.6m	≥4.8km

2.2.2 廊道的连通性及其生态功能

连通性是测度廊道结构特征的最基本指标，指廊道如何连接或在空间上的连续程度，一般由单位长度上间断区的数目和长度表示。廊道有无间断区决定着廊道是起阻隔作用还是起通道作用。面对不同尺度上持续的生境丧失和隔离，尽管在廊道对增强生物多样性的有效性方面依然存在争论，但越来越多的经验性研究表明，廊道的连通性会促进物种迁移、基因流动，提高物种的生存能力并促进斑块的重新利用与栖息地的保护，对生物多样性保护会产生积极和重要的意义，是当前景观规划中必须考虑的重要内容之一。

廊道的间断区一般会阻止物种沿廊道迁移，其影响程度取决于目标物种迁移能力、间断区的长度以及间断区和廊道组成成分的对比度、目标物种对对比度的敏感程度。一旦廊道的间断区超过某一临界阈值宽度，就会形成障碍，导致一些物种不能穿越，这就需要及时修复间断区，保证物种迁移廊道的连通性。

为了使廊道能够满足物种在大斑块之间迁移的需求，保证廊道生境和生态功能的连通性，廊道的植被结构和植物种类应尽量同与之连接的大斑块保持一致；尽量保证廊道由乡土物种组成，并具有层次丰富的群落结构。

由于越来越多的生境被道路或者土地开发切断和破坏，形成间断区，因而为了增加物种迁移的连通性，需采用隧道、路下和地上通道等措施，通过人工构建的廊道来实现生境之间的连接。例如，在澳大利亚维多利亚州，濒临灭绝的山地矮负鼠（有袋物种）的生境被一条新建的主干道破坏。为了保护山地矮负鼠，当地政府修建了一条地下隧道，并使其尽量模拟山地矮负鼠的乡土生境，成功地将这块受干扰的不连续生境重新连接了起来，使山地矮负鼠能够存活，并进行季节性的扩散和迁移。

通过建立廊道来提高物种需要的不同类型栖息地间的连通性，已经成为目前景观规划与设计的重要原则。因此，通常需要将廊道尽量设计成宽阔的连接区，或者设计成多条廊道组成的网状格局，为生物提供多条迁移通道，避免单一廊道遭到破坏而造成栖息生境的隔离（图3.8）。但是，连通性的增强也可能会导致诸如物种入侵和疾病传播等问题。

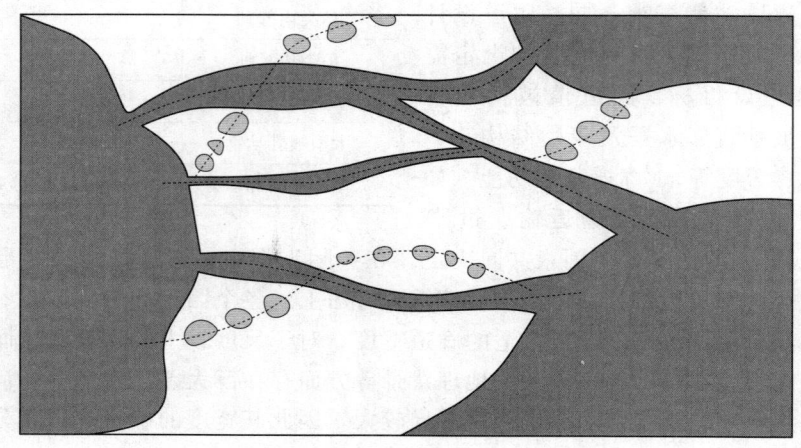

图3.8　一种多廊道连通的模式

2.2.3　廊道的曲度及其生态功能

廊道曲度是指廊道的弯曲程度，不同的廊道最明显的特征就是曲度。廊道曲度与沿廊道的运动直接关联，具有重要的生态学意义。一般来说，廊道越直距离越短，能量、物质和生物个体在廊道中流动或者迁移消耗的时间就会越短。廊道弯曲处能够提供生境，保护基底中生物沿廊道迁移。弯曲的廊道还能创造更多的异质生境，提高廊道内的物种多样性。例如，河道弯曲处形成的洼地，往往截留和积累丰富的有机物，为水生动物提供觅食和繁殖的场所，同时也有利于生物躲避湍急水流和捕食者。

除廊道的宽度、连通性和曲度外，廊道的内环境也会影响廊道功能。廊道内环境包括温度、湿度、风速等垂直于廊道方向的梯度变化，也包括沿廊道延伸方向的缓慢变化，这些因素对物种分布、迁移和穿越等都有影响。

任务3　基　底

基底是景观中面积最大、连通性最好、相对同质的景观组分。基底是景观中的背景结构，对景观功能起着重要作用，影响能量流、物质流和物种流，在很大程度上决定着景观的性质，对景观总体动态起着支配作用。

3.1 基底的判断标准

判别基底的三个标准：相对面积、连通性和控制程度。

3.1.1 相对面积

基底在景观中的面积相对较大。通常，区分基底和其他景观组分首先应研究它们的相对面积比例。当某一景观组分类型在景观中占的面积最大，一般应超过其他所有现存的景观类型的面积总和，或者占到景观总面积的50%以上时，这种景观组分就可以被看作基底。在整个景观区域内，基底以凹形边界将其他景观组分包围起来，在所包围的斑块密集的地方，基底之间相连的区域很窄。作为面积最大的景观组分类型，基底往往控制景观中的流，基底中的优势种也是景观中的主要种。相对面积往往作为定义基底的第一条标准，但在大多数景观中，可能并没有一种景观组分占绝对的优势，往往各种组分覆盖面积都小于50%，这时就应该与以下两个标准结合来判断。

3.1.2 连通性

基底的连通性比其他任何景观组分的连通性程度都要高。仅将相对面积作为是否为基底的唯一判断标准可能会得出错误的结论。例如，被树篱围绕的农田景观，因为树篱具有较高的连通性，虽然树篱所占面积一般远远不到总面积的50%，但树篱仍可以被看作基底；虽然直观上，人们往往会觉得被树篱围绕的网格（农田）就是基底。为了精确描述这种基底的特性，一般应用连通性的概念。当某一景观组分连接完好（完全连通），形成相互连通的廊道网络，并环绕其他所有景观组分时，其应该被看作基底。基底的这种高度连通性往往具有以下作用：①隔离其他组分的物理屏障功能，如阻断两种组分间的风灾、火灾传播；②具有廊道的功能，有利于物种间的迁移和遗传基因的交换；③该组分包围其他景观组分形成孤立的生物"岛屿"。然而，在现实景观中，基底往往并不是完全连通的，而是被其他组分分隔。因此，在确定哪种景观组分类型是基底，哪种景观组分是斑块和廊道之前，应对现有的景观要素作出鉴别，然后着手进行景观分析。

3.1.3 控制程度

基底对景观或者区域动态的控制程度较其他景观组分类型大，起主导作用。例如，以树篱和农田来说，树篱中乔木树种的果实、种子可被动物或风等媒介传到农田中去，从而使农田在不受人管理之后就会演变成森林群落，树篱起到一个物种源的作用，把整个景观引向可能达到的某种稳定状态或发生其他变化，这样基底就发挥了对景观动态的控制作用，提供了景观向未来发展的动力。又如，在森林景观中，采伐和火烧干扰形成的迹地在林中形成不同的林窗，这些林窗往往是不稳定的，其内部树种特别是乔木的更新和恢复，通常要靠周围森林提供种源、创造微气候环境等才能进行；周边的原有森林为这些林窗的重新构造和动态发展起到了重要的控制作用，因而应被看作基底。综上所述，基底的判断通常需要三个标准相互结合，其判断的一般流程如下：①计算每一景观要素的相对面积，假如一种景观组分的面积远远超过其他组分，我们可以判定它为基底；②假如面积相差不大，就要看它的连通性水平，可将连通性最高的组分类型判定为基底；③如果根据上述两个标准仍不能作出判定，则必须进行野外勘察，研究植物种类成分以及它们的生活史特征，估计哪个要素对景观或区域动态的控制作用更大。从生态意义上看,控制程度的重要性大于相对面积和连通性。但在实际研究中,要确切区分斑块、廊道和基底有时是很困难的,也是不必要的。例如,景观组分的划分往往与观察和研究尺度相联系,这就决定了斑块、廊道和基底的区分往往是相对的;此外,从广义上讲,基底可被看作景观中占主导地位的斑块,而廊道亦可被看作狭长型斑块。

3.2 基底的结构特征及其生态功能

基底的结构特征表现在三个方面,即孔隙度、边界形状和网络。

3.2.1 孔隙度

孔隙度是指单位面积内的斑块数目,与斑块大小无关。斑块在基底中即是所谓的"孔",所以孔隙度与斑块数量有密切联系,但在计算孔隙度时只计算有闭合边界的斑块。如图3.9(a)所示,基底被开口边界斑块通过,孔隙度为0;而图3.9(b)中有一个封闭的斑块被基底包围,其孔隙度为1;同样我们可以看到,图3.9(c)~(e),其孔隙度分别是2、3和10。孔隙度与连通性无关,例如,图3.9(b)~(e)景观孔隙度不同,但连通性保持不变。不论基底中有多少个"孔",只要基底能相互连通,则称完全连通;否则,称为不完全连通。需要注意的是,图3.9(f)中孔隙度为1,图3.9(g)和图3.9(h)孔隙度都为2,但连通性不同。

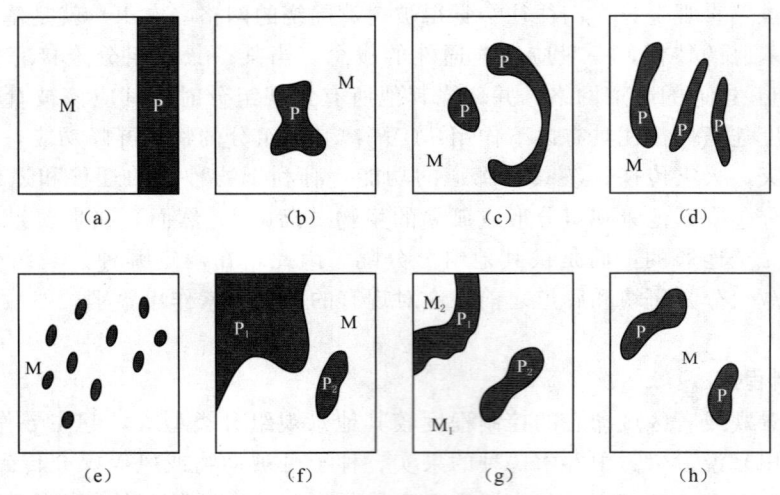

图 3.9　基底的孔隙度和连通性
M—基底;P—斑块

基底的孔隙度具有重要的生态意义。孔隙度在一定程度上表明基底中不同斑块的隔离程度,而隔离程度影响动植物种群间的遗传变异,进而影响动植物种群的发展。

因而,孔隙度可提供景观中现存物种隔离程度和潜在基因变异的总线索。通常,孔隙度是边缘效应的总量指标,对野生动物管理具有许多指导意义,对能量流、物质流和物种流有重要影响。孔隙度小的基底(生境)对于需要远离生境边界的动物避免生境的边缘效应带来的干扰来说是非常重要的。例如,在森林景观中由采伐而产生林窗,人为干扰导致森林景观基底的孔隙度的差异会对林中生物造成干扰,这时采伐前就需要充分考虑林中生物对孔隙度的需求,规划和设计采伐林窗的分布格局。

在人文地理中，特别是随着遥感技术和地理信息系统的发展，孔隙度的分析成为研究基底（如农业景观、森林景观）中住宅或者村庄分布格局及空间扩展特征的重要内容，并用孔隙度的高低或者变化特征来阐明这些非渗透面对生态环境的影响。

3.2.2 边界形状

景观组分间的边界像个半透膜，对生物流、能量流、物质流的迁移产生重要影响，因而基底边界的形状将会影响基底与斑块之间的相互关系。基底是景观中具有支配功能的、范围最广的特殊"斑块类型"，同样也拥有斑块形状及功能。但在基底的评判标准中特别提到了基底拥有对景观的动态控制功能。因此，基于此特点及景观组分的边界形状特征可以帮助界定基底。景观组分的边界形状特征可以划分为扩展和残存两种类型：扩展组分表明它最可能在周边凸面上进行扩展，因而可能是基底；残存组分表明它处于缩减过程，将逐渐被侵占。通常具备最小的周长与面积之比（如圆形）的形状不利于能量与物质的交换，是节省资源的系统特征；周长与面积之比大的形状则有利于与周围环境进行能量和物质的交换。

3.2.3 网络

廊道景观组分相互交叉可以构成网络，但从另一个角度来讲，包围斑块的网络也可以被看作基底。当景观中的孔隙度较大时，这种网络基底就是廊道网络。通常意义上的网络是指廊道网络，由节点和连接廊道构成。在景观中，廊道网络使廊道与斑块、基底的相互作用复杂化，各景观要素借助网络实现能量、物质和信息的流动与交换。网络景观的结构主要取决于自然及人类活动的干扰强度，并随着经济、社会和生态等因素的变化而发展变化。因而，景观网络结构的演变过程可以展示人类对自然资源利用程度或者自然干扰程度与过程。人为干扰导致景观破碎化，对生物多样性保护产生了严重的影响，因而景观网络的研究，包括网络模拟、构建和测度，已成为热点。

廊道网络根据形状通常分为两种形式：分支网络和直线型网络。分支网络是一种树状的等级结构，如河网；直线型网络是一种封闭环路结构，如公路网。廊道相互交叉并通过节点相互连接形成许多环路构成了特殊的网络格局。网络格局两个重要的结构组成要素是网络节点和环路形成的网眼。

（1）网络节点。廊道的交点或终点称为网络节点（图 3.10）。这些节点往往与廊具有相同的组成成分，但比廊道宽。网络节点在"流"沿网络廊道移动过程中是源或者汇，可起到中继点（站）的作用。例如，其在物种迁移过程中可提供暂时栖居和繁殖的场所，提高迁移物种的存活率；另外，网络节点上的物种度一般比廊道其他地方多。

（2）网眼。廊道网络景观形成的环路内围绕的景观要素（斑块或者基底）称为网眼（图 3.11）。网眼的特征，如网眼大小、形状、环境条件、物种丰富度和人类活动等对网络本身的稳定性有重要影响。网络线间的平均距离或网络所环绕的景观要素的平均面积就是网眼的大小。

研究网眼的大小与物种粒级（不适宜物种完成其功能，如繁殖、觅食、保护领地或吸收阳光和水分的最小网络线平均距离或面积；或者说不适宜生境的最小面积或到适宜生境的距离）非常重要。例如，在法国，一种粒度较小的食肉性甲虫在农田平均网眼面积大于 $4hm^2$ 时会消失；相反，粒度较大的物种，如猫头鹰，通常在网眼大小为 $7hm^2$

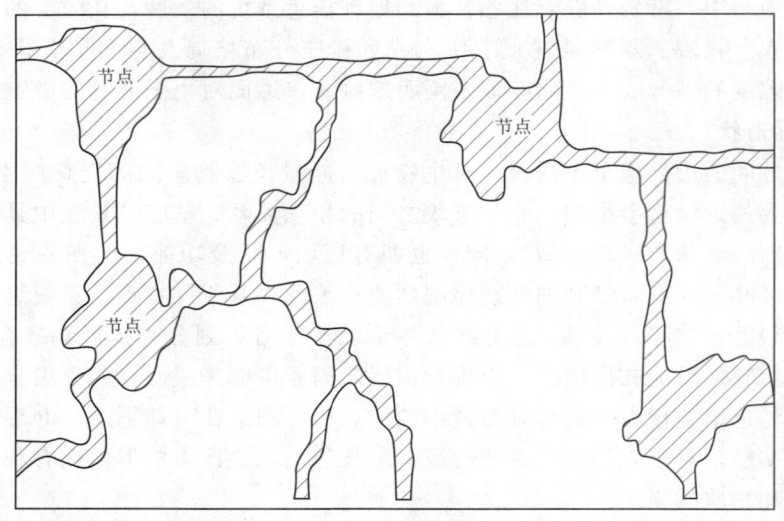

图 3.10　景观网络节点示意图

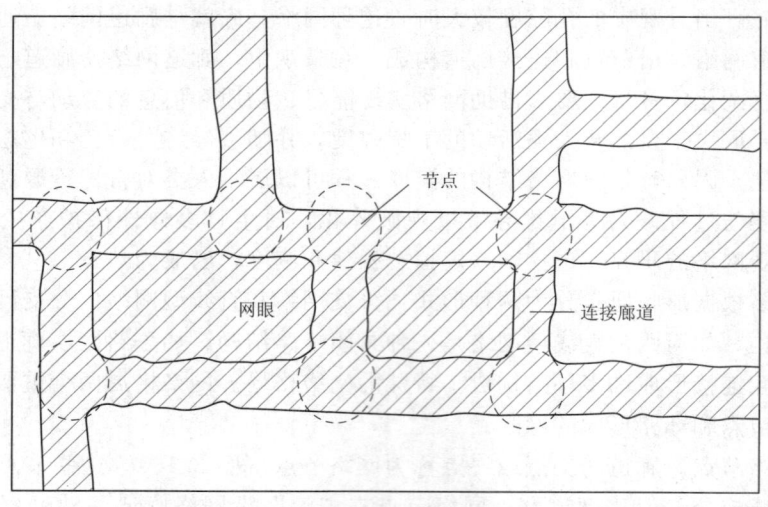

图 3.11　景观网眼示意图

时才会消失。粒径多样性与粒径大小一样具有生物学价值。粒径多样性越高，生境多样性越高，适宜于更多的生物生存，景观会更加稳定。

任务 4　景　观　分　类

根据人类对自然景观的干扰程度，可把景观分为四类：自然景观（如森林景观、荒漠-绿洲景观和湿地景观）、半自然景观（人工林和草地景观）、农业景观和城市景观。该分类系统已被广泛应用。相对而言，人文景观比自然景观具有较高的同质性，并且破碎化程度也较高；同时，人文景观斑块比自然景观斑块的形状更加规则、线性化。当然，不同人文景观与自然景观可能存在更多复杂的结构属性，有时甚至会出现与此完全相反的情况。

4.1 森林景观

森林不仅是全球生态系统重要的组成部分，也是早期人类进化的场所，并为当前人类社会发展提供不可缺少的生物资源。森林景观是指不同森林斑块的镶嵌组合，该镶嵌体内部不同森林斑块之间具有彼此相互作用的生态功能和联系。在不同的地理区域、气候类型、立地生境和社会经济条件下，形成了复杂多样的森林景观。森林景观类型是分析和研究森林景观的重要参数，见图3.12。

图3.12 森林景观和草地景观

4.2 草地景观

草地包含从热带到温带、湿润到半干旱等不同气候下发育的多种植被类型，也是一种由多年生草本植物为优势植被生长型、具有特定地形和土壤属性的土地覆盖类型（或自然综合体）（图3.12）。草地通常包括草原和草甸两大类，其中草甸是以多年生草本植物为主的群落，是在中度气候湿润条件下发育的非地带性植被。草甸种类丰富，以中生性草本植物为主，随水分状况的变化，种类不同；草原是温带和热带半干旱地区的一类地带性植被类型，其物种组成以多年生旱生草本植物为主。

草地也是全球广泛分布而具有类似植被外貌的一类重要景观类型。尽管草地景观具有相对一致的植物生长型，但局部地形、土壤条件和植被干扰的空间异质性导致不同草甸或者草原斑块的镶嵌组合以及不同斑块之间通过物质流、能量流及生物扩散和种间关系产生水平相互作用。不同的地理、气候、地形、土壤以及人为活动等，形成了多样的草地景观。

4.3 荒漠-绿洲景观

干旱荒漠-绿洲是指荒漠中有水源、可供人类生存并支撑其从事各种社会经济活动的区域。绿洲生态系统既是整个荒漠生态系统的重要组成部分，也是决定荒漠生态系统结构与功能的关键部分，还是干旱区生态系统最为敏感的部分。荒漠-绿洲景观以荒漠为基底，依水分条件发育各种植被群落，如旱生荒漠植被、盐生及沼泽草甸植被、沿水系分布的乔灌木林等交错分布（图3.13），再加上农田、防护林等人工生态系统，构成十分复杂的自然-社会耦合系统。

图 3.13　荒漠-绿洲景观和湿地景观

4.4　湿地景观

湿地与森林、海洋构成全球三大生态系统，是人类最重要的环境资本之一，也是自然界富有生物多样性和较高生产力的生态系统。湿地狭义上一般是指陆地与水域之间的过渡地带；广义的定义则把地球上除海洋（水深 6m 以上）外的所有水体都当作湿地。因此，依据湿地存在的景观特征，可以将湿地景观定义为天然或人工、长久或暂时之沼泽地、泥炭地或水域地带，或静止或流动、或淡或咸，包括低潮时水深不超过 6m 的水域景观（图 3.13）。

4.5　农业景观

农业景观是人类出现以来对自然景观长期改造和干扰的结果。农业活动在相当长时间的人类发展史中占有举足轻重的地位。农业发展过程是一些野生动植物不断被人类驯化及其适应人类为其设置的环境条件的过程；并且，在此发展过程中，由于人类干扰的不断变化，形成了不同的农业耕作景观类型（图 3.14）。

图 3.14　农业景观和城市景观

4.6　城市景观

城市化是 21 世纪人类最重要的社会过程之一。城市已经成为社会经济发展的引擎，更是社会文化变革的中心。同时，城市又是人们赖以生存的居住地，关系到资源、能源、交通、教育、卫生、环境、就业、社会服务等各个方面。现今，城市化已经是引起全球环境气候和社会经济变化的重要驱动力，尤其是过去半个多世纪来，无论是在发展中国家还是在发达国家，新城市的建立和老城市的扩张等引起的能源、生态环境和社会经济等问题多样而复杂。由于城市化的迅速发展，在全球各地已经形成一种独特的高异质性城市景观（图 3.14），并且这一独特的景观类型一直在持续不断地发展扩张中。

拓展思考题

一、选择题

1. 景观要素的类型主要是由什么构成的？（　　）
   A. 斑块、廊道、基质　　　　　　B. 斑块、类型、格局
   C. 空间、基质、尺度　　　　　　D. 格局、过程、空间
2. 植物最小斑块的面积范围是（　　）。
   A. 6~100hm^2　　B. 2~101hm^2　　C. 3~101hm^2　　D. 6~101hm^2
3. 全部由边缘物种占优势的狭长带条，受相邻基质影响明显，不存在核心区域，常见的有小道、公路、树篱和沟渠等称为（　　）。
   A. 干扰廊道　　B. 带状廊道　　C. 线状廊道　　D. 再生廊道
4. 在景观中（　　）使廊道与斑块、基底的相互作用复杂化。
   A. 廊道网络　　B. 斑块网络　　C. 再生网络　　D. 基底网络
5. 下列选项中哪一类属于半自然景观？（　　）
   A. 森林景观　　B. 城市景观　　C. 草地景观　　D. 湿地景观

二、简答题

1. 斑块的类型有哪些？各类型有哪些生态特性？
2. 举例说明斑块规模和形状各有什么意义？斑块的大小如何影响斑块中的物种数量？
3. 什么是廊道？廊道有哪些景观生态功能？
4. 什么是基底？基底有哪些结构特征？如何判定景观中的基底？

项目 4

景观结构与格局分析

格局与过程的相互作用是景观生态学的核心命题,而景观格局的基础即是景观组分及其空间结构,因此对景观结构与格局的定量刻画,成为认识景观异质性及其与生态过程、景观功能相互作用机理的前提和基础。本项目将系统梳理景观结构与景观格局的内涵异同,重点分析异质性、粒度、多样性、连接度、对比度和梯度等重要景观结构与格局特征。

任务 1 景观结构与格局

1.1 景观结构

结构是一个系统学概念,主要指具有不同属性的构成要素或组分及其相互关联。景观要素,指形成与影响景观结构与功能的自然要素、人文要素,主要包括地质地貌、气候、土壤、水文、动植物及人类活动;景观组分则特指景观的空间结构单元,包括斑块、廊道、基底、边界(生态过渡带)等。因此,景观结构概念具有广义和狭义两个层面的含义。广义上,景观结构泛指景观形态、组成、属性及其空间构型和时间动态诸方面的特征,包括定性和定量两方面,是一个针对景观层次而言的整体性概念。Forman 和 Gordon(1986)即提出景观结构是景观组分及其时空配置形成的镶嵌格局;狭义上,景观结构特指景观要素的类型、分类属性及其数量关系的特征,不涉及空间格局范畴。

1.2 景观格局

格局在其他学科中亦有"模式"的含义,这一概念在地理学和地图学等相关领域应用已久,包括物种、种群、植被、气候、土地利用/覆被等的分布格局等。在景观生态学中,格局特指景观的二维或三维空间属性,景观格局以景观的空间单元和整体构型为基础,可以从景观整体、空间单元(如斑块、廊道、过渡带、网络等)类型及特定单元三个层次进行描述和分析。

1.2.1 斑块-廊道-基底组成和空间构型

这一概念模式由 Forman 和 Gordon(1986)首创,从离散的角度将景观理解为不同组分构成的镶嵌体,为景观格局的定量分析提供了第一套概念体系。后来,在此基础上发展了一整套以斑块为基础的景观格局描述和分析指标及算法,可以在斑块、斑块类型和景观三个层面进行分析。

1.2.2 廊道-网络（network）系统格局

作为对"斑块-廊道-基底"格局范式的补充，Urban和Keitt引进图论方法，以景观中的廊道所构成的网络体系为核心，发展了一套以连接度为中心的景观格局分析和模拟途径。景观网络是景观中生物和非生物物质流、能量流最为旺盛的部分，如水系、道路网络以及城市的各种管线系统等，是实现景观功能的关键组分（图4.1）。连接度则是反映景观中物质流、能量流和信息流的迁移、输送过程及其度量的核心概念。除了廊道体系，景观网络格局也可以斑块体系为对象进行度量。

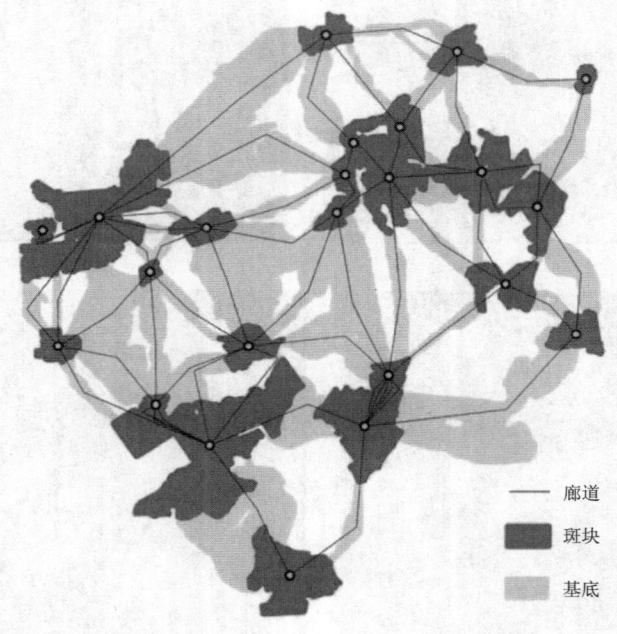

图 4.1 廊道-网络系统格局

1.2.3 边界-交错带-梯度格局

梯度是景观中普遍存在的格局特征，但并未在前两种格局模式及其度量中得到反映，尽管梯度格局早就是生态空间分析的一个主要方面。梯度与镶嵌体相对，代表了一种连续体的景观格局认知视角。景观之间以及景观组分之间存在或模糊或明显的界限，这取决于生态环境要素时空变化的相对连续性与离散性。因此，现实景观单元之间截然的线性边界与渐变的生态过渡带往往共存，并可因观测和分析尺度的不同而相互转换。

1.3 景观格局的生态学意义

景观格局提供了景观的组分构成与空间构型属性，是对景观的生态与地理特征的独特反映。景观格局的生态学意义主要反映在以下三个方面。

1.3.1 指示环境背景

不同的景观类型具有特定的空间构型，反映了不同的自然地理与人文环境背景。例如，同为农业景观，我国华北平原的农田往往具有整齐划一的长条形斑块和笔直的边界；而南方丘陵山地的梯田则具有蜿蜒曲折的典型"指纹"格局，反映了山地和平原地形对农田斑块构型及边界形状的约束［图 4.2（a）、(b)］，也是人类农田开发活动对不同自然环境的适应结果。同样，发育在山地、山口洪积扇、冲积平原上的河流景观不仅具有明显不同的纵向格局，如树枝状［图 4.2（c）］、辫状［图 4.2（d）］和蜿蜒的空间构型［图 4.2（e）］，其横剖面结构上也存在显著差异，反映了不同地形条件下，径流量、泥沙含量及河床基岩对河道发育的约束强度差异。

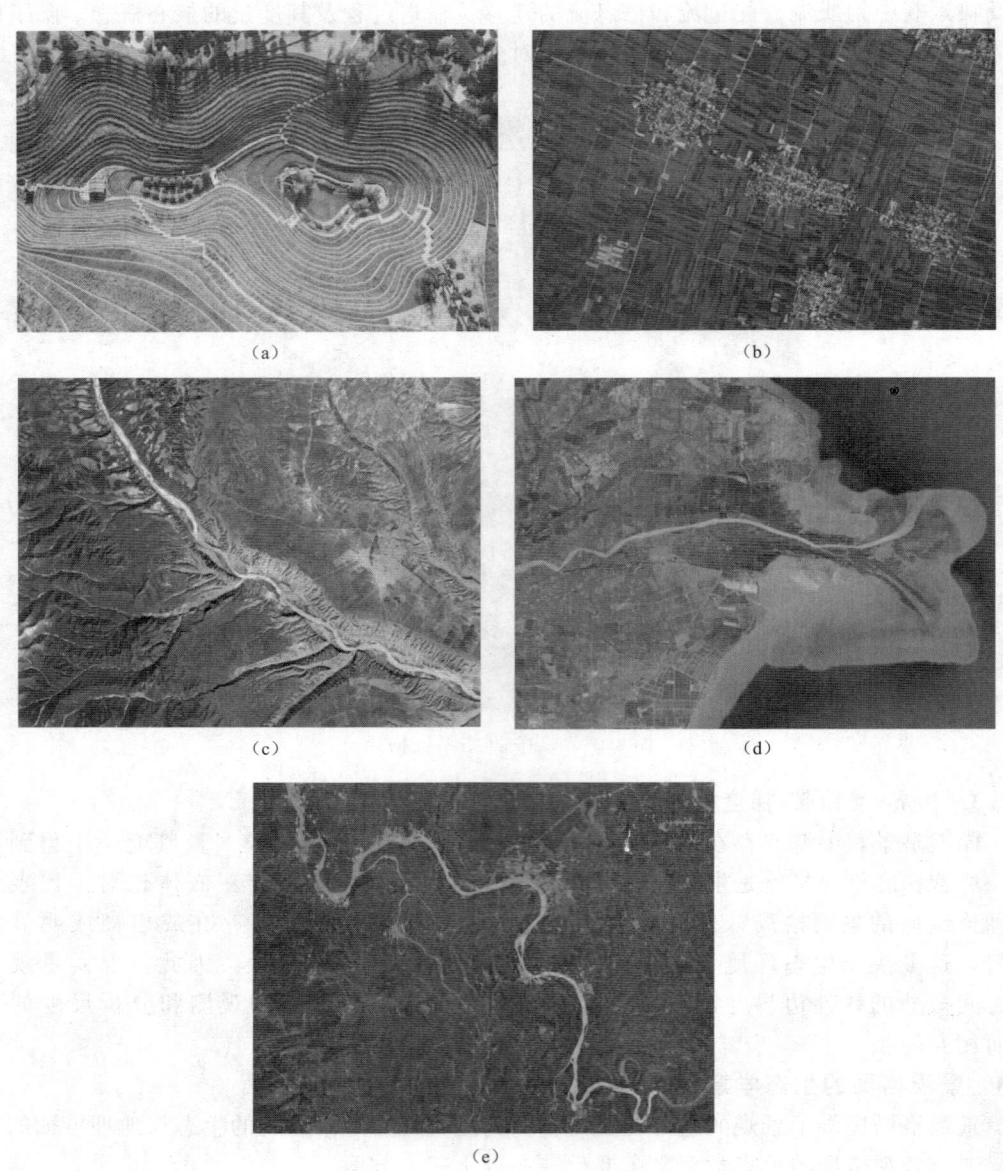

图 4.2　不同类型景观的空间构型特点

1.3.2　揭示生态过程

景观格局与生态过程之间的相互作用是景观生态学的核心科学问题。这是因为，特定的景观组分结构与空间构型都是相关生态过程作用的结果,反过来,景观格局也会影响很多空间过程的强度、方向和路径。研究发现,具有渐变格局的景观过渡带往往对应于不整齐的边界,反映了比较和缓的环境梯度,因而有较为频繁的物质或能量流穿越过渡带,如动物迁徙、植物种子扩散等;而在截然不同的线性边界两侧,景观通常具有高对比度,穿越性的生物和非生物过程则大为减少。景观中连接度高的斑块类型更容易被特定的生物、非生物物质能量流利用来进行水平迁移。如,野生动物种群为了安全,会选择连片分布的森林而绝不会是人为活动区作为迁徙路径。同样,具有平直边界和均匀条块格局的平原农田景观和蜿蜒"指纹"格局的梯田景观实际上反映了机械化耕作和人工-畜力耕作的农业生产方式与过程的差异。

1.3.3　反映生态服务的类型与水平

景观格局反映了景观组分的多样性和优势度、不同类型景观斑块分布的连接度、破碎化程度以及整个景观的异质性等多方面特征。不同景观中这些特征的差异无疑对应于生态系统提供的服务类型和供给强度,如以森林为基底的景观,其具有的(地下水、氧气等)供给、(小气候、水文)调节、(生物多样性维持)支持等生态服务随着森林景观破碎化程度加剧往往趋于减弱。与此同时,由于不同人文景观组分的加入,景观的文化功能一般会相应加强。道路系统的发展一方面增强了对人类活动、交通运输的支持功能,另一方面又阻碍了动物种群的迁徙。在景观的人工组分全部替代了自然斑块,并逐渐集中到高度专一化的景观斑块以后,景观的文化功能和(生产性物品)供给功能也将逐渐萎缩、单一化。

值得注意的是,景观格局主要从空间结构方面反映景观属性,而非景观结构属性的全部。因此,对其所反映的生态学内涵也需要结合其他方面的结构属性特征来理解。例如,对于分别以森林和城市为基底而具有相似破碎化程度的景观格局,前者森林基底中的人工景观斑块(如建筑)属于引进斑块类型,而后者城市基底中的森林斑块已是残遗斑块类型,两者显然具有大不相同的景观生态属性和生态服务价值。

1.4　景观结构与格局的表征

对景观结构与格局进行定量描述和分析,是刻画景观动态、揭示景观结构与功能之间的关系的基本途径。目前,对于景观结构与格局的度量,一般可以从景观异质性这一核心属性及其定量观测(以粒度为核心概念)出发,从景观多样性、景观连接度、对比度与梯度格局等空间构型特征来具体展开。

1.4.1　景观异质性

Forman 和 Gordon 指出,景观生态学是研究高度异质景观中相互作用生态系统的结构、功能及其变化过程的学科。不同尺度环境因子的空间异质性驱动了生物和非生物过程,生物与非生物过程反过来又塑造了环境与生物群体分布的空间格局(图 4.3)。因此,异质性是景观生态学的核心概念。时空异质性是景观的固有特征,是产生景观格局和过程及其尺度效应的根本原因,也是我们理解大部分生态过程和景观复杂系统功能的重要基础。

过去 20 年来,异质性引起生态学家的高度关注,其在个体到景观各个尺度上开展了大量的研究。然而,不同的学者对异质性的理解不同,所以针对异质性的概念有多种

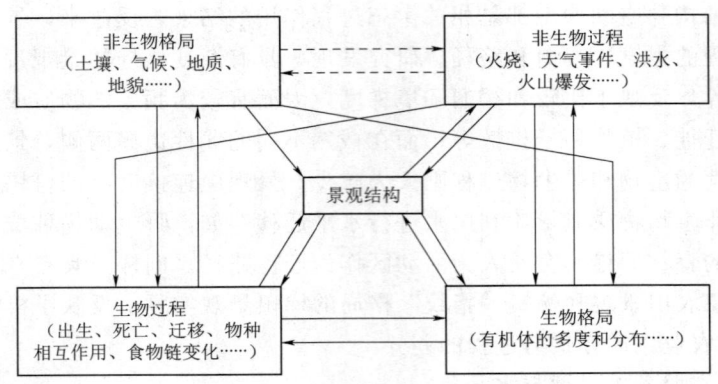

图 4.3 景观结构与过程的关系
注：其中实线箭头代表强的生态作用，虚线箭头代表弱的生态作用

定义和解释。Farina 强调，异质性主要包含空间异质性、时间异质性和功能异质性三个方面。

(1) 空间异质性。

空间异质性可以分成水平异质性和垂直异质性。其中，水平异质性是指景观、土地覆盖受自然或者人为干扰形成空间非均匀格局。例如，在地中海地区，多数景观受到人类千年来的不断干扰，如不同种类作物的种植等，从而增加了这个区域的异质性。垂直异质性可以通过自然植被垂直结构的异质性来反映。景观生态学研究主要集中在水平异质性上，这与景观的尺度范围有关。通常在景观尺度范围内，两点间的垂直距离往往远小于水平距离，因此在多数情况下，更为强调水平异质性而忽略垂直异质性，但并不意味着垂直异质性不重要。

(2) 时间异质性。

时间异质性又称为景观动态，是指景观在时间维度上的变化，包括不同景观之间、景观的不同结构组分之间，乃至景观整体属性随时间的变化及其在变化趋势、速率和时间节律上的差异。例如，某两个景观有着类似的时间变化趋势，但是变化速度不同或时间节律不同步，都反映了景观的时间异质性。

(3) 功能异质性。

功能异质性是指多尺度、复杂多样的生态系统属性（如个体、种群、群落、生态系统分布格局等）对生态过程和功能产生复杂多样的影响，从而形成功能异质性。功能异质性强调生态过程和功能的复杂性和变异性，与有机体在不同尺度上的生活史有着密切的关联。例如，地中海地区鸟类和鳞翅类昆虫的物种丰富度格局与景观功能异质性有着显著的相关性。

异质性是指系统属性在空间上的复杂性和变异性。其中，系统属性是指系统（特指生态系统）所有的生物和非生物因子，如生物量、土壤养分、温度、光照等；复杂性是指定性或者类型化的系统属性的复杂组成和结构；变异性则是指定量或数值化系统属性的变异特征，如表面趋势、空间自相关性、各向异性等。

综上所述，异质性是景观的根本属性，指系统（特指生态系统）的生物和非生物属性在时间和空间上的不均匀、非随机复杂分布及其变异性。景观异质性主要有两种格局分布形式,即斑块镶嵌格局形式和连续梯度格局形式。其中,斑块镶嵌格局主要是以斑块类型图的形式表现出来,强调斑块组成和构型,如斑块类型、形状、大小、空间邻接关系、对比度、连接度等。连续梯度格局主要以梯度变化数值图的形式表现出来,主要包括趋势变化、空间自相关性和各向异性等特征,如海拔梯度、太阳辐射强度、降雨强度和范围、温度变化幅度和趋势、生物量等。景观生态学家发展了一些景观指数用于空间异质性的定量测定。针对镶嵌格局的斑块类型图,可以运用分维度指数、聚集度指数、均匀度指数和斑块化指数定量测定其异质性。不过这四个指数中,分维度指数与均匀度指数显著相关,具有冗余信息。针对连续梯度格局的梯度变化数值图,可以运用方差分析、分维分析、空间自相关分析和相关分析等定量测定其异质性。

1.4.2　景观粒度

如上所述,异质性、格局、过程、尺度及等级都是相互联系的概念。景观生态学强调异质性的绝对性,也强调其尺度性,两者是对立统一的。景观生态学中,空间尺度通常是由空间粒度和空间幅度来确定的。空间粒度指组成景观或者景观类型图的成图像元的大小。根据粒度大小不一,有粗粒和细粒景观之分。相对而言,像元越大,粒度越大,空间分辨率越低,反之,像元越小,粒度越小,空间分辨率越高(图4.4)。

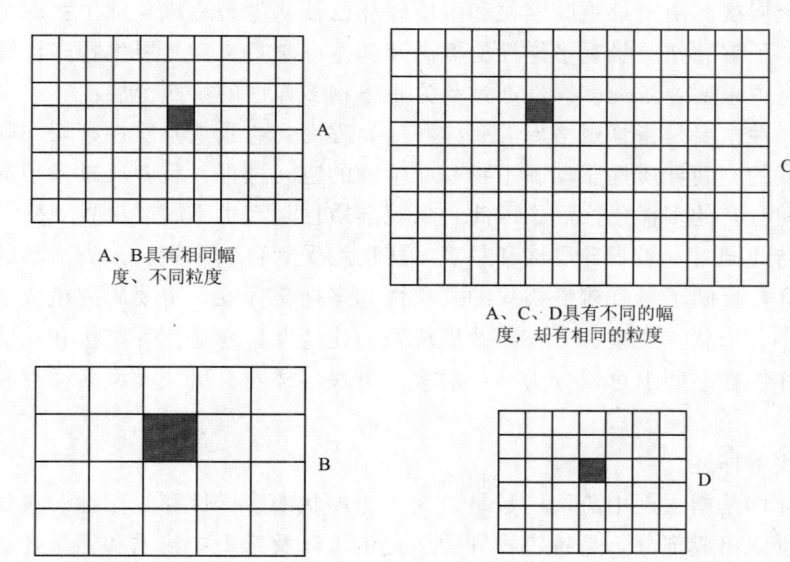

图 4.4　空间尺度的粒度与幅度示意图

景观异质性具有较强的尺度相关特征,即景观的异质性程度与景观的时间和空间尺度紧密相关。某一尺度上异质的景观或者景观要素,如果换一个尺度去观察,则可能是同质的;反之亦然。对于某一景观,如果幅度不变,粒度越大,分辨率越低,景观内的细节就越模糊,景观就越接近同质。而如果粒度不变,当幅度增大,其所见景观变化迥异,异质性可能更高。景观粒度与幅度变化对异质性的影响,其实质均源于"可塑性面积单元问题"。

在生态学研究中，许多信息都与面积相联系。在分析这些数据时，常常出现其结果随面积单元（栅格细胞或粒度）定义的不同而发生变化，即所谓的可塑性面积单元问题。它包括尺度效应和划区效应两个方面，其中尺度效应问题最具复杂性和多样性；要正确理解景观格局与过程的关系，就必须深入了解其尺度依赖的特点，即尺度效应。另外，在同一尺度上会有很多种划区方案（划区方向和划区形状），而且不同的划区方案会引起分析结果的变化，即划区效应。因此，可塑性面积单元问题已成为地理学和生态学研究的重要问题。可塑性面积单元问题对于生态学中涉及空间数据的大多数研究有着不可忽视的影响。从个体、种群、群落、生态系统、景观，直至全球的不同层次生态学研究中，每当基于面积的数据聚合时，可塑性面积单元问题就可能出现。直观地讲，这是因为生态学格局和过程均与空间密切联系；当面积单元改变时，对于这些格局和过程的表达也就可能随之改变。生态系统及其格局是在多尺度上存在的，在不同尺度上格局和过程往往存在较大差异。

1.4.3 景观多样性

作为现代生态学研究的重点和热点，生物多样性一般指在一定时间和空间范围内所有生物（动物、植物、微生物）物种及其遗传变异、其赖以生存的生态系统以及生态过程复杂性的总称。生物多样性概念主要包括遗传（基因）多样性、物种多样性和生态系统多样性三个层次。由于景观破碎化和生境破坏已被认为是造成全球生物灭绝速率加快的重要原因，了解和熟悉景观多样性的概念及其生态学意义对开展生物多样性的多尺度研究与保护至关重要，景观多样性亦被认为是生物多样性的第四个层次。

景观多样性主要是指景观格局的多样和变异程度，与景观异质性密切关联。如前所述，不同尺度的空间异质性驱动了生物和非生物的空间过程，后者反过来塑造了环境与生物群体空间分布的多样化格局。因此，景观异质性是产生不同层次景观格局多样性的主要原因。与此同时，景观异质性和景观多样性均受到自然干扰、人类活动的影响。

景观多样性反映了景观镶嵌格局的复杂性和多样化程度，主要研究组成景观的斑块在数量、大小、形状、类型和分布以及斑块间的连接度、连通性等结构和功能上的多样性。景观多样性在空间上可以分为三个层次：斑块多样性、斑块类型多样性和景观格局多样性。

（1）斑块多样性。

斑块多样性是指景观中斑块的数量、大小、形状的多样性和复杂性。斑块作为内部相对均一的景观组成部分，是特定物种的适宜生境以及景观中物质和能量迁移、交换的场所。这里所讨论的斑块是指广义上景观的空间结构单元，包括通常所讲的斑块、廊道和基底。斑块多样性可以从以下三个方面理解。

1）斑块数量。单位面积上斑块的数量，能指示景观的完整性和破碎化程度。斑块数量越多，景观破碎化程度越高。如果包围在原有斑块周围的其他斑块对原有生境的物种并不适合，物种不易扩散，残存的斑块可以看作"生境岛屿"。景观破碎化对生物多样性的效应是，一方面，缩小了某一类型生境的总面积和每一斑块的面积，会影响种群大小和（灾害引起的）局部灭绝的速率；另一方面，不连续生境片断的面积大小和彼此隔离程度会影响物种散布和迁移的速率。

2) 斑块面积。斑块面积大小变化是景观破碎化程度的重要指标，也是表征斑块多样性的指标。生境斑块的面积大小影响能量和养分的密度与分布，进而影响物种的分布、局部种群的大小和生产力水平。一般来讲，斑块中能量和矿质养分的总量与其面积成正比，物种多样性和某一物种的平均生产力水平也随适宜斑块面积的增加而上升。同时，斑块与周围环境的相互作用会形成核心生境和边缘生境，后者受到边缘效应的影响较大。在自然保护区设计时，对保护稀有种和濒危种以及维持稳定的生态系统，保护区面积是主要因素，而斑块的隔离程度、年龄和形状等其他因素则下降为次要因素。

3) 斑块形状。斑块形状对物质和能量的迁移、生物种群扩散以及动物觅食行为等具有重要的影响。例如，通过林地迁移的昆虫或脊椎动物，或飞越林地的鸟类，更容易发现垂直于它们迁移方向的狭长采伐迹地，而遗漏圆形采伐迹地和平行于迁移方向的狭长采伐迹地。不同的斑块形状对径流过程和营养物质的截留都有不同的影响，而斑块形状最重要的生态学特征是生态交错的边缘效应。

(2) 斑块类型多样性。

斑块类型多样性指景观中斑块类型的丰富度和复杂度，包括景观斑块类型（如农地、森林、草地等）数量、不同类型斑块的数量以及它们所占景观总体的面积比例。

斑块类型多样性的生态意义主要表现为对物种多样性的影响（图 4.5）。类型多样性和物种多样性的关系不是简单的正比关系。斑块类型多样性既可通过增加生境类型的多样性而增加生境类型之间的物种替换（β多样性），特别是增加适宜边缘生境的物种数量，又可能因生境类型增多、破碎化加强而减小局部的物种多样性（α多样性），特别是适宜于内部稳定生境的物种。

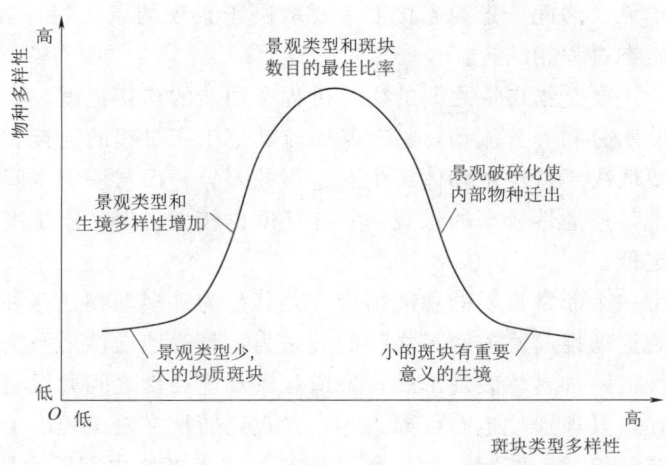

图 4.5 斑块类型多样性与物种多样性的关系

斑块类型多样性对径流、侵蚀等生态过程也有重要影响。傅伯杰等（2011）对陕北黄土丘陵沟壑区景观斑块多样性的分析发现，沟间地斑块类型多样性低，优势度大，相对丰富度和破碎度小；沟谷地斑块类型多样性高，优势度小，相对丰富度和破碎度大。

(3) 景观格局多样性。

景观格局多样性是指景观斑块类型及其空间分布的多样性，及各斑块类型之间和斑块之间空间构型与功能联系的多样性。景观格局多样性多考虑不同类型的空间分布，同一类型间的连接度和连通性、相邻斑块间的聚集与分散程度等。

斑块类型的空间结构，如林地、草地、农田、裸露地等的不同配置，对生态过程（物质迁移、能量交换、物种运动）有重要影响。例如，全球半干旱地区普遍存在一类条带状灌丛植被景观——虎斑灌丛。这是一类发育在缓坡地形上的稀疏灌丛景观，灌丛密度和空间构型受坡度和降水量控制，形成从斑点状到条带状的不同格局。裸露地上降水和径流侵蚀明显，而凋落物、有机质和较好的水分条件相对于灌丛覆盖之下，从而形成了景观格局与地表水土过程间的正反馈机制，并维系和促进这种景观结构的发育。

1.4.4 景观连通性与破碎化

（1）景观连通性。

景观连通性是一种重要的景观生态属性，用来描述景观中一类斑块或景观整体格局的空间连接（或隔离）程度，或特指某种（物质、能量或信息）景观流在其中的流通能力。这种景观格局属性取决于相邻斑块间（或特定类型斑块间）的聚集与分散程度以及其间景观障碍的数量和属性。景观生态学中有三个相关的概念用以度量斑块间的隔离和分散程度，即廊道、连通性和连接度。

景观连通性是指景观结构单元（斑块、廊道和基底）在空间上的连接和连续程度。景观连通性可以从结构连通性和功能连通性两个方面来理解。

结构连通性，又称连接度，或者邻近度，是指斑块间的物理距离。它是景观镶嵌格局（斑块-廊道-基底）的一种结构特征，该镶嵌格局发生变化，其连接度也受显著影响。根据斑块-廊道-基底范式，基底是连接度最高的景观单元，高度破碎化的斑块是连接度最低的景观单元。因此，景观连接度主要取决于景观的组成特征和空间分布格局，一般不与特定的生态过程相结合。

功能连通性，主要是指斑块之间的生态过程和功能的连接程度，如斑块之间的种子传播、物种迁移、水分和养分流动，甚至基因流动等生态过程的连接和交流程度。功能连通性的差异主要取决于特定生物体或生态过程的差异，而与一定空间幅度范围内的景观格局无关。通常，连通性较高的景观，其连接度也较大，但是连接度较小的景观，其功能连通性不一定低。

廊道是景观中一个非常重要的功能结构，尤其是为许多动物迁移和扩散提供通道和临时庇护所。景观连通性与廊道两者之间的关系为：景观连通性是一个抽象的概念，而廊道是景观连通性的一种具体表现形式；廊道和景观连通性之间并没有简单的关系。斑块之间有廊道存在，其连通性也有可能为零；景观连通性在较大程度上与具体的生态过程、功能以及廊道的组成、宽度、形状和质量有关。当斑块之间距离限定在某些物种、物质、能量、信息可以达到的范围内，或者景观中斑块与相邻景观元素之间具有相似的生态功能时，尽管不存在廊道，其连通性也较高。连接景观通常是相对的，例如，河流是水生生物（鱼类）重要的连接景观或廊道，但对于大型哺乳类动物，河流就是其阻隔景观。道路也一样，对于多数动物的效应是降低其连通性，而相对于人类运动就是增强其连通性。

景观连接度是由景观斑块之间的物理距离决定的，因此是可以量化的测定指标。景观生态学家发展了一些定量测定景观结构连通性的景观指数，如最小邻近距离指数、相邻指数、连接度指数、隔离度指数、相似性指数、对比度指数、聚集度指数、网络连通性指数、网络环度指数等。

（2）景观破碎化。

景观破碎化具有两方面的含义：一是一种状态，即景观斑块破碎的状态，与斑块化类似，可以被视为连通性的一种"负面映像"；二是一种生态过程，即景观结构的破碎化，是指性质均一的整体景观在自然或者人为干扰下，形成大小、性质各异的隔离景观斑块的过程。斑块隔离与破碎化会对物种迁移、种子传播乃至物种生存产生威胁。当前，景观生态学乃至整个生态学都非常关注破碎化这一景观过程及其生态学效应。

人们通常运用岛屿生物地理学理论来解释景观破碎化过程及其生物和非生物影响。然而，仅仅只是考虑斑块大小和隔离来解释其影响是不够的，因为景观破碎的斑块通常不能简单地被看成岛屿。需要将斑块之间的连通性、廊道和生态交错带以及复合种群结构等结合起来，分析破碎化过程的生态效应。

由于景观破碎化被视为引起全球生物多样性丧失的关键过程之一，景观破碎化及连通性变化成为景观生态学及保护生态学的核心研究内容之一。据科学家估计，一半以上的温带阔叶林和混交林以及1/4的热带雨林被人类活动干扰，严重破碎化，而热带雨林的破碎化对植物传粉和种子散布以及不同类型的动物基因流都会产生显著影响。

1.4.5 景观对比度与生态交错带

（1）景观对比度。

景观对比度是指某一空间尺度下相邻斑块之间特定生态属性的差异程度，这些生态属性通常与生态过程紧密相关。相邻景观斑块之间的差异越大，对比度越高，边界越明显；反之，差异越小，对比度越低，边界越模糊。相邻斑块之间的景观对比度对很多生态过程产生显著影响。景观生态学家根据相邻景观要素的对比度大小，将其分成高对比度景观结构和低对比度景观结构。前者如亚高山冷杉林与相邻林线以上的高山草甸景观、人工森林景观与相邻农田景观等的高对比度；后者包括河流廊道两侧、退耕摞荒地与渐进恢复森林之间的低景观对比度。针对景观对比度和斑块边界，景观生态学发展了一些景观指数对其进行定量测定，如边界长度、边界密度指数、差异矩倒数和对比度指数等。这些指数都基于景观斑块镶嵌模型（斑块之间具有明确的边界）开展定量格局分析。

（2）生态交错带。

当景观中的环境梯度较和缓、相邻景观斑块之间对比度较低时，往往形成一个结构渐变的过渡带，即生态交错带（图4.6）。生态交错带是相邻生态系统之间的过渡带，其特征由相邻生态系统之间相互作用的时间、空间尺度及强度所决定，是生态系统结构和功能在时空尺度上变化较快的区域，也是生物多样性丰富区、全球气候变化影响的敏感区。生态交错带通常与景观边界、生态边界层、生态过渡带、生态交错区和边缘等概念同义，主要反映一个渐变的梯度环境和景观。生态交错带的概念尤其强调生态系统之间的相互作用和相互联系，是深刻理解景观格局与过程相互作用的理想对象。

图 4.6　一个森林-草地-湿地生态交错带

　　生态交错带普遍存在于地表景观中，分布广泛、类型多样，具有敏感的时、空动态特征。在时间上，因生物因素和非生物因素的作用，生态交错带的组成、空间结构、分布范围表现响应环境条件改变的动态特征；在空间上，生态交错带存在于从生物群区、景观到群落甚至更小的尺度水平。同时，生态交错带格局受观测尺度影响，较小空间尺度上的生态交错带，在较大尺度上可能呈现为比较清晰的景观界限。因此，生态交错带的确定与监测在相当程度上依赖于尺度。

　　生态交错带的突出特征表现为边缘效应，这已成为景观生态学的重要研究内容之一。所谓边缘效应，即在两个或多个不同性质的生态系统（或其他系统）之间的边界处（如生态交错带），某些生态因子（光照、湿度、水分、风速、土壤等）或系统属性（物质、能量、信息流动等）的差异导致相邻系统之间产生交互作用，并引起其相邻边缘区的生物和非生物组分的性质及行为（如种群密度、生产力和多样性等）发生较大变化。由于这一特殊的边缘效应，生态交错带通常具有相对较高的生物多样性和异质的非生物环境。同时，在相邻生态系统之间进行物种、物质、能量和信息交流的过程中，生态交错带具有"过滤器"的功能。

　　此外，生态交错带具有显著的环境异质性和对环境变化的敏感性。因此，生态交错带对全球气候变化具有较强"指示"和"预警"作用，常被用于监测全球气候变化及响应。针对生态交错带，人们从不同尺度发展了一些定量测定方法，如梯度分析法、多元排序法、聚类分析法、判别分析法、样线法、移动窗口法、空间分析法、地理边界法等。由于生态交错带的水平和垂直结构、相邻生态系统的类型以及其他生物和非生物因子也都会对其宽度和动态变化产生影响，这些都会增大对生态交错带的界定及其动态测度的难度。

1.4.6 景观梯度格局与空间自相关

（1）景观梯度格局。

景观异质性主要有两种空间格局形式，即斑块镶嵌格局和连续梯度格局。斑块镶嵌格局主要强调斑块的种类组成特征、空间分布与配置关系，而连续梯度格局是指景观特征沿某一个或多个方向有规律地逐渐变化的空间特性，如海拔梯度、土壤养分梯度、水分梯度、温度梯度、降水梯度以及人为干扰梯度等。生态交错带即是典型的景观梯度格局。

景观结构的梯度主要是指连续梯度变化的景观格局，尤其是景观环境变量，如海拔、地形、土壤、气候等，以及一些生物变量，如生物量、密度、覆盖度、有机物个体反应等。这些连续梯度变化的景观格局也是自然界普遍存在的格局和范式，是景观异质性另一重要内容。

如何将梯度分析应用到景观格局与过程分析中？景观生态学提供了如下两种分析思路：①针对斑块类型格局的梯度属性，如 Fragstats 软件工具提供移动窗口法来计算设定窗口（圆形或者正方形）内的类型和景观指数，并以连续表面形式表示，该结果可以反映某景观指数的空间梯度变化格局；②针对连续变化的环境和生物因子变量，如地统计分析、表面度量、分形分析、波谱分析和小波分析等。

（2）空间自相关。

空间自相关是景观梯度格局的一个重要特征，指空间上越邻近的事物或现象越相似，即景观特征或变量在邻近范围内的变化往往表现出对空间位置的相关性和依赖性。若相邻两点的某一景观特征或者变量的观测值随着距离的缩小其相似性增强，则称为空间正相关；反之，则称为空间负相关（图 4.7）。

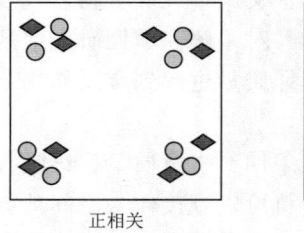
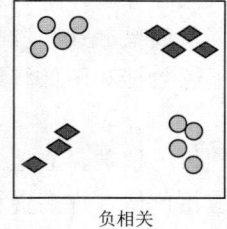
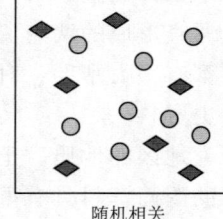

正相关　　　　　　　　负相关　　　　　　　　随机相关

图 4.7　两种景观特征的相关性示意图

空间自相关是景观单元或元素的一类特殊格局特征，主要表现为距离相近的景观单元或者元素通过物质和能量扩散流动使相邻景观格局产生相似性。景观空间自相关格局的成因主要有以下几个方面：①环境因子属性的空间自相关性（如地形、土壤养分、气候等），相似的环境产生相似的景观类型；②生态过程的空间自相关性，如种子扩散和物种迁移以及种间相互作用等，个体距离越近，其相互作用往往越强，如种内有性繁殖、种间和种内竞争等；③自然或人类干扰活动的影响随距离增大而减弱，从而导致空间自相关性。大部分环境变量和生态过程的空间自相关是尺度依赖的。景观生态过程通常具有多尺度特征，同时生态过程对景观格局的影响常常随着尺度的变化而表现出不同的形态特征。景观变量的空间自相关程度也随观察尺度（或分析尺度）的改变而变化。一般来说，较大尺度地理单元变量的自相关性与较小尺度地理单元同样变量的相关性差异显著。因此,通过在一系列不同尺度上分别计算空间自相关系数,可以揭示所研究的景观变量的自相关程度随空间尺度的变化。

任务2 景观格局分析

景观格局分析主要是在对现实景观开展调查、监测基础上,通过景观指数、空间分析和模型模拟等手段揭示景观格局动态及其与生态过程的关系,其目的是找到适合人类需求的区域景观格局优化途径和方法。

2.1 景观数据的收集

重视空间数据的收集是景观生态学的基本特征之一。根据研究对象的规模,确定合适的空间尺度或分辨率非常必要。不同的研究尺度,数据收集方法和来源也不相同。

2.1.1 现有资料的收集

尽可能地了解并收集研究地区已有的调查和分析资料是提高景观生态研究工作效率、降低研究成本、获得预期研究成果的基础。

(1) 专业调查资料。

有许多资料可以直接利用,如研究地区的生产单位、教学科研单位开展的各种专项调查研究获得的标准地和样地调查资料,各种资源调查(植被、森林、土壤、地质、动物、植物、生境等)样地和标准地调查资料,特别是森林经理调查获得的小班调查资料和各类作业设计调查获得的标准地资料,都有比较详细的调查记录。其他相关的专业调查和研究项目所获得的资料也常有重要的利用价值,如地质调查、土壤普查、植被调查、森林立地条件调查、火灾调查或火险等级评价、水文调查观测资料、气候资料,以及其他专业调查形成的调查资料和分析成果。这些资料对了解和掌握研究地区景观现状和历史发展都有很大帮助,对提高遥感数据和图像解译质量也起到重要作用。

(2) 历史资料。

有关研究地区的地质、土壤、气候、植被、立地条件、生境质量、火险等级、水土流失等方面的图面资料具有重要的应用价值,许多资料可以直接作为空间数据和属性数据的数据源,有些资料可以作为辅助资料充实当前的调查资料,或者作为提高遥感图像判读精度的参考资料。特别是土壤图、植被图、立地类型图、林相图等,对于建立景观分析的图形数据库具有重要意义。

(3) 遥感影像数据。

遥感是指通过任何不接触被观测物体的手段来获取相关信息的过程和方法。遥感技术的迅速发展和广泛应用,在很大程度上已经成为景观生态学迅速发展的基本技术条件,没有遥感技术的发展,很难设想景观生态学如何有效地对大尺度和跨尺度的景观结构、功能和过程开展研究。遥感技术不仅能够为景观生态学研究提供地理空间实体的空间位置、形态和关系,而且可以提供景观实体表面甚至深层特征,包括植被类型及其分布、植被的斑块镶嵌特征、土地利用状况及其分布、生物生产力及其分布、土壤类型及其分布、水文特征、植被叶面积指数、蒸腾及蒸发强度等各种生态学特征,它们都是景观生态研究中经常应用的基础数据资料。

1)航空遥感。

航空摄影相片的一个优点是空间分辨率高、历史资料多、小范围成本低,而且不同比例尺的航空相片可以提供不同分辨率的景观信息,对于景观生态学涉及跨尺度耦合的研究中具有很重要的作用。较大比例尺的航片甚至可以清楚地判读出森林群落的林分斑块、林中空地、树种组成,明确分辨各种森林类型的边界,能有效地研究群落边界的移动、形态的变化,结合林学知识甚至可以判读森林的年龄、高度,并测定森林蓄积量等林分测树因子,特别是红外假彩色航片的判读性能更好。航空相片的另一个现实优点是,资料积累时间长,便于进行景观动态研究并作为建立预测模型的依据。在美国有20世纪30年代拍摄的航片。我国也在20世纪50年代后陆续对全国大部分地区进行了大规模的航测,这些珍贵的资料为研究景观的动态变化提供了便利。

航片的使用主要是通过人工判读解译和各种转绘方法编绘成景观底图,再经过数字化仪、扫描仪等进行数字化处理,建立景观空间数据库。因此,判读转绘程序费工费时,费用大,成本高,工作量大,开展较大范围的研究工作困难较大。同时由于其成本较高而效率较低,拍摄周期较长,不便于提供短期的变化信息。

2)卫星遥感。

卫星影像数据的优点是数据获取周期短、单位成本低、覆盖范围大,能在较短的时间内重复提供同一地区的地面乃至地质信息,因而成为较大尺度景观生态研究的主要数据来源,特别适合于对短期迅速变化的景观结构和生态过程进行的研究以及对景观生态安全进行的实时监测。但与航空遥感相比,由于其分辨率较低,许多研究不能满足要求,在较小尺度景观生态研究中的应用会受到一定限制。卫星遥感数据的处理一般是通过计算机图像处理系统进行的,使用较多和比较著名的软件有 ERMAP、ERDAS、PCI 等,这些计算机卫星图像处理系统的普遍应用,大大提高了图像处理效率,使卫星图像数字信息成为景观结构与动态分析的重要数据源。

上述两种遥感技术都可以提供研究地区景观的空间数据和多种属性数据,满足不同尺度上景观生态研究的要求,成为相互补充而又互不替代的两种有效的数据收集手段。

广义遥感包括多种获取信息的技术平台,这里仅限于讨论航空摄影相片和卫星影像数据(或相片),其他形式的遥感由于应用范围和实用性小,不做介绍。

2.1.2 社会经济状况数据

景观结构及其变化与人类活动的关系极为密切。随着人口的增长,人类活动强度不断提高,范围迅速扩大,影响无处不在。景观生态学将人类活动方式及其影响作为重要的研究内容,因而与景观结构、功能及其变化相关的人类活动的内容、方式、强度、频度等数据必不可少。通过对研究地区的社会经济状况进行调查,可以从总体和细节上为评价和预估人类生产和生活对景观的现实和潜在压力提供依据。如森林产品产量、道路状况、人口密度、经济来源、农业耕作方式、畜牧业发展状况以及与森林资源利用相关的产业的发展状况等。

2.2 景观尺度分析

尺度问题是所有生态学研究的基础。景观生态学已成为阐述生态学中基本尺度问题的主要推动力。尺度分析主要包括四个方面的问题,即如何进行景观野外调查;如何进行尺度选择；格局、过程及动态如何随着尺度的变化而变化（即尺度效应）；如何进行跨尺度间的推绎。这些问题紧密联系、相辅相成。

2.2.1 尺度识别

尺度识别是指格局或过程的特征尺度的识别，具体包括等级结构特征及相应的尺度域的识别。尺度识别是选择正确的尺度进行观测或分析的前提，也是进行尺度效应分析和尺度推绎的最重要的基础。然而，除了诸如单个斑块的大小等格局尺度之外，尺度识别的过程并不直接，而是需要借助适当的多尺度空间格局分析方法。其主要包括孔隙度分析、空间自相关分析、半方差分析、尺度方差分析和小波方差分析等。这些方法本身就是多尺度的，根据相应指标（如孔隙度、空间自相关系数、半方差、尺度方差和小波方差）随尺度变化的趋势和转折，可检测多尺度空间格局特征。

景观指数法本身并不是多尺度的，但可通过在一定尺度范围内连续计算景观指数，获得尺度图，对其进行多尺度分析。如果在某个或某些尺度上，尺度图出现突变或阶梯式的转折，则暗示着景观呈现等级结构，而发生突变或转折的尺度即为特征尺度。大多数指数的尺度图能清楚而有效地识别单尺度等级结构景观的特征尺度，以及多尺度等级结构景观的较低水平或中间水平上的特征尺度，但却无法识别较高水平上的特征尺度。

2.2.2 尺度选择

尺度选择是指在生态学研究中对于观测尺度或分析尺度的选择，是观测或分析幅度和粒度的选择。尽管在揭示格局和过程及其相互作用规律时没有一个绝对正确的尺度，但选择适当的尺度进行研究是必需和必要的，因为选择什么尺度将直接决定在什么尺度上的格局和过程特征被掩盖或揭示。如揭示气候变化动态及效应时，需基于较大的时空尺度；揭示微生物呼吸动态及效应时，只需基于一天内几平方米的样方。

一直以来，粒度和幅度的选择多以过去或他人的经验为依据，有较大的任意性和主观性。在发展尺度选择的规则方面，我们需要更多地以识别的现象尺度（即特征尺度）为重要依据，同时遵循以下一些基本原则（图4.8）。

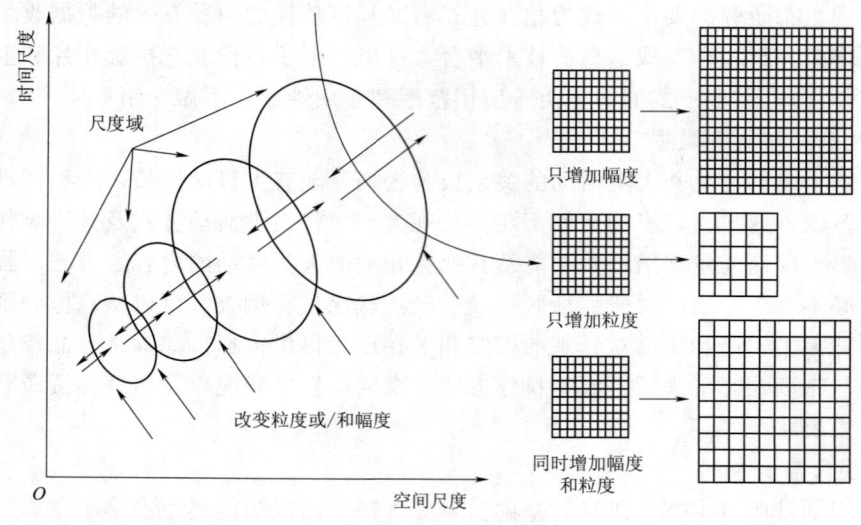

图4.8 时空尺度与粒度和幅度的关系

（1）空间幅度应足够大。景观中应包含至少一个完整斑块，甚至应包含实际或可能有联系的所有斑块，以使空间幅度大于所研究生态过程本身作用的范围或能够影响的潜在范围；否则，研究斑块和过程就会因主观的人为截断而有所缺失。

（2）空间粒度的确定首先取决于研究目的。若为了建立一些统计关系（如为了获知物种对环境条件的响应），则需降低空间单元之间的空间自相关性。为此，应尽量避免在一个斑块内部取多个样方，样方间距也应大于斑块的平均大小。若为了识别空间格局，则粒度应小于特征尺度（如斑块的平均大小）。只有这样，所取空间单元才会在斑块内部，才能识别单个斑块的综合特征。若粒度较大，以至于一个空间单元内部包含多个斑块，则无法识别单个斑块的特征，因为空间单元内部是被假设为同质的。

然而，粒度也不是越小越好。粒度在小于斑块大小的同时，应大于研究对象个体的平均大小，即一个空间单元内部应包含多个个体。在粒度选择上的一个误区是最大限度地追求粒度的精细水平。尽管选择精细粒度有利于细节信息的提供，但却可能增加准确把握景观整体规律的难度。另外，粒度的选择也会受到各种客观条件的限制，如项目的规模、资助强度、目标、任务和时限、技术条件、所需工作量等。

对于具体的景观，研究现象的性质和复杂程度也是粒度选择时经常被考虑的因素。通常，只有用较小的粒度，才能更好地揭示异质性和复杂性较强的现象；而对同质性和均匀性较强的现象，较大的粒度即可满足需要。基于特征尺度识别的粒度选择通常是以上几个方面相互权衡的结果。

（3）遵循线性的时空尺度上推关系，即在研究的空间尺度增大的同时，时间尺度也应随之增大。时空尺度的不匹配可能对过程预测产生很大影响，这是造成决策失误的重要原因。小空间尺度上的长期研究对过程的预测能力很低，因为小空间上的过程具有很强的动态性和随机性，其发展轨迹的不确定性很大。大空间尺度上的短期研究可能表现出较高的预测能力，但这通常是一种假象。

2.2.3 尺度效应分析

尺度效应指当观测、实验、分析或模拟的时空尺度发生变化时，系统特征也随之发生变化的现象，尺度效应在自然系统和社会系统中普遍发生。

正确掌握尺度和尺度效应的思想和观点可为我们开启一个认识事物的新视角，从而使对有些问题的解释变得顺理成章。一个最典型的例子是对气候变化的理解。有些研究的结论是气候变冷，有些则是气候变暖。探究一下获得相关结论的前提就会发现，不同研究观察的时间尺度可能千差万别。根据一个地区某一年或某几年偏低的冬季气温，会得出气候变冷的结论；但若从近50年的时间尺度上观察，则可能会发现该地区的冬季气温一直保持着波动上升的趋势，会得出气候变暖的结论。这个例子告诉我们，从不同的时空尺度上观察同一种现象或同一个生态学系统，可能会得出完全相反的结论。因此，尺度效应问题应该引起我们足够的关注。一方面，比较不同格局和过程应该基于相同的时空尺度；另一方面，对格局和过程特征的识别、比较和应用应该是多尺度的（图4.9）。

2.3 景观指数分析

景观指数主要是指格局指数，是能高度浓缩景观格局信息，反映其结构组成和空间

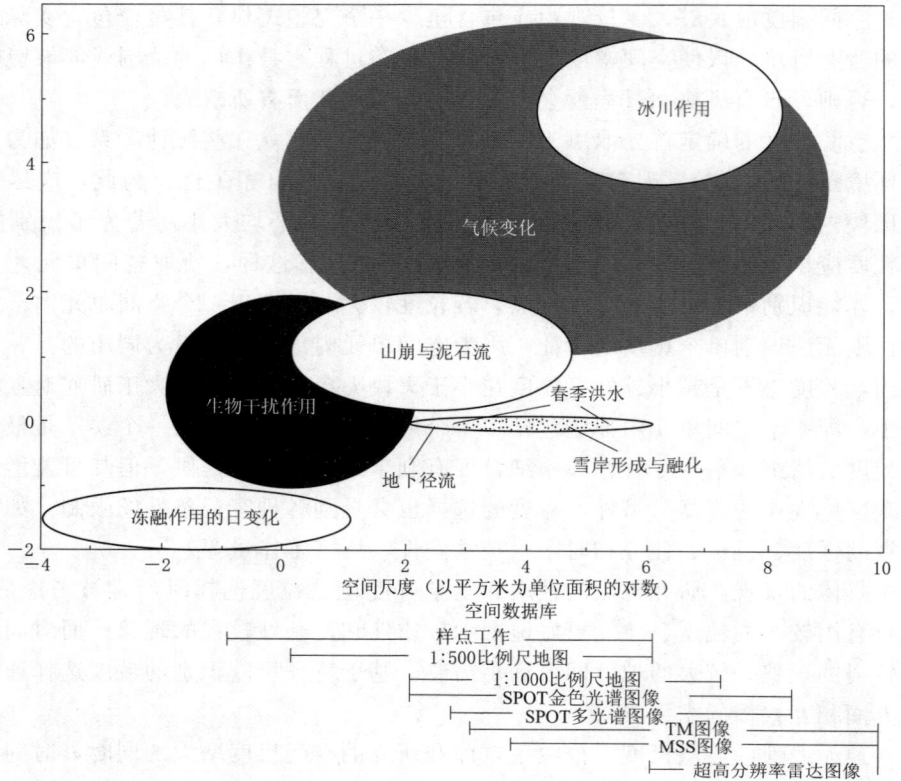

图4.9 自然事件的时空尺度依赖

配置某些方面特征的简单定量指标。不同的景观空间格局在维护生物多样性、保护物种、完善整体结构和功能、促进景观结构自然演替等方面的作用是有差别的。拿景观格局分析来说，根据不同研究对象与内容，可以筛选不同的指数进行计算，最常用的方法是针对景观的对象与组织尺度进行研究，这也是国际通用的 Fragstats 软件采用的景观指数分类体系。景观指数被分为三个层次，包括整体景观的指标、类型的指标和单个斑块的指标，三者都属于空间结构性指标。

2.3.1 景观单元特征指数

Fragstats 软件景观指数分类体系主要是针对栅格数据进行运算，计算得到的景观指数往往隐含一定的生态学意义。Fragstats 划分不同景观指数类别，主要包括面积和边缘指数；形状指数（包括强调斑块形状的复杂程度，强调斑块的延展性，强调斑块内部栅格的连接或邻接或紧凑的三类指数）；核心面积指数；对比度指数；聚集度指数；多样性指数等类别。

（1）面积和边缘指数。

面积和边缘指数：主要指对象的面积与周长的大小、数目、密度等指数。其主要包括如下指标。

斑块面积：实际景观的大小，可以从地图上直接量算。

斑块数：某一景观或斑块类型中所有相关斑块的数目，包括整个景观的斑块数量和单一类型的斑块数量。

斑块平均面积：整个景观的斑块平均面积＝斑块总面积/斑块总数；单一景观类型的斑块平均面积＝类型的斑块总面积/类型的斑块总数量。

斑块密度：单位面积内的斑块总数。

最大斑块指数：最大斑块所占的比例。

边界密度或边缘密度：单位面积的斑块或者类型的长度。

面积、密度、与边缘相关的指数是景观属性的基本特征，一般用于描述景观的状态。最大斑块指数和边界密度在一定程度上可以代表景观的破碎化水平。图4.10是具有相同斑块面积的边界密度对比，可以看出，面积与边界密度需要结合分析。Fragstats也可以计算出斑块面积的统计分布，研究斑块的面积大小符合哪种数理统计分布规律，不同的统计分布规律揭示不同的生态特征。另外，也可以计算斑块面积分布的方差指数，通过方差分析，揭示斑块面积分布的均匀程度。

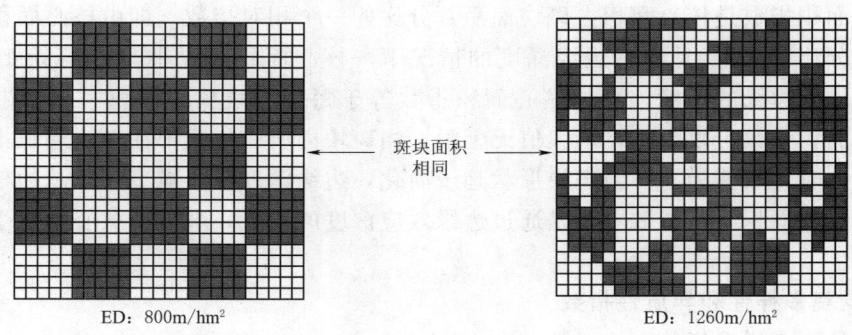

图4.10 具有相同斑块面积的边界密度比较

（2）形状指数。

形状指数主要是刻画景观要素边界特征的指数，常用的景观指数包括周长面积比，形状指数与分维数等。景观形状指数有两种形式：一种是以圆为参照几何形状；一种是以正方形为参照几何形状。当斑块形状为圆形或者正方形时，其数值最小为1，斑块的形状越复杂或越扁长，景观形状指数（LSI）就越大。

分维数可以直观地理解为不规则几何形状的非整数维数，应用较为广泛。对单个斑块而言，其形状的复杂程度可以用它的分维数来量度。斑块分维数由式（4.1）求得

$$F_d = 2\ln\left(\frac{P}{k}\right)/\ln A \tag{4.1}$$

式中　P——斑块的周长；

A——斑块的面积；

F_d——分维数；

k——常数。

对于栅格景观而言，$k=4$。一般来说，欧几里得几何形状的分维数为1；具有复杂边界斑块的分维数则大于1，但小于2。在用分维数来描述景观斑块镶嵌体的几何形状复杂性时，通常采用线性回归的方法。分形结构最重要的特征之一是自相似性，即整体

结构可由其结构单元的反复叠加而形成。

形状指数的生态学意义：指数越大，表明具有越大的周长面积比，可以用于指示斑块的边界特征。形状指数越大，表明斑块与基质的交互作用越大，指数增加，一般来说斑块的破碎化与离散化程度增加。该指数可以用于描述景观破碎化导致的边缘效应特征，如森林破碎化、城市扩展、海岸线变化、道路建设的切割作用、草地退化导致的斑块化等景观动态过程。此类过程中，往往斑块边缘的形状变化会产生更多的生态效应。

分维数与景观形状指数生态学意义类似，分维数更能体现形状的复杂程度。由于分维数的取值为 1～2，所以不同景观的分维数可以相互比较。具有分形结构的景观，其斑块性在不同尺度上应该表现出很大的相似性。如果分维数在某一尺度域上保持不变，那么该景观在这一尺度范围可能具有结构的自相似性。如果分维数随着尺度域改变，那么这些变化的转折点有可能指示景观具有等级结构。

（3）核心面积指数。

核心面积指数是核心面积占斑块面积百分比的一个相对指数（即由核心面积组成的斑块的百分比），主要是考虑边缘深度的情况下，核心面积的大小。在 Fragstats 计算中，需要输入边缘的深度，总的核心面积指数等于每个斑块核心面积（平方米）的总和，核心面积指数可以为零，最大值无上限。当斑块内所有位置都在斑块周长指定边缘深度距离内时，数值为零。当斑块形状趋于简化，边缘深度距离减小时，总的核心面积趋近于总景观面积。该指数主要是通过边缘效应深度的设置，来分析核心面积受到的影响情况。

2.3.2 景观多样性和异质性指数

（1）景观多样性指数。

景观多样性是指不同类型的景观在空间结构、功能机制和时间动态方面的多样化和变异性。Fragstats 中的景观多样性指数主要是描述不同景观类型在空间分布上的多样性，主要是丰富度与均匀度的度量。传统的群落物种多样性指数也可以被借鉴到景观生态学研究中。例如，利用景观中嵌块体生态系统类别数来表征景观的丰富度，在信息论基础上建立 Shannon 多样性指数（H）等。

其中，Shannon 多样性指数的公式为

$$H = -\sum_{i=1}^{m}(p_i \times \ln p_i) \tag{4.2}$$

H 值越大，景观要素类型越丰富，景观多样性越大，其最大值为

$$H_{\max} = \ln m$$

式中　p_i——i 类型斑块所占面积百分比；

m——景观中斑块类型的总数（不包含景观边缘的斑块）。

Shannon 多样性指数取值范围大于等于 0。当景观中只有一个斑块时，其多样性指数为 0，随着景观类型的增加或者随着不同的景观类型分布得更加均衡，多样性指数也会随之上升；若各类斑块所占的景观的比例差异增大，则景观多样性指数降低。具有相同类别数目的不同景观格局的 H 对比与具有相同斑块类型面积的景观格局 H 对比，该指数不仅与斑块类型数目、斑块面积有关系，同时与空间的分布均衡程度也有较大的

关系。

Shannon 多样性指数是应用最为广泛的指标之一，该指数能反映景观异质性，特别对景观中各斑块类型非均衡分布状况较为敏感，即强调稀有斑块类型对信息的贡献，这也是其与其他多样性指数不同之处。在比较和分析不同景观或同一景观不同时期的多样性与异质性变化时，H 也是一个敏感指标。例如，在一个景观系统中，土地利用越丰富，破碎化程度越高，其不确定性的信息含量也越大，计算出的 SHDI（景观多样性指数）值也就越高。

此外，应用较多的多样性指数包括 Shannon 均匀性指数、Simpson 多样性指数与均匀度指数，其生态学意义与 Shannon 多样性指数类似。均匀性指数是景观均匀度的量度指标，它反映景观中不同类型的斑块分布的均匀程度，将其定义为"景观实际多样性指数与最大多样性指数之比值"，这一指数为比较不同景观或同一景观不同时期多样性的变化提供了一种有力手段。

多样性的指标主要是表征景观斑块的复杂性、斑块类型的齐全程度或多样化情况，包括斑块的丰富均匀度、镶嵌度和连接度多样性指数等。描述景观多样性的意义在于保证物种和遗传多样性，间接反映景观生产力水平与景观功能稳定性特征。

(2) 景观优势度。

景观优势度表示为景观最大可能的 Shannon 多样性指数取值与实际景观多样性指数之差。相对优势度指数则由景观优势度指数与景观最大可能的 Shannon 多样性指数取值之比的百分数表示。它们均表示少数嵌块体在景观中的支配程度，其表达式为

$$D = H_{max} - H = H_{max} + \sum_{i=1}^{m}(p_i \times \ln p_i) \tag{4.3}$$

$$D_R = \frac{D}{H_{max}} \times 100\% \tag{4.4}$$

式中　D——景观优势度；

D_R——景观相对优势度。

D 或 D_R 值大时，表示景观只受一个或少数几个嵌块体类型支配，而 D 或 D_R 值小时，反映该景观是由多个面积大致相当的嵌块体所组成。它与多样性指数恰好相反，对于景观类型数目相同的不同景观，多样性指数越大，其优势度越小。

(3) 均匀度。

均匀度描述景观中不同组分分布的均匀程度。相对均匀度指数以修正了的 Simpson 景观多样性指数与景观最大可能的景观多样性指数比值的百分数来表示。优势度与均匀度成负相关，它描述景观由少数几个景观类型控制的程度。

均匀度（E）用于描述景观里不同景观类型的分配均匀程度，通常采用 Romme 的相对均匀度指数：

$$E = \frac{H}{H_{max}} \times 100\% \tag{4.5}$$

(4) 相对丰富度。

丰富度是指在景观中不同组分或景观类型的总数。相对丰富度指数以景观中景观类

型数与景观中最大可能的类型数比值百分比来表示。

相对丰富度（R）表示景观中景观类型的丰富程度，其表达式为

$$R = \frac{M}{M_{\max}} \times 100\% \tag{4.6}$$

式中　M——景观中现有的景观类型数；

$M_{\max}$——最大可能的景观类型数；

R 值越大，相对丰富度越大。

除了景观多样性指数外，优势度、均匀度和丰富度均能从不同侧面刻画景观的多样性或异质性特征。为增强它们之间的可比性，经常使用相对性指数，即标准化后取值为 0～1（或 0～100%）的指数。优势度和均匀度从本质上讲是一样的，二者均是以信息理论为基础，它们要求满足随机分布假定。二者的差异是其生态学意义不同，实际上可以任选其一。

（5）景观破碎度。

若某景观内斑块数目增多，单个或某些斑块的面积相对减小，则斑块形状更趋复杂化、不规则化。景观破碎度的表达式为

$$I = \frac{1}{A} \sum_{i=1}^{m} N_i \tag{4.7}$$

式中　I——景观破碎度；

N_i——第 i 类景观斑块数；

A——景观总面积。

I 值越大，破碎化程度越高。

（6）相对镶嵌度指数。

镶嵌度和聚集度是两个应用相邻景观组分信息的景观异质性指数。镶嵌度描述景观相邻生态系统的对比程度。Romme（1982）在对美国黄石国家公园林火格局的研究中，提出并使用了相对镶嵌度指数。下面是修正的 Romme 相对镶嵌度指数的计算公式：

$$PT = \frac{1}{Nb} \sum_{i=1}^{T} \sum_{j=1}^{T} EE(i,j) DD(i,j) \times 100\% \tag{4.8}$$

式中　PT——相对镶嵌度指数（百分数）；

$EE(i,j)$——相邻生态系统 i 和 j 之间的共同边界长度；

$DD(i,j)$——生态系统 i 和 j 之间的相异性量度；

Nb——景观中不同生态系统间边界的总长度。

EE 和 DD 均为 $T \times T$ 阶对称方阵。EE 需要从景观数据中量测得到。此外，$EE(i,j)/Nb$ 实际上可以视为生态系统 i 与生态系统 j 相邻概率的估计值。DD 可由专家根据经验来确定，或由另一套独立的数据利用某种数量方法（如排序的主轴值）较客观地确定。不管 DD 用何方法来确定，$DD(i,j)$ 的取值必须为 0～1。例如，假定某一森林景观中有 3 种生态系统类型——天然成熟林、50 年人工林、新采伐迹地，则 DD 为 3×3 阶矩阵。由于 DD 为对称阵［即 $DD(i,j) = DD(j,i)$］，主对角线上的元素［即 $DD(i,i)$］取值为 0，就是说一生态系统与其本身的差异为 0。根据森林生境质量，

可以主观地定义：成熟林与采伐迹地之间的差异为 1.0，成熟林与人工林的差异为 0.4，人工林与采伐迹地的差异为 0.5。则 DD 矩阵为

$$DD = \begin{bmatrix} 0.0 & 0.4 & 1.0 \\ 0.4 & 0.0 & 0.5 \\ 1.0 & 0.5 & 0.0 \end{bmatrix}$$

相对镶嵌度指数（PT）取值大，代表景观中有许多不同生态系统交错分布，对比度高；反之，PT 取值小，代表景观的对比度低。

（7）聚集度指数。

聚集度指斑块类型在空间上聚集的趋势，即出现大斑块、聚集性或蔓延性分布的趋势。此属性也常被称为景观纹理。聚集度主要用于描述景观中的相关概念：①分散；②散布；③细分；④隔离。这些概念在描述聚合度中具有细微的差别。聚集度可以反映不同斑块与类型在景观中的空间配置所产生的相关关系。

聚集度指数系列计算不同层次上斑块的邻近程度、相似程度，最近斑块的欧氏距离或者邻近斑块的累计面积方法，可以用于与景观空间格局变化相关的研究中，例如，计算栖息地破碎化的程度，栖息地的隔离与邻近程度如何影响景观功能。其也可以计算人类干扰活动下，如森林景观破碎化、城市扩展的空间聚集状态等。具有相同面积的不同景观类型在空间内的排列方式，显著地影响了空间聚集程度。其计算公式为

$$RC = 1 - C/C_{\max} \qquad (4.9)$$

$$C = -\sum_{i=1}^{T}\sum_{j=1}^{T} P(i,j)\log[P(i,j)]$$

$$C_{\max} = 2\log T$$

式中　$P(i,j)$——生态系统 i 与 j 相邻的概率；

T——景观中生态系统类型总数。

在实际计算中 $P(i,j)$ 可由下式估计：

$$P(i,j) = EE(i,j)/Nb$$

式中，$EE(i,j)$ 与 Nb 的定义已在前面相对镶嵌度指数计算式中给出。聚集度指数 RC 取值大代表景观由少数团聚的大斑块组成，RC 取值小则代表景观由许多小斑块组成。理论上，聚集度与镶嵌度成反比。其主要不同之处在于，聚集度是由相邻概率来表达的，而镶嵌度的计算不仅使用相邻概率，而且使用相邻生态系统的对比度。

（8）距离指数。

斑块间的距离是指同类斑块间的距离。用斑块距离来构造的指数称为距离指数。距离指数有两种用途：一种是用来确定景观中斑块分布是否服从随机分布；另一种是用来定量描述景观中斑块的连通度或隔离度。下面我们介绍两种距离指数：最小距离指数和邻近度指数。

最小距离指数用来检验群落里一个种的个体是否服从随机分布。我们把其计算式中的个体间最小距离换成斑块间最小距离，然后用于景观研究：

$$NNI = MNND/ENND$$

式中　NNI——最小距离指数；

MNND——斑块与其最近相邻斑块间的平均最小距离；

ENND——在假定随机分布前提条件下 MNND 的期望值。

MNND 和 ENND 的计算式为

$$\mathrm{MNND} = \sum_{i=1}^{N} \mathrm{NND}(i)/N \quad (4.10)$$

$$\mathrm{ENND} = \frac{1}{2\sqrt{d}} \quad (4.11)$$

式中 NND(i)——斑块 i 与其最近相邻斑块间的最小距离；

d——景观中给定斑块类型的密度。

应该注意，NND(i) 必须是斑块 i 中心到其最近相邻斑块中心的距离，因为我们假定斑块是在其中心上的一个点，而忽略其面积。由于斑块形状常常是不规则的，在实际量测时其中心很难确定，所以，我们必须用斑块的重心来代替其中心。斑块密度 d 由下式给出：

$$d = N/A$$

式中 N——给定斑块类型的斑块数；

A——景观总面积。

注意 d 和 NND(i) 的量测单位必须是一致的。若 NNI 的取值为 0，则格局为完全团聚分布；若 NNI 的取值为 1.0，则格局为随机分布；若 NNI 取其最大值 2.149，则格局为完全规则分布。

邻近度指数可用来描述景观中同类斑块联系程度。邻近度指数是最近相邻斑块距离的反函数，它使用斑块面积做加权数：

$$\mathrm{PX} = \sum_{i=1}^{N} \left\{ \frac{A(i)/\mathrm{NND}(i)}{\sum_{i=1}^{N} A(i)/\mathrm{NND}(i)} \right\} \quad (4.12)$$

式中 PX——邻近度指数；

$A(i)$——斑块 i 的面积；

NND(i)——斑块 i 到其相邻斑块的最小距离。

PX 取值为 0～1；PX 取值大时，则表明景观中给定斑块类型是群聚的。

（9）生境破碎化指数。

生境破碎化是景观的一个重要属性。生境破碎化与自然资源保护紧密相关，许多濒危物种需要大面积自然生境才能保证生存。此外，生境破碎化是景观异质性的一个组成成分。下面，我们以森林景观为例，讨论生境破碎化的定义及其量度。

森林破碎化主要表现为：森林斑块数量增加而面积减小，森林斑块的形状趋于不规则，森林内部生境面积缩小，作为物质和物种流通渠道的森林廊道被切断，森林斑块彼此被隔离。可以采用景观破碎化指数描述景观中一生境类型在给定时间里和给定性质上的破碎化程度。所有生境破碎化指数的取值为 0～1；0 代表无生境破碎化存在，而 1 则代表给定性质已完全破碎化。下面分别讨论三种生境破碎化指数：森林斑块数、森林斑块形状、森林内部生境面积。另一种生境破碎化指数是森林斑块连接度，前面已讨论。

森林斑块数破碎化指数：

$$FN_1 = (N_p - 1)/N_c \tag{4.13}$$

$$FN_2 = MPS(N_f - 1)/N_c \tag{4.14}$$

式中　FN_1 和 FN_2——两个森林斑块数破碎化指数；

　　　N_c——景观数据矩阵的方格网中格子总数；

　　　N_p——景观中各类斑块（包括森林、采伐迹地、灌丛、农田、居民区等）的总数；

　　　MPS——景观中各类斑块的平均斑块面积（以方格网的格子数为单位）；

　　　N_f——景观中森林斑块总数。

森林斑块形状破碎化指数：

$$FS_1 = 1 - 1/MSI \tag{4.15}$$

$$FS_2 = 1 - 1/ASI \tag{4.16}$$

$$MSI = \sum_{i=1}^{N} SI(i)/N$$

$$ASI = \sum_{i=1}^{N} A(i)SI(i)/A$$

$$SI(i) = P(i)/[4\sqrt{A(i)}]$$

$$A = \sum_{i=1}^{N} A(i)$$

式中　FS_1 和 FS_2——两个森林斑块形状破碎化指数；

　　　MSI——森林斑块的平均形状指数；

　　　ASI——用面积加权的森林斑块平均形状指数；

　　　$SI(i)$——森林斑块 i 的形状指数；

　　　$P(i)$——森林斑块 i 的周长；

　　　$A(i)$——森林斑块 i 的面积；

　　　A——森林总面积；

　　　N——森林斑块数。

注意，$SI(i)$ 的计算式是以正方形为标准的形状指数，因为我们使用的数据是格栅化的，即正方形斑块的形状指数为 1，其他形状均大于 1。

森林内部生境面积破碎化指数：

$$FI_1 = 1 - A_i/A \tag{4.17}$$

$$FI_2 = 1 - A_1/A \tag{4.18}$$

式中　FI_1 和 FI_2——两个森林内部生境面积破碎化指数；

　　　A_i——森林内部生境总面积；

　　　A_1——最大森林斑块面积；

　　　A——景观总面积。

森林内部生境是指不受边缘效应影响的森林生境。所以，A_i 为森林斑块总面积减去受边缘效应影响的森林面积。

2.3.3 景观要素空间关系指数

景观要素的空间关系包括同类景观要素的空间关系和异质景观要素之间的空间关系。同类景观要素斑块的联系程度是用连接度指数，即最近邻体距离的面积加权平均数来描述；而景观中不同属性景观要素的空间关系则通过空间关联分析来研究。

(1) 对比度指数。

对比度是指在一定的范围内，与生物体或过程相关的相邻斑块类型之间一个或多个生态属性的差值的大小。斑块与邻近斑块之间的对比度会影响一些重要的生态过程，如"边缘效应"受斑块对比度的影响显著，微气候变化的程度（例如，风、光的强度和质量等）也会受对比度高低的影响。同时，对比度也会影响生态功能的差异，如栖息地斑块和周围景观之间的对比度可能会影响物种的扩散模式和生存，从而间接影响斑块的隔离程度。

常用的对比度指数如边缘对比度指数，对比度权重边缘密度，总边缘对比度指数等。其中对比度权重边缘密度等于相应斑块的边缘总长度乘以对比权重除以总景观面积。沿着景观边界的边缘可以作为背景处理，除非景观边界是明显的，在这种情况下边界边缘类型被清晰地划分通过边界信息。该指标没有上限。当数值为零时，景观中没有斑块类型边缘；对比度权重边缘密度随着斑块类型边缘的增加和相应斑块间的对比度增加而增加。

对比度指数可以用于分析不同景观的差异变化，如城市与森林对比度高于森林与灌丛的对比度，通过设定对比权重，分析景观的镶嵌或者梯度化的程度。

(2) 最近邻体距离。

最近邻体距离是一个直观的表征邻近程度的指数，其单位是 m，它描述的是某种类型斑块间的平均距离。两个斑块间距离该如何计算呢？在它们的质心的连线上，计算斑块边缘到边缘的长度。故该指数能更好地描述均匀分布的、形状不复杂的斑块类型。该指数是指景观中每一个斑块与其最近邻体距离的总和（m）除以具有邻体的斑块总数，无上限。其表达式为

$$\mathrm{MNN} = \frac{1}{N'} \sum_{i=1}^{m} \sum_{j=1}^{n} h_{ij} \tag{4.19}$$

式中 i ——斑块类型（$i=1, 2, \cdots, m$）；

j ——斑块数目（$j=1, 2, \cdots, n$）；

h_{ij} ——斑块与其最近邻体的距离（m）；

N' ——景观中斑块总数。

一般来说，MNN 值越大，反映出同类型斑块间相隔距离越远，分布较离散；反之，说明同类型斑块间相距近，呈团聚分布。斑块间距离对干扰有影响，如距离近，相互间容易发生干扰；距离远，相互干扰就少。但景观级别上的 MNN 指数在斑块类型较少时要慎用。

(3) 景观要素空间关联指数。

景观要素之间可能存在正关联、负关联或无显著关联，景观要素空间关联指数是借

助群落生态研究中关联度的概念建立起来的。

具体方法是通过 GIS 空间取样，将统一网格图层与景观图层叠加，获得复合图层，再由复合图层相应的拓扑数据库统计各景观要素在各样方中的二元数据，最后为每两类景观要素列出二元列联表，则两类景观要素之间的空间关联指数 R 可由下列公式计算：

$$R=\frac{ab-bc}{\sqrt{(a+b)(c+d)(a+c)(b+d)}} \tag{4.20}$$

式中　a——全部样方中仅包含第一景观要素的样方数；
　　　b——全部样方中仅包含第二景观要素的样方数；
　　　c——全部样方中同时包含两类景观要素的样方数；
　　　d——全部样方中同时不包含两类景观要素的样方数。

R 取值介于 -1 到 $+1$ 之间，$R>0$ 为正关联，$R<0$ 为负关联，并可用式（4.21）对 R 值进行显著性检验：

$$x^2=\frac{n(ad-bc)^2}{(a+b)(c+d)(a+c)(b+d)} \tag{4.21}$$

若 $|x^2|>x_a^2(1)$，说明景观要素之间的空间关联关系显著；若 $|x^2|<x_a^2(1)$，则说明景观要素之间空间关联关系不显著。

2.3.4　生态过程景观指数

Fragstats 软件的局限在于侧重结构性指标的论述，而目前有些指数在计算过程中已经考虑特定的景观生态过程，可以认为是传统景观格局指数的补充。目前，越来越多的景观指数在实验和模型模拟等研究发展的推动下不断涌现，综合地反映和体现景观动态与生态过程。例如，最小耗费距离模型，因为其本身就可以作为景观阻力功能的量化指标。有学者将最小耗费距离作为景观通达性分析的定量化指标，来分析景观之间的生态连接度。另外，基于"源-汇"过程的景观指数，用来分析坡面景观格局对土壤侵蚀的过程。以生物运动过程与土壤水文过程为例，介绍表征景观连接度与土壤侵蚀的结构过程耦合的景观指数。

（1）景观连接度指数。

景观连接度在生态学中的含义是指景观促进或阻碍生物体或某种生态过程在资源斑块间运动的程度。其可以表征景观连续性的度量与斑块和路径之间的不关联性。景观连接度包括结构连接度和功能连接度。结构连接度是指景观在空间结构特征上表现出来的连续性，与景观要素的空间分布特征和空间关系密切相关，可通过对景观要素图进行拓扑分析加以确定。功能连接度比结构连接度要复杂得多，它是指以景观要素的生态过程和功能关系为主要特征和指标反映的景观连续性。也有人将景观结构连接度称作景观连通性，而用景观连接度专指景观功能连接度。景观连接度决定了斑块之间的传播量，影响基因流、本地物种适宜性、灭绝风险、定居概率与生物迁移潜力，对种子迁移和扩散、动物迁移、干扰渗透和土壤的侵蚀等生态过程具有重要影响，是维护自然生态系统完整性、可持续性和稳定性的重要因素。

在景观连接度理论研究不断深入的同时，其数量化方法也在不断地发展和完善。最近距离指数、景观分隔度、邻近指数和有效栅格面积等指数可以用来表征结构连接度。

虽然这些指数的评价并不是完全与生态过程相分离，但是在量化过程中缺少对生态过程的反映。基于栅格数据进行计算，具有一定的尺度依赖性。目前，对于物种行为和空间分布等过程的模拟以及景观变动下种群结构动态等研究，为功能连接度的量化奠定了基础。最小耗费距离、邻域统计、电路理论、图论和矩阵理论等为景观连接度模型提供了新的思路。

目前，图论的方法受到广泛关注，极大地推动了与连接度和生态流相关研究的发展。传统的栅格分析在分析物种运动中受到一定的局限。在生态连接度的研究中，基于图论，给图形要素参数赋予特定的生态意义，能较好地反映结构连接度和功能连接度，以一种直观和可视化的方式表示区域和自然系统的网络特性，为跨尺度分析以及景观动态的直接表示提供框架。图形中的边数目、成分数目、大小和直径及简单测度指标等通过对图的结构的测度反映生态连接度。进一步将图的结构与斑块性质、生态过程阈值等要素联系的综合指数在实际应用中更具有适用性。不同的学者先后提出了流动指数、相关长度指数、综合连接指数、概率连接指数等进行区域景观功能连接度评价。其中，以PC 指数应用较为广泛，其公式为

$$\mathrm{PC} = \frac{\sum_{i=1}^{n}\sum_{j=1}^{n} a_i \times a_j \times p_{ij}^{*}}{A_L^2} \tag{4.22}$$

式中　a_i——斑块 i 的面积；

a_j——斑块 j 的面积；

p_{ij}^{*}——在斑块 i 和 j 之间所有可能的路径中的最大迁移概率。

通过对动物的迁移扩散的调查分析，可以设置不同的扩散距离，从而计算出斑块与景观尺度上连接度的水平。

许多景观连接度的量度方法常因其不确定性而受到强烈质疑，而且，目前缺乏对量度方法的验证，需要进一步发展不同的方法，以评价和检验不同的景观异质性形式和动态行为是如何影响景观连接度模型模拟、指数计算和分析结果的，这将对推动连接度研究具有重要的作用。

景观连接度的提出和应用，对景观生态学在生物多样性保护与生物资源管理方面具有重要意义。景观连接度是生态过程和生态功能的测定指标，也有学者将结构连接度称为连通性，即反映景观不同组分在空间格局上的联系，或反映某个斑块类型的不同斑块之间的物理联系。景观连接度不仅描述景观的组成特征和空间分布格局（结构连接度），而且定量描述景观中不同生物群体之间以及不同斑块之间在生态行为、生态功能和生态过程上的有机联系（功能连接度），即景观连接度与具体的研究对象或生态过程相结合。对生物群体来说，它定量描述不同生物群体单元或生物栖息地之间在生态过程上的联系。景观规划与管理的目的，关键是增加景观元素相互间的连接度。对于规划，通常情况下是增加一些景观元素或减少一些景观元素，由此将导致景观结构的变化，进而影响景观生态功能的变化。

（2）土壤侵蚀的源-汇景观指数。

土壤侵蚀是重要的地表过程。景观要素作用于土壤侵蚀的整个过程，包括土壤物质

的原位剥离和沿地表的输移、沉积。景观要素的空间配置对土壤侵蚀影响显著。不同的植被格局下，径流侵蚀效果不同，坡面裸露区域和植被的空间组织对径流和侵蚀的预测有显著的影响。斑块的空间结构会非线性地放大生态水文过程。

根据"源-汇"理论，在土壤侵蚀过程中，流域中不同景观类型起到了"源""汇"与传输的作用。如果流域中"源""汇"景观在空间分布上达到平衡状态，形成合理的空间分布格局，流域将会产生较低的土壤侵蚀水平。为确定"源""汇"景观在空间的分布格局，陈利顶等借用洛伦兹曲线的理论，任何一个流域，"源""汇"景观的空间分布总是可以与流域的出口相比，计算不同景观单元随着距离、相对高度和坡度的累积百分比（图4.11）。

在划分景观类型的基础上，从距离、相对高度和坡度三个方面建立不受尺度限制的景观空间负荷对比指数描述景观空间格局。图中，$O(0.00)$ 表示流域出口（监测点），纵坐标（OA）表示景观类型的累积百分比（取值范围：0~100）；横坐标（OC）表示景观类型与流域出口（环境监测点）的相对距离（取值范围：0至监测点的最大距离）、相对高度（取值范围：0至流域内相对于监测点的最大高差）或坡度（取值范围：0至流域内的最大坡度）；ODB、OFB 分别表示不同的景观类型的面积累积曲线。

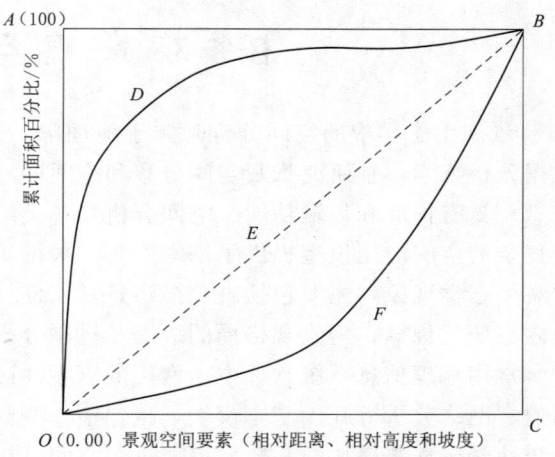

图 4.11 "源""汇"景观空间分布示意图

景观空间负荷对比指数可以表示为

$$LCI = SODBC/SOFBC$$

式中　　　LCI——相对于流域出口监测点位置的景观空间负荷对比指数（距离、相对高度和坡度）；

SODBC、SOFBC——由"源""汇"景观面积累积曲线组成的不规则三边形面积。

与曲线 OFB 相比，曲线 ODB 显示的景观类型在距离上更靠近流域出口监测点的位置，分布在坡位相对较低和坡度平缓的地方。

另外，也有学者提出了基于景观留滞水土功能、覆被和地形属性及物质运动方向的土壤侵蚀的方向性渗透指数。基于径流、泥沙的迁移过程，也有学者提出分布式水沙流连接性指数，并基于野外侵蚀实地调查数据验证连接性的指数，在划分"源"和"汇"的基础上，用径流长度作为水土流失研究中景观格局的表征，并在小区到集水区尺度的观测实验中验证了该指数与产流产沙的相关关系。这些指数针对土壤侵蚀过程设计，与土壤侵蚀的关系密切，指数值与土壤侵蚀变量的关系明确，能更好地描述和解释"格局-过程"关系，是土壤侵蚀过程研究中有效的景观指数。

景观指数研究中，由于不同指标之间存在较大的冗余，如基于熵运算的聚集度、对比度、多样性等指标存在线性相关。在定量研究景观格局的特征时，需要针对具体的问题与研究内容，选择合适的尺度，本着简单、代表性与统一性的原则，在全面了解所选择的指标的生态学意义的前提下，力求以最少的指标来描述有关景观格局的信息。

另外，对许多景观指标的生态学意义已经存在较大的争议。研究中发现，有些指标的生态学意义不明确，甚至互相矛盾。有些指标和生境或生态过程关系比较薄弱，而且有些指标对生态过程及其变化根本不敏感。大部分指标并不能如所期望的那样，反映景观格局与生态过程之间的关系。也有学者对景观指数进行冗余分析或者因子分析，对多种景观指数进行筛选，选择有代表性的景观指数。一般意义上，筛选景观指数要强调其优势性、普遍性与相容性。

任务3 景观空间分析

景观生态学中的空间分析来源于地理学，是基于生态系统位置和形态特征的空间数据分析技术，是研究景观空间分布和空间变异的一种方法，对空间信息（特别是隐含信息）具有提取和传输功能。空间分析是各类综合性景观生态学分析模型的基础，为建立复杂的空间应用模型提供了基本工具。根据研究目的不同，可以利用不同方法来揭示景观生态学现象，主要包括直观描述景观属性特征的空间分异特征；揭示景观空间变量的内在变化规律；为景观格局的成因及机制分析提供线索。

常用地理信息系统软件中，常用的有缓冲区分析、叠加分析、三维地形分析、空间插值、网络分析等几大基本模块，也包括一些高级的空间分析功能如空间自相关分析、地统计学分析等模块。一般而言，景观空间分析要同时使用2~3种不同的方法，而且多尺度分析往往也是必要的。以下针对主要的景观空间分析方法展开论述。

景观空间分析依赖于所获取数据的格式，栅格数据模型和矢量数据模型是描述地理与生态学现象最常见、最通用的数据模型。矢量数据是在直角坐标系中，用 x、y 坐标表示地图图形或地理实体的位置的数据。通过记录坐标的方式尽可能精确地表示点、线和多边形等地理实体；栅格数据以规则的阵列来表示空间地物或现象分布的数据组织，组织中的每个数据表示地物或现象的非几何属性特征。对于矢量数据，常用的有缓冲区分析、叠加分析和网络分析等；对于栅格数据，包括数学运算、距离分析、叠加分析、区域统计和邻域分析等。

3.1 缓冲区与叠加分析

缓冲区分析是对选中的一组或一类地图要素（点、线或面）按设定的距离条件，围绕其要素而形成一定缓冲区多边形实体，从而实现数据在二维空间得以扩展的空间分析方法。缓冲区分析可以直观地反映景观变量的自然分异特点。缓冲区应用的实例包括分析河流两侧景观类型随距离的变化，分析大型水库建设引起的一定距离缓冲区内移民搬迁问题，这些都属于邻近度问题。缓冲区分析是解决邻近度问题的空间分析工具之一。所谓缓冲区就是地理空间目标的一种影响范围或服务范围。面状缓冲区可以有内外缓冲区、仅有外缓冲区、仅有内缓冲区、外缓冲区和原有图像值等。在GIS中，也可以设置多重缓冲和改变缓冲属性等。

景观空间叠加分析是将有关主题层组成的数据层面进行叠加，产生一个新数据层面的操作，其结果综合了原来两层或多层要素所具有的属性，同时，叠加分析不仅生成了新的空间关系，而且数据层之间的属性联系起来产生新的属性关系。叠加分析是GIS中常用的提取空间隐含信息的方法之一。叠加分析不仅包含空间关系的比较，还包含属性关系的比较。从原理上来说，叠加分析是对新要素的属性按一定的数学模型进行计算分析，其中往往涉及逻辑交、逻辑并、逻辑差等运算。根据操作要素的不同，叠加分析可以分成点与多边形叠加、线与多边形叠加、多边形与多边形叠加；根据操作形式的不同，叠加分析可以分为图层擦除、识别叠加、交集操作、均匀差值、图层合并和修正更新。

栅格数据的叠加可以用于分析景观多重因子对某一研究对象的影响，如生态敏感性、生境质量等研究。可以考虑诸如地形地貌、土壤、土地利用、植被、水环境、人类干扰等多个要素的分析，并且可以分析不同图层的相对权重。例如，分析生境适宜性需要考虑食物来源、土地覆盖情况与道路距离，而数据源是植被图与道路图。空间分析可以利用缓冲区分析与空间叠加分析，最终得到生境的适宜性（图4.12）。由于大量的空间数据以栅格形式存在（遥感图像、DEM数据等），栅格数据也非常重要。例如，在精准农业生产的田块施肥管理中，栅格模型对土壤有机质含量的描述比矢量模型更为准确。

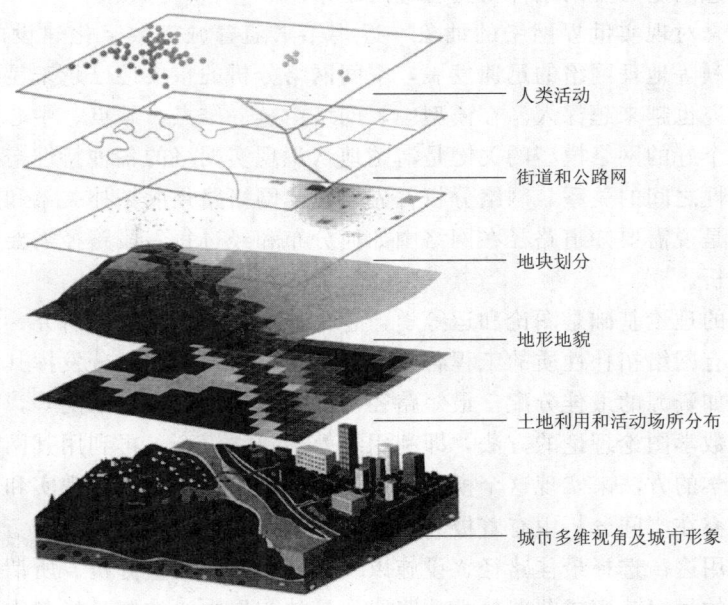

图4.12　数据叠加进行景观适宜性分析

3.2　景观三维分析

景观生态学研究主要是以描述二维空间为主，随着GIS以及计算机软硬件技术的发展，景观的三维空间分析越来越受到重视。景观的三维分析主要是以地形分析为主，可以提取景观类型的海拔，分析流域坡度分布，分析取样点的坡向等。一般GIS软件包括表面分析工具、山阴影工具、坡度工具、坡角工具、曲率工具、剪切与填充工具、视域工具、视线工具、表面长度工具、表面点、体积工具、插值工具、切片工具和创建等高线工具。

地形分析需要DEM（数字高程模型）数据，DEM是用一组有序数值阵列形式表示地面高程的一种实体地面模型，描述包括高程在内的各种地貌因子，如坡度、坡向、坡度变化率等因子在内的线性和非线性组合的空间分布数据。许多大型GIS系统都有专门的DEM模块，如ArcInfo中的TIN（不规则三角网）、GRID（规则格网）模块。DEM数据用途广泛，可以用于生态水文分析，如汇水区划分、水系网络分析、土壤侵蚀、非点源污染分析等，也可以作为专题信息的显示背景或将地形数据与专题数据诸如土壤、土地利用或植被等进行叠加，或者通过将高程替换为其他连续变化的属性，表示传播时间、费用、人口、污染程度、地下水深等信息。三维空间分析不仅包括对空间实体的地形属性的计算和提取，还可以应用到其他领域，如降水分析、土壤酸碱度分析、气温分析、可视域分析和水文分析等。

3.3 景观网络分析

空间数据的网络分析是指依据网络拓扑关系，基于它们本身在空间上的拓扑关系（结点与弧段拓扑、弧段的连通性）、内在联系、跨度等属性和性质来进行空间分析，通过考察网络元素的空间及属性数据，以数学理论模型为基础，对网络的性能特征进行分析计算，通过满足必要的条件得到合理的结果。

网络模型是对现实世界网络的抽象，近些年来随着城市数字化建设的兴起以及交通、电力、水利等地理网络的迅速发展，空间网络分析的重要性已越来越突显，对空间网络分析的研究也越来越深入。在模型中，网络由链、结点、站点、中心和转向点要素组成。建立一个好的网络模型的关键是清楚地认识现实网络的各种特性与以网络模型的要素表示的特性之间的关系。网络分析首先要建立网络路径的拓扑关系和路径信息属性数据库，也就是说需要知道路径在网络中如何分布和经过每一段路径需要的成本值，才能进行后续分析。

网络分析的理论基础是图论和运筹学，它是从运筹学的角度来研究、统筹、策划如何安排一类具有网络拓扑性质的工程各个要素的运行，使其能充分发挥其作用或达到所预想的目标，如资源的最佳分配，最短路径的寻找，地址的查询匹配等，而在此之中所采用的是基于数学图论理论的方法，即利用统筹学建立模型，再利用其网络本身的空间关系，采用数学的方法来实现这个模型，最终得到结果，从而指导现实和应用，故而对网络分析的研究在空间分析中有着极其重要的意义。

网络分析用途：选择最佳路径、设施以及进行网络的流量分析。所谓最佳路径是指从始点到终点的最短距离或花费最少的路线；最佳布局中心位置是指各中心所覆盖范围内任一点到中心的距离最近或花费最小；网络的流量是指网络上从起点到终点的某个函数，如运输价格和运输时间等。

3.4 景观空间统计分析

3.4.1 景观空间插值

景观空间插值即充分利用各种景观要素的空间信息，包括样本点与插值点之间位关系、样本点之间的空间位置关系、样本点的值的分布以及整个研究区域数据的空间结构和分布特征，进行插值的过程，并进行精度评估与区域化变量的尺度效应、空间分布规律、影响因素等分析。空间内插算法是一种通过已知点的数据推求同一区域其他未知点数据的计算方法；空间外推算法则是通过已知区域的数据，推求其他区域数据的方法。具有空间连续特征的地理要素，其值的表示可以借鉴三维坐标系统中的 x、z 值来表示。在一定范围内的连续 z 值构成了连续的表面。由于表面实际上包含了无数个点，在应用中不可能对所有点进行度量并记录。表面模型通过对区域内不同位置的点进行采样，并对采样点插值生成表面，以实现对真实表面的近似模拟。

景观的空间调查分布由于受制于限制条件，采样的空间点分布往往采取不同的模式。采样点的空间位置对空间插值的结果影响很大，理想的情况是在研究区内均匀布点。然而当区域景观大量存在有规律的空间分布模式时，如有规律间隔的数或沟渠，用完全规则的采样网络则显然会得到片面的结果。完全随机的采样同样存在缺陷，首先随机的采样点的分布位置是不相关的，而规则采样点的分布则只需要一个起点位置、方向和固定大小的间隔，尤其是在复杂的山地和林地里比较容易。其次完全随机采样会导致采样点的分布不均，一些点的数据密集，另一些点的数据缺少。

景观生态学中，主要由点创建插值的栅格面，即利用有限数目的样本点来估计未知样本点的值，这种估值可用于高程、降雨量、化学污染程度、噪声等级、湖泊水质等级等连续表面。插值的前提是空间地物具有一定的空间相似性，距离较近的地物，其值更为接近，如气温、水质等。实际中，通常不可能对研究区内的每个点的属性值都进行测量。一般选择一些离散的样本点进行测量，通过插值得出未采样点的值。采样点可以是随机选取、分层选取或规则选取，但必须保证这些点代表了区域的总体特征。

由点数据插值生成栅格面的方法有很多，常用的有反距离权重、克里金、自然邻体法（邻域法）和样条函数法。每种方法进行预测估值时都有一定的前提假设，根据所要建模的现象及采样点的分布，每种方法有其适用的前提条件。但是，不论采用哪种方法，通常采样点数目越多，分布得越均匀，插值效果就会越好。地统计学方法由于插值的平滑性，得到广泛的应用，其插值方法见景观空间统计分析相关内容。

3.4.2 景观空间分析

景观空间分析就是认识与地理位置相关的景观数据间的空间依赖、空间关联等关系，通过空间位置建立数据间的统计关系。空间统计学依赖于空间自相关性和空间异质性。空间自相关即地理学第一定律，即空间上越临近的事物拥有越强的相似程度。空间统计学方法与景观指数法相比，具有更确切的数学基础，因此具有较高的可靠性。常用的空间统计学方法包括空间自相关分析、半方差分析、尺度方差分析和空隙度分析。此外，谱分析、趋势面分析、小波分析等的应用也较常见。本节将重点介绍空间自相关分析与基于半方差分析的地统计学分析。

（1）空间自相关分析。

景观格局的最大特征就是空间自相关性，即景观特征或变量在邻近范围内的变化往往表现出对空间位置的依赖关系。空间自相关分析检验某一景观要素的观测值是否显著地与其相邻空间点上的观测值相关联，用来度量物理或生态学变量在空间上的分布特征及其对邻域的影响程度。如果相邻两点上的值均高或均低,则称其为空间正相关;否则,称为空间负相关。

空间自相关系数可以与尺度结合起来,以分析不同尺度下的空间相关关系,其结果可以用尺度-自相关系数图表示,可以直观地看出空间相关性随尺度的变化。若某一空间变量的值随着测定距离的缩小而变得更相似,则这一变量呈空间正相关;若所测值随距离的缩小而更为不同,则这一变量呈空间负相关;若表现出任何空间依赖关系,则这所测值变量表现出空间不相关性或空间随机性。变量在空间上呈正相关,表示邻域内变量的相似性大于随机分布,相同类型之间有相互吸引或相互促进的作用;呈负相关,表示邻域内变量的相似性小于随机分布,相同类型之间有相互排斥或相互抑制的作用;不相关,表示邻域内变量的相似性接近随机分布,变量分布在空间上没有依赖关系。

空间自相关分析一般涉及3个步骤:①取样;②计算空间自相关系数或建立自相关函数;③自相关显著性检验。空间自相关分析在景观生态学中应用较多,现已有多种指数可以使用,但最主要的有两种指数,即Moran's I 指数和Geary's C 指数。它们都有全局指标和局部指标两种。全局空间自相关是对属性值在整个区域的空间特征的描述,主要通过对全局空间自相关(Global Moran's I)统计量的估计,分析区域总体的空间关联和空间差异程度。其中最常用的是Moran's I,其计算公式为

$$I = \frac{n \sum_{i=1}^{n} \sum_{j=1}^{n} w_{ij}(x_i - \overline{x})(x_j - \overline{x})}{\sum_{i=1}^{n} \sum_{j=1}^{n} w_{ij} \sum_{i=1}^{n} (x_i - \overline{x})^2}$$

$$C = \frac{(n-1) \sum_{i=1}^{n} \sum_{j=1}^{n} w_{ij}(x_i - x_j)^2}{2 \sum_{i=1}^{n} \sum_{j=1}^{n} w_{ij} \sum_{i=1}^{n} (x_i - \overline{x})^2}$$

式中 x_i——区域 i 的观测值;
w_{ij}——空间权重矩阵。

采用邻接性来构造权重矩阵。当 I 的值为正时,表明变量取值表现出空间上的相似性;当 I 的值为负时,则表现出变量空间取值的不相似性,接近于0表示不相关。C 系数的取值一般为0~2:大于1表示负相关,等于1表示不相关,而小于1则表示正相关。

利用局部空间自相关(局部 Moran's I)指数可以制作 Moran 散点图,Geary 空间自相关是 G 统计量,可以探测出区域单元属于高值集聚还是低值集聚的空间分布模式。空间自相关系数随观察尺度的改变而变化。在进行空间自相关分析时,在一系列不同尺度上计算空间自相关系数,以样点间距为横坐标,以相关系数为纵坐标,结果图称为自相关图。自相关图能反映空间自相关性随尺度的变化。

(2)地统计学与半方差分析。

地统计是以区域化变量为基础,借助变异函数,研究既具有随机性又具有空间相关性和依赖性的自然现象的一门科学。凡是与空间数据的结构性和随机性,或空间相关性

和依赖性，或空间格局与变异有关的研究，并对这些数据进行最优无偏内插估计或模拟这些数据的离散性、波动性时，皆可应用地统计学的理论与方法。地统计学与经典统计学的共同之处在于：它们都是在大量采样的基础上，通过对样本属性值的频率分布或均值、方差关系及其相应规则的分析，确定其空间分布格局与相关关系。但地统计学区别于经典统计学的最大特点是：地统计学既考虑到样本值的大小，又重视样本空间位置及样本间的距离，弥补了经典统计学忽略空间方位的缺陷。

地统计分析的重要内容包括利用半方差函数进行变异分析与空间插值。半方差分析的用途主要有两种：一是描述和识别空间格局，二是用于局部优化插值。景观生态学常用其第一个用途。半方差是估计变量空间自相关性的一种方法。

区域化变量 $Z(x)$ 在点 x 和 $x+h$ 处的值 $Z(x)$ 与 $Z(x+h)$ 差的方差的一半称为区域化变量 $Z(x)$ 的半变异函数，记为 $r(h)$；$2r(h)$ 称为变异函数。

半变异函数依赖于自变量 x 和 h，当半变异函数 $r(x,h)$ 仅仅依赖于距离 h 而与位置 x 无关时，$r(x,h)$ 可改写为 $r(x)$，即

$$r(h)=\frac{1}{2}E[Z(x)-Z(x+h)]^2$$

具体表示为

$$r(h)=\frac{1}{2N(h)}\sum_{i=1}^{N(h)}[Z(x_i)-Z(x_i+h)]^2$$

式中　$Z(x)$——区域化随机变量，并满足二阶平稳假设，即随机变量 $Z(x)$ 的空间分布规律不因位移而改变；

　　　h——两样本点空间分隔距离；

　　　$Z(x_i)$——$Z(x)$ 在空间点 x 的样本值；

　　　$Z(x_i+h)$——$Z(x)$ 在 x_i 处距离偏离 h 的样本值 $[i=1,2,\cdots,N(h)]$；

　　　$N(h)$——分隔距离为 h 时的样本点对总数。

半变异函数把统计相关系数的大小作为一个距离的函数，是地理学相近相似定理的定量化表述。半变异函数曲线图反映了一个采样点与其相邻采样点的空间关系。

半变异值的变化随着距离的加大而增加，这主要是由于半变异函数是事物空间相关系数的表现，当两事物彼此距离较小时，它们是相似的，因此半变异值较小；反之，半变异值较大。

在半变异曲线图中，有4个重要的参数：块金值、变程、基台值、偏基台值。它们的含义如下。

块金值：理论上，当采样点间的距离为0时，半变异函数值应为0，但由于存在测量误差和空间变异，使得两采样点非常接近时，它们的半变异函数值不为0，即存在块金值。

变程：当半变异函数的取值由初始的块金值达到基台值时，采样点的间隔距离称为变程。变程表示了在某种观测尺度下，空间相关性的作用范围，其大小受观测尺度的限定。在变程范围内，样点间的距离越小，其相似性即空间相关性越大。当 $h>R$ 时，区域化变量 $Z(x)$ 的空间相关性不存在，即当某点与已知点的距离大于变程时，该点数

据不能用于内插或外推。

基台值：当采样点间的距离 h 增大时，半变异函数 $r(h)$ 从初始的块金值达到一个相对稳定的常数时，该常数值称为基台值。当半变异函数值超过基台值时，即函数值不随采样点间隔距离而改变时，空间相关性不存在。

偏基台值：基台值与块金值的差值。

空间相关性的强弱可由偏基台值与基台值的比值来反映，该值越大，空间相关性越强。相应地，块金值与基台值的比值称为基底效应，表示样本间的变异特征，该值越大，表示样本间的变异更多的是由随机因素引起的。景观生态学中，根据半变异函数图可判断景观是否具有斑块属性，也即斑块格局的规律以及斑块大小和尺度特征。

克里金插值以变异函数理论和结构分析为基础，是在有限区域内对区域化变量进行无偏最优估计的一种方法，是地统计学的主要内容之一。克里金方法的适用范围为区域化变量存在空间相关性，即如果变异函数和结构分析的结果表明区域化变量存在空间相关性，则可以利用克里金方法进行内插或外推；否则，反之。其实质是利用区域化变量的原始数据和变异函数的结构特点，对未知样点进行线性无偏、最优估计。

3.5 景观模型

景观生态学研究通常涉及较大的时空尺度。在较大尺度上进行实验和观测研究往往困难重重，受限于各种客观条件，在许多情况下甚至是不可能的，也不能进行重复研究或条件控制，而且对某时不同地点及某地不同时间的系统对比研究也很困难。这需要将系统的各组分有机地联系起来，将不同学科、不同时空尺度上格局与过程的信息整合到一起，通过计算机模拟建立景观动态模拟模型。通过模拟和分析景观动态过程，揭示景观结构、功能和过程之间的相互关系，在给定参数下模拟系统的结构、功能或过程，通过检查不同参数对系统行为的影响来确定和比较系统在不同条件下的反应，并预测景观的未来变化，为景观管理与规划提供依据。

3.5.1 中性景观模型

中性景观模型是指不包含地形变化、空间聚集性、干扰历史和其他生态学过程或机理的，只产生数学上或统计学上所期望的时间或空间格局的模型。在实际应用中，中性景观模型是指各种中性景观图，这是一种图像模型，而非数学模型，是将简单随机图引入景观生态学中；后来发展的等级随机图和分形随机图是更加复杂的中性景观模型。中性景观模型可用来检测景观格局特征，确定格局特征在一系列情景（如斑块类型的数量、核心斑块类型的面积比例、景观幅度、空间粒度、斑块结构）下的变化趋势和范围。中性景观模型所揭示的行为特征是将实际景观中的具体过程剔除之后，景观所呈现出的一般性的、纯粹的格局特征。因此，中性景观模型的应用在景观格局研究中具有重要的理论意义。中性景观模型也可为检测景观格局与生态过程之间的可能关系提供一种标准和参照系统。中性景观模型产生的格局并不代表任何实际景观的格局，而是表示在不考虑特定过程情况下的期望格局。因此，中性景观模型可作为一种零假设，为检验实际格局的偏离提供一种标准。

3.5.2 景观个体行为模型

景观个体行为模型以生物个体为基本单位，以每一个体的行为及个体间和个体与景观之间的相互作用为模型变量或参数，建立景观整体动态变化模型，通过对个体行为和相互作用的模拟来体现景观整体结构动态和功能变化。景观个体行为模型的倡导者认为，许多模型的建立都假设景观中的个体行为和作用稳定不变，忽略了个体间相互作用因个体而异，个体对景观的作用因时因地而异，个体的行为更是因时而异这些基本特征，用简单的群体动态公式来预测系统或群落的性质是不可靠的，而景观个体行为模型具有对多尺度的功能、过程和现象的解释能力。它可以在个体水平上模拟个体的生长、繁殖、习性和活动规律等；在群体水平上，它着重于种内竞争、种群大小和年龄结构以及种群在空间的分布；在群落或生态系统水平上，可以模拟种间竞争、种类组成、演替、总生产力、能量流动和物质循环以及系统的稳定性；在景观水平上，它则主要研究资源的空间分布格局、种群对不同空间格局的反应及个体迁移的规律等。总之，景观个体行为模型同时提供个体、种群、生态系统和景观等不同水平上的信息，具有高度的时间和空间尺度协调性要求。

模型中的景观空间结构是以网络形式来表达的。每一个单元的生境类型和性质直接影响动物和植物个体。

3.5.3 景观格局与动态模型

景观动态模拟已成为分析景观动态变化的主要手段，目前在景观生态评价、景观规划和动态模拟方面占据主导地位。景观动态模拟一般包括三个方面：一是对过去景观动态变化的模拟和率定；二是对景观现有动态空间特征的模拟与识别；三是对景观未来动态变化的模拟和识别。由于景观模拟模型在解释景观动态变化过程和预测未来等方面具有独特优势，使其在土地利用、生态过程、森林植被动态和干扰等研究中已经得到了较为广泛的应用。景观动态模拟的对象和目的不同，使用的景观模型也不同，具体包括非空间景观模型、准空间模型和空间显式景观模型三类。

常用的景观格局与动态模型主要包括空间概率模型和元胞自动机（cellular automata model，CA）模型。空间概率模型在传统的马尔可夫链（Markov chain）模型的基础上将概率分布与空间信息相联系，采用空间特征区域化的转移概率矩阵来模拟景观斑块从一种类型转变为另一种类型的动态规律。然而，同传统的马尔可夫模型一样，运用空间概率模型研究土地利用变化、植被演替或植物群落的空间结构变化时也应十分谨慎，因为景观动态变化并不严格遵循马尔可夫过程。它们存在以下缺陷：①忽略景观空间动态的机制，将复杂的变化和控制机制简化为一种概率；②一阶马尔可夫过程忽略历史的影响，并假设转移概率不变，这对于大多数景观动态研究来说是不适用的，因为转移概率在其变化过程中不是常量，而是随时间变化的。采用高阶马尔可夫过程，从具有时间序列的遥感图像中分别获取不同时段的转移概率，可以帮助克服假设转移概率在模拟过程中保持不变的缺陷；③景观斑块从一种状态向另一种状态的转换还受到自然、经济和社会等诸多因素的综合影响，导致景观动态变化的非马尔可夫过程，尤其是人为景观（如农业景观）类型更是如此。

CA模型是定义在一个由具有离散、有限状态的元胞组成的元胞空间上，并按照一定邻域转换规则，在离散的时间维上演化、在系统水平上产生复杂结构和行为的动力学系统。CA模型实质上是一种建模框架，而不是一个具体的模拟模型。一个元胞下某一时刻的状态是该元胞上一时刻及其邻域状态的函数，邻近的元胞按照某些既定规则相互影响，导致局部空间格局的变化；而这些局部变化还可以繁衍、扩展，乃至产生景观水平的复杂空间结构，因此 CA 模型成为研究多尺度上空间格局与过程相互作用的一种有效途径。CA 模型简单和开放的建模框架、"自下而上"的研究思路、强大的复杂计算功能、固有的并行计算能力和时空动态特征，使其在模拟空间复杂系统的时空动态演变方面具有自然性、合理性和可行性，从而成为复杂性科学的一个重要研究领域以及复杂系统研究方法之一。目前，在国际上，利用 CA 模型研究生态过程和地理过程的复杂行为是生态系统和地理系统建模领域的一个前沿地带。在生态学中，种子传播、生物群落扩散和迁移、干扰扩散、植被变化等的模拟是当前 CA 应用的热点；在地理学中，城市扩张和土地利用变化的模拟是当前 CA 应用的热点。

3.5.4 景观过程模型

景观过程模型从机制出发模拟生态学过程在景观空间中的动态（发生、发展和传播），即从空间上显式地考虑作用于格局的过程，是理解种群动态和控制、繁殖体或生物体的传播、动物的迁移运动、干扰扩散过程、物质循环和能量流动等与空间格局关系的最有力工具。根据空间信息显示方式的差异，可分为空间生态系统模型和空间显式斑块动态模型。前者通常基于栅格，如 LANDIS 模型、土壤侵蚀模型、碳-水循环模型；后者则基于斑块，如扩散-反应模型、斑块占有率模型、斑块统计学模型、空间显式林隙动态模型。

3.6 景观格局分析常用软件

目前国际上流行的景观格局分析软件包一种常用的为 FRAGSTATS，该软件能够进行多种景观格局指数的计算，使用方便。另一种常用的软件是 APACK 软件包，该软件计算景观格局指数时可以与 FRAGSTATS 交互使用，但该软件为 DOS 界面，使用起来不太方便，其优势是运算速度比较快。另外地理信息系统数据处理中常用的 ArcGIS 和 MapGIS 软件也在景观格局分析中经常用到。

3.6.1 FRAGSTATS 软件

现在用于计算景观格局指数的软件主要是 FRAGSTATS（spatial pattern analysis program for categorical maps）。FRAGSTATS 是由美国俄勒冈州立大学森林科学系开发的一个景观指标计算软件，它有 2 种版本：矢量版本运行在 ARC/INFO 环境中，接受 ARC/INFO 格式的矢量图层；栅格版本可以接受 ARC/INFO、IDRISI、ERDAS 等多种格式的格网数据。2 个版本的区别在于：栅格版本可以计算最近距离、邻近指数和蔓延度，而矢量版本不能；另一个区别是对边缘的处理，由于格网化的地图中，斑块边缘总是大于实际的边缘，因此，栅格版本在计算边缘参数时会产生误差，这种误差依赖于网格的分辨率。

FRAGSTATS 软件功能比较强大，可以计算出 59 个景观指标。这些指标被分为 3 组级别，分别代表了 3 种不同的应用尺度：①斑块级别（patch level）指标，反映景观中单个斑块的结构特征，也是计算其他景观级别指标的基础；②斑块类型级别（class level）指标，反映景观中不同斑块类型各自的结构特征；③景观级别（landscape level）指标，反映景观的整体结构特征。由于许多指标之间具有高度的相关性，只是侧重面有所不同，因而使用者在全面了解每个指标所指征的生态意义及其所反映的景观结构侧重面的前提下，可以依据各自研究的目标和数据的来源与精度来选择合适的指标与尺度。

3.6.2 APACK 软件包

景观分析软件 APACK 是针对大的数据集进行快速景观指数计算的软件。APACK 设计的目的是为了开发一种有效的程序来计算景观指数，它是由 C++语言写的独立执行的程序，在 Windows 平台上运行，支持的数据格式包括 ERDAS GIS 文件和 ASCⅡ 文件。程序输出的数据由文本文件和电子表格组成。APACK 能计算 25 个景观指数，这些指数主要包括基本指数（如面积）、信息论指数（如多样性）、结构指数（如孔隙度、连通性）。APACK 和 FRAGSTATS 相比具有运算速度快的优势，其主要原因在于 APACK 仅仅计算用户指定的指数，同时程序本身没有直接连接 GIS。所以 APACK 可以方便有效地计算大的栅格图的景观指数。

3.6.3 ArcGIS 软件

ArcGIS 软件是 Esri 公司开发一套完整的 GIS 平台产品。它具有强大的地图制作、空间数据管理、空间分析、空间信息整合、发布共享的能力，可以进行多尺度、多类型、多时态的信息数据分析，用以解决诸如土地、环境、人口、灾害、规划、建设等重大问题。

ArcGIS 可用于空间数据库内容的管理、数据库设计及元数据的记录与浏览；ArcMap 可用于地图编制、编辑和分析；ArcToolbox 可用于数据转换和地理处理通过这三个应用程序的协调工作，用户可完成包括制图、数据管理、空间分析、数据编辑和地理处理（geoprocessing）在内的从简到繁的各种 GIS 任务。另外，ArcGIS 不但支持桌面环境，还支持移动平台、Web 平台、企业级环境以及云计算环境，提供了丰富多样、基于 IT 标准的开发接口与工具，可轻松构建个性化的 GIS 应用。

3.6.4 MapGIS 软件

MapGIS 是中国地质大学开发的通用工具型地理信息系统软件，它是在地图编辑出版系统的 MAPCAD 基础上发展起来的，可对空间数据进行采集、存储、检索、分析和图形表示。MapGIS 包括了 MAPCAD 的全部基本制图功能，可以制作具有出版精度的十分复杂的地形图和地质图。同时，它能对地形数据与各种专业数据进行一体化管理和空间分析查询，从而为多源地学信息的综合分析提供了一个理想的平台。

系统采用面向服务的设计思想、多层体系结构，实现了面向空间实体及其关系的数据组织、高效海量空间数据的存储与索引、大尺度多维动态空间信息数据库、三维实体建模和分析，具有 TB 级空间数据处理能力、可以支持局域和广域网络环境下空间数据的分布式计算、支持分布式空间信息分发与共享、网络化空间信息服务，能够支持海量、分布式的国家空间基础设施建设。MapGIS 软件完备的空间分析工具，给景观格局分析提供了方便、多样的工具库。

拓展思考题

一、选择题

1. Fragstats 软件功能可以计算出景观指标，这些指标分别代表了不同的应用尺度，具体为（　　）。
　　A. 斑块级别尺度、斑块形状尺度、景观类型尺度
　　B. 斑块类型级别指标、斑块级别指标、景观级别指标
　　C. 斑块级别指标、斑块类型级别指标、景观类型指标
　　D. 斑块类型指标、景观级别指标、斑块结构指标
2. 空间粒度的确定取决于（　　）。
　　A. 环境条件　　B. 斑块特征　　C. 研究对象　　D. 研究目的
3. 尺度效应不可能在以下哪种情况下发生？（　　）
　　A. 仅改变幅度　　　　　　　　B. 仅改变粒度或间隔
　　C. 不改变幅度或粒度　　　　　D. 同时改变粒度和幅度
4. 面积和边缘指数包括如下哪个指标？（　　）
　　A. 斑块面积　　B. 斑块大小　　C. 斑块密度　　D. 边界密度
5. 连接度是反映景观中物质、（　　）的迁移、（　　）过程及其度量的核心概念。
　　A. 信息、传递　　　　　　　　B. 能量、输送
　　C. 信息和能量流、传递　　　　D. 能量和信息流、输送
6. 对于景观结构与格局的度量，从景观（　　）、连接度与梯度格局等空间构型特征来具体展开。
　　A. 复杂性、异质性　　　　　　B. 多样性、连续性
　　C. 多样性、对比度　　　　　　D. 异质性、对比度
7. 斑块多样性可以从以下哪个方面理解？（　　）
　　A. 种类、数量　　　　　　　　B. 数量、形状
　　C. 数量、面积、形状　　　　　D. 数量、种类、形状
8. 用于度量斑块间的隔离和分散程度的三个概念是（　　）。
　　A. 斑块、廊道、基质　　　　　B. 廊道、邻近度、连通性
　　C. 廊道、连接度、连通性　　　D. 廊道、连通性、连接度

二、简答题
1. 什么是景观异质性？景观异质性的形成机制是什么？
2. 景观多样性的表现形式及其意义如何？
3. 什么是生态交错带？其有什么特征？什么是边际效应？其影响因素有哪些？
4. 景观格局分析的生态意义是什么？
5. 景观要素特征分析包括哪些指数？
6. 景观异质性分析包括哪些指数？

项目 5

景 观 评 价

景观评价是对景观进行科学规划与科学管理之前必须进行的前期工作。景观评价是指根据特定的程序，按照景观生态学的有关原理，对景观的现状及可能利用方案、生态功能进行综合评价的过程，主要是对景观功能的综合认识。

任务1 景观评价尺度

景观评价是对景观状况及景观质量的评定，是景观规划与景观管理的基础。景观评价严重依赖时空尺度。在合适的尺度上进行评价是相当重要的，然而景观系统的复杂性及多尺度性使得景观评价变得较为困难。景观的各种生态过程是景观评价的基础，如景观的稳定性、敏感性、多样性、抗性、完整性等，在不同的时空尺度下可以有不同的评价。因此，景观评价指标的选择必须充分考虑景观属性的尺度效应。

1.1 空间尺度

主要景观生态过程发生的范围与同步性是景观空间尺度的选择依据，也是该生态过程作为评价指标所适用的空间尺度。景观表现出多层次的等级结构，如景观要素—景观链—景观功能单元—景观簇—景观系统。在不同的景观水平上，起主导作用的生态因子会有戏剧性的变化，甚至在同一等级水平上的生态过程也会随着空间范围的扩大而减弱，景观生态过程及环境的同步性会随着空间尺度的增加而减弱。生态过程的同步性是相应生态过程在景观评价中适用范围的重要参考指标。

然而除去距离对空间相关性的影响外，环境扰动也可显著减少生态过程的同步性。但几乎没有证据表明大尺度气候因子是生物学循环非同步性的原因。空间异质性是许多生态过程形成的直接原因。较大移动性的游牧动物的运动主要受空间异质性的影响，但较小移动性的动物的非同步性可能有不同的原因，如干扰。

确定特定景观组织水平下的景观过程，并以景观过程发生的状况进行景观质量评价。在不同组织水平下景观的指标应用有所不同。

1.2 时间尺度

时间尺度往往在景观评价中没有得到重视，但时间对于了解景观的发展却相当重要。通过时间比较，可以帮助我们认识系统的整体性、系统受严重干扰时的恢复能力以及发现在暂时性表征背后的景观病理。

时间尺度的大小与空间尺度的大小有相关性。一般时间尺度小的生态过程其影响范围较小，或比较局部。在景观评价过程中，在较高组织水平上的评价指标体系应突出较长时间尺度的生态因子。如持续的人类干扰过程，从短期来看似乎是相当稳定的，景观可能也会持续较长的时间，但景观的稳定性可能较低。

1.3　生态过程与时空尺度的相关性

景观格局与生态过程是相互联系的，但寻找这种结构与功能联系环节相当困难。生境适宜性往往用生境质量来进行评价，但不同物种对生境需求表现出很大的差异性。从空间尺度上看，不同物种的生境尺度有较大差异。如相同的景观破碎度对不同物种而言其适宜性就有较大的差距。

景观功能单元的规模与景观生态过程范围和强度是相宜的。在较高景观水平上进行景观评价应该采用较大范围的景观过程作为评价依据。

1.4　景观评价程序及指标

1.4.1　景观评价程序

通过景观评价，应该可以对景观的健康状况、景观稳定性、景观生产力等有定性或定量的认识，在某些情况下，可归结为对景观质量的认识。景观评价总体上可按以下程序进行。

（1）确定待评价景观的空间地理范围及时间跨度。空间范围主要取决于景观生态客体流发生的时空范围。

（2）研究与景观评价相关的景观过程及主要问题。分析并罗列主要生态过程及相应的景观要素链，并通过对生态过程发生的强度和时空范围的分析，对景观进行功能区（景观单元或链组）的划分。

（3）景观评价的指标体系及景观属性分析。景观稳定性评价及稳定性分级，包括稳定性、敏感性分析（现在时）等。评价过程中要保证评价指标的代表性。

（4）景观过程的因子分析、阈值分析及等级区划。对影响景观链动态的生态过程及外界条件进行分析，列出各功能区的主导生态因子。特别注意干扰发生的范围及影响。先分析景观单元，再进行等级划分。

（5）景观健康、景观适宜性评价及等级区划。综合上述分析结果，对景观嵌块的生产力水平、可利用方案、健康状况进行分析，评价生态债务，并划区分片。

（6）报表及景观评价图的编制。对以上结果编制报表，并编制相应的景观评价图，为政府决策部门进行生态、景观规划等提供依据。

1.4.2　景观评价指标

（1）生态过程指标。

1）完整性。完整性是系统的一种综合能力，是指景观系统支撑并维持与区域自然生境相一致的平衡、完整、有适应能力的具有一定物种组成、生物多样性和功能特性的生物群落的能力。景观系统的完整性是景观功能的重要体现。评价景观系统的生物学完整性是一项复杂的工作，作用于生物组织的各级水平上的生态学过程具有多维时空尺度，因此需要一系列指标来表征。景观结构与过程具有等级性，系统在某一水平上的完整性靠发生在其上一级与下一级的生态过程来维持。由于应用生态学过程进行评价较为困难，在实际工作中经常用物种多样性、营养结构、种群密度、系统对人类影响的耐性等指标来进行测定。完整性也可用景观要素链的完整性或景观功能单元链的完整性来衡量。景观完整性的恢复可通过模仿自然系统受干扰后恢复的过程来促进。

2）破碎度。景观破碎化是影响景观完整性的一个最常见的生态学过程，有大量的资料可以说明这类问题。景观破碎度的计量可以用景观要素的形状、大小、密度、空间格局等多种指标进行。应用中性模型可对系统的破碎度发育状况进行评价。

3）敏感度与稳定性。敏感度是景观对干扰的响应特征，也是景观的时间特性。种类组成与丰富度的快速变化是景观敏感度的重要指标。景观稳定性是指系统受干扰后保持原有状态的能力。评价景观的稳定性与敏感度要特别注意时空尺度，在不同的时空尺度下，景观的敏感度与稳定性的影响因子可能很不相同。另外，在景观系统的不同局部，其敏感度与稳定性可能也很不相同。可通过对景观敏感度与稳定性的研究对景观不同部位进行分级，GIS 技术可以很好地支撑这项工作，包括对景观敏感度与稳定性等进行制图。

4）恢复力与抗性。恢复力与抗性是景观稳定性的两个重要方面，但是这两者往往在生态系统中不可兼得。通过恢复力与抗性的研究，可对系统稳定性进行更深入的分析。

5）干扰强度指标。生态系统的功能可能因为种种生态干扰而减弱（有时也可能得到增加）。干扰强度是景观评价的一个重要指标，对景观或景观的不同部分可以分为未受干扰、轻度干扰、中度干扰、严重干扰几个等级。显然上述分级应该是一个模糊集，而且与景观所在的区域环境有关。人类活动的干扰可用人口密度、公路网密度、化石能源消耗量、人为障碍的数量（堤坝、交通控制等）等进行测定；动物干扰也可在相当范围内影响景观的结构与功能。可以按景观干扰的类型、强度等进行评价，划分干扰等级，并进行制图、统计分析。

（2）景观格局与动态指标。

1）演替与干扰。景观要素动态链代表景观的动态特征，而演替发生的速度与方向则与景观的干扰状况密切相关。在演替过程中，主要是自然因素在起作用，其速度相对较慢，但对物种的生存及生物多样性的维持影响深远。对景观干扰状况及景观要素发生链的研究可对景观的发育动态进行评价，对景观的健康状况评价有重要意义。

2）土地利用变化。土地利用变化更多地反映了功能链的变化，是景观变化的重要内容，但其规律性较少，在小尺度上主要受人的主观需求影响；在大尺度上，景观土地利用变化还是有一定规律性的，即人类活动受景观资源的支配，尤其是土地生产力水平是决定土地利用变化的重要因素。通过土地利用评价，可以合理指导人类的生产经营活动，是景观适宜性评价的重要内容。

3）植被格局变化。植被格局变化在景观变化中一般是宏观的、大尺度的，时间跨度大，往往是景观变化中的慢变量。但其对景观功能的作用是相当大的，是景观健康的重要参考指标。计量各种植被的覆被率及其破碎化程度、空间格局特征，可较好地描述景观植被特征，评价中经常利用一系列不同时期的植被图、遥感图像，应用 GIS 进行分析。

4) 土壤性质变化。土壤的发育过程相当缓慢，但其侵蚀却相当快。由于景观系统受干扰的不断加剧，景观的土壤性质可能发生严重的变化，而且几乎都是破坏性的恶化过程。由于土壤是景观系统最重要的物质基础，因此土壤状况的变化应该成为景观评价的重要指标之一，但显然这方面尚没有得到足够的重视。景观土壤变化主要是指土壤物理、化学性质的变化，主要是景观植被过程的结果，水土流失是其主要的变化形式。随着土壤的退化，其对生命活动的支持功能也发生相应的变化。

5) 其他指标。其他指标包括各类有关景观组成、结构、功能、动态的景观指数，诸如景观优势程度、邻接度、分维数等景观状态的数量指标，以及植被状况与潜在植被构成的差异性（自然植被作为参照）、嵌块体间距的频率分布特征等。

许多景观指标的提取可借助遥感处理系统、地理信息系统等，如可以应用ETM（增强型专题制图仪）影像资料，在 ERDAS（遥感影像处理软件）或 ENVI（遥感数据处理软件）等遥感处理系统中完成植被的分类与提取。通过一些运算，还可以获得诸如叶面积指数、林分蓄积量、叶绿素含量、土壤湿度等大量指标，为景观评价提供丰富的基础数据。

(3) 生物指标。

关键种评价。关键种是指对生态系统的功能有关键作用的物种。关键种不一定是优势种，关键种的作用要比它在系统中的相对多度大得多，它们在系统中不仅在组成上影响生态功能，更重要的是对系统的生态过程有重要影响，如传粉、疾病传播、竞争、扩散等。因此，关键种在景观评价中理应得到重视，是景观评价的一个重要指标。然而在景观中确定关键种较不容易，有赖于对景观过程的深入研究。

区域景观的生物多样性指标。区域景观的生物多样性指标是景观功能的一个重要方面。在计量区域物种多样性指标时应该认识到生物多样性指数本身的问题，在这一点上，物种丰富度与物种多度是生物多样性的重要指标。计量并比较景观系统不同部分及其在历史上的变化情况是景观质量评价的重要依据。而对于以景观生物多样性保护为目的的景观规划，景观物种多样性的评价显得尤为重要。

动物行为与资源可利用性评价。物种丰富度在景观中的分布是景观满足生物生态需求能力很好的指标。许多物种在景观中的分布具有特点，这与各种生物的生态需求有极大的关系，不同的物种可能有不同的分布格局，而且在不同的季节，动物种群的格局可能发生变化。因此，应用物种及其种群的密度分布进行景观评价应充分考虑到这一问题的复杂性。

(4) 其他景观评价标准。

景观评价需要研究景观的每一种属性特征。如镶嵌性评价，包括景观缀块的类型（依空间特征、自相关性、物种组成相似性等分类）及其空间关系的镶嵌特征的分析。诸如景观中嵌块体的排列的有序性、嵌块功能的时序性及变化特征、景观的粒级变化等，作为景观评价指标，粒级变粗可能表示抛荒或农业机械化。

水系的水质与河流流量在景观中往往直接反映景观的质量状况，与景观土地利用状况密切相关，可以作为景观功能的一项重要指标。而河流流量变化特征则可作为景观胁迫的一个很好的指标。人工引水灌溉会引起下游径流量的减少，而流量减少对于沿河岸植被有巨大影响。

任务2 景观评价类型

2.1 景观健康评价
2.1.1 景观健康

生态系统健康是环境保护领域新兴的、正崭露头角的科学，反映生态系统内部秩序和组织的整体状况，可以以之监测或评估生态系统和景观的状况和质量。健康概念广泛应用于人类，在医学上，个体的健康是相对于正常状态定义的，即在期望的耐受性范围内个体的结构和功能性状。生物种群如种群医学和流行病学中也大量应用健康这一概念。生态系统是包含生命的超有机体的复杂组织。

生态系统的一些特征（如波动和衰退等），都可以认为是系统健康与否的症状。生态系统健康同样也高度适用于管理景观，作为管理景观中的生态系统，如果人类以可持续方式利用土地及其资源，并保留其完整性和自组织性，就可以认为系统是健康的。

应用景观健康的概念意味着地球生态系统的"完善能力"和健康已成为主要关注点。景观健康的一般特征是恢复力、多样性和生产力，这些基本特征（尽管对它们的测定很困难）决定了景观所能提供的自然服务。一些学者强调可持续的重要性，认为健康的景观不应退化到其将来利用受损害的程度。生态系统服务，明显不同于经济商品服务，是指被认为有益于人类社会的自然系统的特征。通常在一般水平上包括生态系统以下功能：营养物质循环，抵抗侵蚀，生产食物，纤维和燃料等。在一个环境文化高度发达的社会里，大多数（如果不是全部）生态系统功能可能被认为是有益的。生态完整性按其含义是指在没有大的人类干扰下自然进化的景观和生态系统的状况。完整性主要参考原始系统、涉及物种组成、生物多样性和功能组织等方面。当很少原始景观保留下来时，"完整性"的概念提供了一个参考点，可与较少受现代人类影响的景观相比判断现在的状况。生态完整性的指标能提供用于评价目的的尺度，而景观健康的指标提供了评价关于特定社会目标的景观适合度的基础。由于人类是景观的组成部分而不能脱离景观，因此景观满足人类需求和愿望的程度应该纳入景观健康的评价之中。

2.1.2 景观健康的特征及其评价

整体性评价部分来自应用环境监测和报告的两类基本指标——生态指标和环境指标。生态指标代表或描述了景观的组成部分，如空气、水、生物区系和土地，且主要用于测定化学危险物和人类活动对生态系统及其组成成分的影响。环境指标含义较广，其将环境状况（生物物理指标）和人类活动（毒物排放、能量利用、自然资源利用）结合起来。环境质量评价趋于集中景观水平。因此，较小尺度生态系统健康评价更多采用生态学指标，较大区域的景观健康评价则常采用整体性测定。选择评价景观健康的指标时，主要有两方面的考虑。

（1）与用于评价景观健康的方法有关，包括调查生态系统危机状况、评价受干扰后生态系统的恢复能力、评价人类的潜在影响。

（2）与5个特别因素有关：空间尺度、指标的范畴或类型、指标的定位、价值、指标的可操作性。空间尺度涉及特定考虑地区生态系统空间的大小，指标应定向于合适的空间尺度，特别是大尺度景观健康评价与人类的关系更为密切。指标可以用来描述来自人类活动的压力/胁迫、环境和自然资源的质量/状况以及对环境忧虑的反应所采取的措施的有力程度等。定向性涉及健康评价所调查单位的性质，它表明了所需指标的类型。价值主要涉及社会价值，是健康评价的基础。定义和测量景观健康应该包括进行价值判断，即什么是最佳的或可接受的生态条件。可持续性和资源的保护是当今环境和资源管理的主要目标，在指标体系的选择和完善的过程中应将二者列入其中。最后一个因子涉及目标的可操作性，这是健康评价指标是否实用、是否可操作的特征，一般与政策制定者和社会条件有关。

景观健康评价的指标体系包括非生物环境指标、生态学指标和社会经济指标三大类。非生物环境指标，如水质、大气状况、土壤理化性质等。生态学指标主要包括营养循环的变化、能量流动、初级生产力、生物多样性、群落结构、稳定性、抵抗力、恢复力、调节功能、生态系统服务功能等。社会经济指标，常常包括人类健康水平、区域经济的可持续性、技术发展水平、公众环境意识和政府决策等内容。

2.2 景观适宜性评价

景观适宜性评价主要是指景观相对于特定生态过程的适宜性水平。例如，对以生物多样性保护为目的的景观适宜性评价，其主要考虑点就在于生境条件对于物种生存的影响。然而不同生物对景观的需求有很大的不同，譬如生境破碎化对物种生存的影响，就与不同物种的生态位特点密切相关。一般体型较大的物种偏好较大的景观粒级。一种简单但很有效的办法可以把物种分为森林种、边缘种、开阔地种。很显然，对这三类物种，景观的生境适宜性是此消彼长的。

当前景观适宜性评价的内容较少，本文借鉴了土地适宜性评价的内容。土地适宜性评价发展较为成熟，已经形成了较为完善的体系，对景观适宜性评价有很好的参考价值。

景观适宜性评价步骤如下。

（1）确定待评价对象的空间和时间范围。

（2）收集资料，根据评价目的考虑可能的景观利用类型。

根据评价目的及地区的自然、经济和社会背景确定这些景观规划类型。评价目的应指明是否包括范围比较广阔的景观类型（如整个流域内的各种景观），还是某种特定利用方式进行适宜性评价（如在某地建设自然保护区的适宜性）。自然背景包括研究区的气候、土壤、水文、生物组成等。社会经济条件包括国民生产总值、生活水平、交通条件以及土地所有制等。

（3）确定适宜性评价的类别。选择定性评价还是定量评价，目前适宜性评价还是潜在适宜性评价，应根据评价的目的、范围和深度而定。如为一般景观规划目的，通常为定性评价；为提出比较具体的建议方案的评价，常用定量评价。

（4）适宜度的确定。根据景观规划方案造成的景观格局变化、对生态系统的影响、环境变化、美学价值、经济社会影响等，确定候选方案的适宜程度。如在保护区设计时，采取不同斑块的面积或形状对物种保护有着不同的效应，廊道的数量和构型也影响物种的传播与物质能量迁移等。面积过小，起不到保护的作用，而面积过大，则可能与当地居民的生产生活等产生矛盾。因此，在保护区设计确定多大的面积是适宜的是一个重要的内容。

（5）提交评价结果。

2.3 景观价值评价

景观价值评价试图用货币单位对景观的自然价值与服务功能进行价值评估。由于景观或生态系统具有不可替代性，对其自然价值的评估往往缺乏充分的说服力，因此价值评估主要通过对景观中生态系统的服务功能的评价来实现。景观中生态系统的服务功能包括人类直接或间接地从生态系统得到各种利益，主要包括从生态系统获得有用的物质和能量、接受和转化来自经济社会系统的废弃物，以及直接向人类社会成员提供服务（如人们普遍享用洁净空气、水等舒适性资源）等。然而景观中生态系统的服务功能只有一小部分能够进入市场被买卖，大多数生态系统服务是公共品或准公共品，无法进入市场，因而评价景观的价值相当具有挑战性。

随着生态经济学、环境和自然资源经济学的发展，生态学家和经济学家在评价自然资本和生态系统服务的变动方面做了大量研究工作，将评价对象的价值分为直接和间接使用价值、选择价值、内在价值等，并针对评价对象的不同发展了直接市场法、替代市场法、假想市场法等评价方法。生态环境评价已经成为今天的生态经济学和环境经济学教科书中的一个标准组成部分。

在目前经济社会发展水平上，人们不得不经常在维护自然资本和增加人造资本之间进行取舍，在各种生态系统服务和自然资本的数量和质量组合之间进行选择，在不同的维护和激励政策措施之间进行比较，这样的比较过程实质上就是一种价值评价过程。以合适的方式评价生态系统服务和自然资本的变动，有助于我们更全面地衡量综合国力，有助于我们选择更好地提高综合国力的路径。以货币价值的形式表达不同的生态系统服务和自然资本变动尤其有助于我们进行比较、选择。

例如，全球生态系统服务分为17类子生态系统，采用物质量评价法、能值分析法、市场价值法、机会成本法、影子价格法、影子工程法、费用分析法、防护费用、恢复费用法、人力资本法、资产价值法、旅行费用法、条件价值法等一系列方法分别对每一类子生态系统进行测算，最后进行加和求总，计算出全球生态系统每年能够产生的服务价值。每年的总价值为16万亿～54万亿美元，平均为33万亿美元。33万亿美元是1997年全球GNP的1.8倍。

2.4 生态风险评价

风险评价就是定量确定在一个或多个引发因子作用下风险源可能产生或已经产生的生态负效应的概率及强度的过程，进而为科学评价某种人为或自然活动对环境的影响及生态效应提供一种工具，同时也为达到资源的可持续利用提供一条重要途径。

生态风险指一个种群、生态系统或整个景观的正常功能受外界胁迫，从而在目前和将来减少该系统健康、生产力、遗传结构、经济价值和美学价值的一种状况。生态风险评价指受一个或多个胁迫因素影响后，对不利的生态后果出现的可能性进行的评价。美国国家环境保护局把这种尚不为人们所重视的领域叫作生态风险评价。早期的生态风险评价主要是针对人类健康而言的，也就是人类健康风险评价，主要评价化学污染物进入水体后经过食物链的传递，最终可能对人类造成影响。这方面的工作做得很多，技术也很成熟，并且成为环境毒理学的一个主要分支。20 世纪 90 年代初，美国科学家 Joshua Lipton 等提出一套规范化的生态评价框架，它把生态风险的最终受体不仅定义为人类自己，而且包括生命系统的各个组建水平（个体、种群、群落、生态系统乃至景观），并且考虑了生物之间的相互作用以及不同组建水平的生态风险之间的相互关系（即风险级联）。现在，生态风险评价的研究重点主要放在生态系统对环境干扰的敏感性上。生态风险产生原因包括：生物技术的滥用、生态入侵、人为干扰、环境污染等。

由于生态风险评价起源于环境科学领域，因此最初生态风险评价的研究很多集中在评价污染物可能给生态系统及其组分带来的概率损失领域。然而，自然界中对生态系统具有危害作用且具有不确定性的因素不仅仅是污染物，各种灾害（包括自然灾害和人为灾害）、转基因生物的逃逸、生态入侵、景观结构的恶性改变等，对人类生存和生态系统的结构、功能都构成极大的威胁，一旦发生必然对生态系统造成损害，从而危及生态系统及其内部组分的安全和健康，因而它们也是生态系统的风险源。生态风险可以发生在生态系统的不同层次上，与其相适应的评估方法也就各有侧重。生物技术引起的生态风险主要应用分子生物学和生化技术进行评估，而生态入侵引发生态风险侧重于应用生态学知识。当然，应用哪些原理和方法，没有绝对的界限，有时需要综合应用。生态风险评价要利用生物学、毒理学、生态学、环境学、地理学等多学科的综合知识，采用数学、概率论等风险分析的技术手段等。

景观生态风险信息系统（landscape ecological risk information system，LERIS）是将景观生态学理论和 3S 技术（以 GIS 为主）相结合进行风险分析的现代规划管理系统，也可以认为是对自然、生物和人类引发生态风险的潜在性进行分析和管理的地理生态规划手段。它通过对自然景观、人文因素和风险源的全面调查，将所需的各类信息进行方便快速的采集、处理、管理和更新，利用 GIS 的空间分析能力对景观生态状况和潜在风险进行分析、模拟和预测，从而为管理部门的决策提供科学的依据。

景观生态风险信息系统概念的提出得益于景观规划和管理的实践和发展。Andom 在对非洲一些国家的景观生态进行评价时，运用了最小风险和资源保护的原则、在评价中放弃了传统的只考虑资源的"潜力"（以最大利益原则为出发点）观点、而采用空间意义上的风险分析，从对生态环境遭受破坏后的风险进行分析评价入手，对资源进行合理的规划和管理，从而达到资源永续利用的目的。Manfred 等在对纳米比亚北部的 Etosha 国家公园进行规划和管理设计时，根据这一原则，首次提出了景观生态风险信息系统的概念。

景观生态学理论是其重要的基础。景观生态学是景观地理学和宏观层次生态学相结合的边缘学科，它主要研究在一个相当大的区域（如流域）内各类景观的结构、功能和动态变化规律，Leris 对景观尺度上发生的生态问题和潜在风险能进行快速有效的分析。由于景观是由多个生态系统组成的大范围区域，它所研究的是一个复杂的系统，包括各种环境因子和一定环境中的生物个体、种群和群落组合，同时还要考虑人文因素的影响等各种复杂的关系，因此，要对这样的巨大系统进行评价需要收集大量的数据，以及进行繁杂的计算和分析，传统的调查和分析方法很难满足这些要求。3S集成技术是近10多年来迅速发展起来的信息技术，它通过将地理信息系统（GIS）、全球定位系统（GPS）和遥感（RS）这3种观测新技术加以有机集成，具有自动、实时地采集、处理、管理和更新数据的功能，而且能够智能地分析和运用数据。3S集成技术强大的功能为景观生态的研究提供了技术保证，为景观生态风险评价提供了科学的、现代化的技术支持。

Leris研究的核心是生态风险评价、预测和规划，对区域内的环境问题和生态风险进行客观评价和科学预测，为这一地区资源的开发和保护、经济的可持续发展提供可以操作的规划和管理方法。

2.5 景观评价的工具与技术

景观评价要用各种技术手段，由于评价时一般要用到大量的图形资料，而且涉及的时空尺度较大，信息量丰富，因此RS（遥感）、GIS、GPS（全球定位系统）往往是景观评价不可或缺的数据采集、处理、结果输出的技术支撑。此外，类似于统计学零假设的中性模型，景观组成、结构的计量方法，研究空间自相关的分形几何学，研究复杂多元属性的模糊数学方法在景观评价中都有广泛的应用。传统的一些多少带有主观观点的评价方法在对景观质量进行评价时也很有参考价值。

2.5.1 主观评价

（1）直接调查法。

利用大幅照片集，让许多人进行评价是好还是坏，统计分散性。结果发现，年龄越大，越喜欢几何和人工景观。受过高等教育的或从事较高智力职业的及在城市的人更欣赏野生景观。茂密的植被似乎在调查者的印象中仅起很小的作用。

（2）问题调查表。

当调查表包含很多景观质量标准时，对每一标准的答复是互相有联系的。可将某些答复进行合并而获得总分，利用数据分析技术予以解释。但景观本身影响人们的理解力，对于林业工作者与一般市民，其美学价值差异就相当大。

（3）动物对景观质量的察觉。

仅用人对景观的理解来评价景观的好坏是片面的，同样的景观也许人认为是优美的、有益的，而对动物而言却未必如此。然而怎样得知动物对景观好坏的认知呢？通过动物迁移来研究动物对景观质量的察觉是一个比较好的解决方法。首先对现存所有环境的大量背景调查，目的是暂时确定对动物重要的主要特征，之后确定穿越景观的每月至少步行两次的四条线路，沿线调查记录小气候、动物出现与否及其数量、行为。最后将动物观察与生态特征联系起来。

2.5.2 中性模型

生态学中的中性模型是指不包含任何具体生态学过程或机理的，只产生数学上或统计学上所期望的时间或空间格局的模型。R. H. Garnder等将景观中性模型定义为不包含地形变化、空间聚集性、干扰历史和其他生态学过程及其影响的模型。目前，国内较为认同中性景观模型指不包含任何具体生态学过程或机理的、只产生数学或统计学所期望的时间或空间格局的模型，是不包含任何生态过程或者机理的虚拟景观。

景观中性模型的最大作用是为研究景观格局和过程提供一个参照系统。通过比较真实景观与随机渗透系统的结构和行为特征，可检验有关格局和过程假设。如关于动植物迁移与扩散等生态客体流的模拟，以及对各种景观规划方案的模拟，为景观评价服务。

在应用中性模型及渗透理论进行系统格局与过程模拟时，必须注意表面的一致并不代表生态过程的一致，我们只可用它来作为随机性假设的一种可能结果，最终的评价要靠对生态学过程的研究。

2.5.3 景观计量

景观计量包括景观组成、景观结构等各类景观指标的分析，主要有嵌块体的面积、周长、密度、平均大小、最大嵌块体指数、形状系数、边界不规则性、总边界长度、边界密度、边界对比度、平均最近距离、邻接指数等，都可从不同侧面对景观评价作出贡献。

分形几何是一种研究几何复杂性的数学方法。分形几何用简单的、重复性的过程来构造复杂系统，而一般的欧氏几何则是利用简单的砖块加上复杂的过程来构造世界。分形可用于相当广泛的空间分析，在景观评价中，可利用分形理论来研究景观的自相关性。

2.5.4 模糊数学

模糊数学应用于景观评价可对景观进行模糊评价。与传统的方法不同，模糊数学可用于表现一些模糊特征，包括数值特征和属性特征、对事物的描述不是非此即彼的二元关系，而是属于模糊集中某种状态的概率。用模糊数学描述的景观边界是逐渐过渡，且有一定宽度的而不是突变的，因此能更好地符合真实情况，景观系统的评价涉及大量的模糊指标，应用模糊数学方法进行指标综合是一类可行且有效的方法。

拓展思考题

一、选择题

1. 下列哪一个不是生态过程指标？（   ）
   A. 完整性　　　　　B. 破碎度　　　　　C. 植被格局变化　　　D. 干扰指标
2. 景观评价的工具与技术包括主观评价、（   ）、景观计量、模糊数学。
   A. 中性模型　　　　B. 平均大小　　　　C. 邻接指数　　　　　D. 形状系数

二、简答题

1. 景观评价的尺度选择需要考虑哪些因素？
2. 景观评价指标有哪些？
3. 景观评价程序有哪些环节？
4. 景观评价的类型有哪些？

项目 6

景 观 生 态 规 划

景观生态学中的景观生态规划与设计的主要依据是景观的生态功能的最大化与可持续性，因此必须对所研究的对象进行深入的研究，遵循景观生态学的原理，做到"源于自然，优于自然"。本项目主要介绍景观生态规划目的与任务、内容与原则及规划方法、土地利用规划等内容。

任务 1　景观生态规划的目的和原则

1.1　景观生态规划的目的

景观生态规划是 20 世纪 50 年代以来从欧洲及北美景观建筑学中分化出来的一个综合性应用科学领域。它一直作为景观建筑学的一个重要分支，由于其对自然特性和过程的综合性要求，它也是地理学的一个重要研究和应用领域，且随着景观生态学向应用领域的发展，也逐渐将景观规划作为其主要应用方向，并已形成景观生态规划方法体系。景观生态规划不但与人类日常生活、生产活动直接相关，又基于人们对景观形成的自然过程和作用规律的深刻理解。因此，景观生态规划是一个多学科的综合性应用领域，是连接地质学、地理学、景观生态学、生态学、景观建筑学等学科，以及社会、经济和管理等学科领域的桥梁。

对于景观生态规划的目的和任务不同人有着不同的理解。例如，我国学者傅伯杰认为："景观生态规划是通过分析景观特性以及对其判断、综合和评价，提出最优利用方案。其目的是使景观内部社会活动以及景观生态特征在时间和空间上协调化，达到对景观的优化利用。"王仰麟认为："景观生态规划是以生态学原理为指导，以谋求区域生态系统的整体优化功能为目标，以各种模拟、规划方法为手段，在景观生态分析、综合及评价基础上，建立区域景观优化利用的空间结构与功能的生态地域规划方法，并提出相应的方案、对策及建议。"

虽然对景观生态规划的目的各自的表述不同，但其都围绕以下三个核心内容：①景观的结构与功能的协调；②景观的最优化利用；③景观的维持与发展。由于景观生态学与景观生态规划的理论与实践都还处于一个不断发展的过程中，相信随着规划实践的发展，景观生态规划的理论与概念也将会有所发展。景观生态规划的最终目的是人与自然关系的协调，时空结合意义上的可持续发展，即建立生态可持续的景观。因此，景观生态规划也是区域可持续发展的重要组成部分。通过经济规划、环境规划与景观设计的结合，使区域开发、资源利用与生态保护相衔接与配合，生产建设、生活建设与生态建设相适应，达到经济效益、社会效益与生态效益的高度统一。

1.2 人类的景观需求

1.2.1 人类聚居地

人类聚居地是景观生态规划的最主要对象，了解人类聚居地的特点对于合理规划景观，协调人与自然的关系是必不可少的。

起初类人猿最早栖息在树上，食果为生，生活在茂密的森林中。接近第三纪末期气候变得干旱时，类人猿开始利用更开阔的森林和热带稀树草原。随着人类社会的发展，逐渐产生了村庄、城镇等人口较为密集的区域。这一时期的人类聚居地的产生与发展基本是自发的，没有进行统一和有序的规划。城镇的形成主要受到当时的社会、经济、交通、军事及自然条件等因素的影响。大的城镇通常出现在交通枢纽地区，物资和人口流动频繁，属于景观的"热点"地区。

随着科技的进步，到了 20 世纪，人口密集的城镇已经是星罗棋布，大型和超大型的都市屡见不鲜。这些都市的分布也有一定的规律性。世界上主要的大城市中，如东京、纽约、上海、布宜诺斯艾利斯、伦敦、洛杉矶等沿海，位于把地球划分为大陆与海洋的最主要的生态边界上。在这一边界，城市可以受益于两个悬殊的环境资源的相互补充。如威尼斯、新奥尔良，位于陆海紧密交织的地方。那里有丰富的淡水、咸水、盐水资源。这些例证说明，人类社会利用景观固有的异质性，然后增加异质性，这种组合异质性提供了长期社会平衡所必需的灵活性。

1.2.2 景观的生产量

一个景观是一种热力学机器，它接受来自太阳的短波可见光能量，反射一部分（约 30%），暂时吸收一部分（约 20%），然后以长波辐射发散出去。这一系统随时间呈 S 形曲线轨迹而趋平衡。景观中生物量的积累总是趋于一个主要由气候条件（温度和降水量）决定的最大值。

上述概念非常适用于人类对景观的利用。当人们想在成熟植被覆盖的自然景观中收获产物时，则动摇了自然景观的平衡。若收获量很少，则自然景观系统仍保持平衡状态或以自然速率恢复平衡。另外，短期内收获较大的一次可对景观起一种干扰作用。只有在一段休闲期或等待一定时间后，才能再一次获得类似的收获。

同样，当人们获取生活在自然景观中的某些生物时，获取的比例将决定其会不会使景观平衡发生改变。收获衰老的动植物，可能导致比原先更具有生产力的平衡。

自新石器时代的农业革命以来，人们已懂得使生态系统复壮而扩大生产量，并且依靠比打猎和采集更有预测性的资源生活。在一些高产地区，农业的进一步发展似乎仍然是可能的。而且在某些地区，通过光合作用和化石燃料的投入，农业产品可持续增加。

然而，保持高生产力水平，需要在经济、社会、生态和能量等方面的投入。在生产系统中，每一投入甚至包括土壤的长期质量和农民的体力和脑力劳动都能以普通的热量单位（卡）来计算输入/输出（产量）的相对成本。怎样才能将自然景观的平衡转变为另外的亚稳定平衡是关键问题之一，而且这种亚稳定平衡应当可以提供人们所必需的正常年份获取的能量（以动、植物生产形式）。新的平衡体系可从自然保护区延伸到农业区，再到城市。在处理该问题时，显然简单地用管理这个或那个生态系统是不够的，我们必须注意到组成景观的所有生态系统的集合体。

目前最有益的借鉴是恶化了的景观。但一个特定的恶化景观的动力学研究往往不能提供多少资料。因其变化速率太小。实际上，在管理大多数景观方面一个最大的困难，就是我们对景观变化基础的作用力的了解不足。

1.3 景观生态规划的内容与原则
1.3.1 景观生态规划的主要内容

傅伯杰认为，景观生态规划与设计的基本内容应包括景观生态分类、景观生态评价、景观生态设计、景观生态规划和实施四个方面。王仰麟则把景观生态规划与设计的基本内容表述为：区域景观生态系统的基础研究、景观生态评价、景观生态规划与设计、生态管理建议四部分。欧洲景观生态规划研究则主要包括景观生态分析、景观生态综合、景观数据的解释、景观生态评价、景观优化利用建议前提等几方面内容。纵观研究内容的描述可以看出，其研究内容均是大同小异的，故总体可归为以下几方面。

首先是景观生态学基础研究，包括景观的生态分类、格局与动态分析、功能分化等内容，是从结构、功能、动态等方面对其景观生态过程予以研究。

其次是景观生态评价，包括经济社会评价与自然评价两方面内容，即评价景观对现在用地状况的适宜性，以及对于已确定的将来用途的适宜性。

再次是景观生态规划与设计。根据景观生态评价的结果，探讨景观的最佳利用结构。

最后是景观管理。一方面是负责景观生态规划与设计成果的实施；另一方面对于实施过程中所出现的问题，应及时反馈到景观生态规划与设计人员那里，使其对于规划与设计能够不断进行修改，使之完善。

值得注意的是，景观生态规划客体的价值的多重性及空间分异。不少自然景观，如森林、湖泊等都具有生态保护、旅游及经济开发等多重价值。同时，不少人类管理景观，如农业景观等，除提供农产品外也具有生态保护及旅游观光等多种潜在价值。但在同一时空条件下，这些价值往往是相互冲突的，如何考虑规划客体的空间分异规律，寻求缓解、协调这些价值冲突的空间解决途径，使景观最大限度发挥其具有多重价值的功能及潜力，这正是景观生态规划所要解决的问题。很多生态学者和非生态学领域的专家学者都对此进行了多样化的索，如上海张江高科技园区农业生产与旅游观光相结合的实践、农村园林化的探索。

1.3.2 景观生态规划与设计的原则

景观生态规划是景观管理的基本手段，它包括的内容非常丰富，应用领域也很广泛，景观生态规划主要特点体现为规划思想上的多角度、多层次的综合性、宏观性及开放性，景观生态规划原理是在对各种设计思想兼收并蓄基础上形成的，将地理学的格局研究与生态学的过程研究相结合作为原理的核心，吸收园林及建筑美学思想，综合考虑各种社会学、经济学、环境学、文化人类学等因素，并强调规划设计的动态调整。借鉴总结国内外景观生态规划的理论和实践，景观生态规划与设计应包括以下八个原则。

(1) 整体优化：景观是由相互作用的生态系统组成的，在一定区域内以类似方式重复出现的、具有高度异质性的陆地区域。它是一个整体，故景观生态规划与设计应把景观作为一个整体单位来管理，达到整体最优，而不必苛求且限定于局部的优化。

(2) 时空深度、广度：在空间上，必须考虑规划区域外较广阔的空间背景，将规划区有机融入背景空间。而在时间上，应当考虑保护区较长的历史背景，包括生物地理史、人文历史和自然干扰状况。设计中要考虑对未来变化的灵活性：一般而言，未来5年、10年或20年内可预料的保护区面积变化是规划的关键部分。在进行景观规划时，应综合考虑时间和空间两方面的因素，协调统一两者可能的利益冲突，才能够实现可持续的景观规划。

(3) 异质性与多样性：异质性是景观的最重要特性之一，景观空间异质性的维持与发展应是景观生态规划与设计的重要原则。景观多样性是描述景观中嵌块体复杂性的指标。它包括斑块多样性、类型多样性和格局多样性。多样性对于景观的生存与发展具有重要意义，它既是景观规划与设计的准则，又是景观管理的结果。

(4) 景观针对性：每一景观都有与其他景观不同的个体特征，这些个体特征的差异又反映在景观的结构与功能上。因此，景观生态规划与设计要因地制宜，体现当地景观的特征，这也是地理学上地域分异规律的客观要求。景观生态规划是针对某一地区特定的农业、城市或自然景观，不同地区的景观有不同的结构、格局和生态过程，规划的目的也不尽相同，如为保护生物多样性的自然保护区设计、为农业服务的农业布局调整以及为维持良好环境的城市规划等。因此，具体到某一景观规划时，针对规划目的应选取不同的分析指标，采用不同的评价及规划方法。

(5) 遗留地保护：对原始自然保留的和宝贵的历史文化遗迹要实行绝对的保护。当今地球上绝大多数自然景观都已经或多或少受到人类的干扰与影响，并在组成和结构上发生了相应的变化。真正原始的自然保留的已经极为稀少，有着极为珍贵的生态、科研、人文等方面的价值；而宝贵的历史文化遗迹记录了人类历史发展的足迹，具有不可补偿、不可替代的多方面的价值，在进行景观规划时，应对这样的区域加以绝对的保护。

(6) 生态关系协调与可持续：景观生态应注重规划人与环境、生物与环境、生物与生物、社会经济发展与资源环境、景观利用的人为结构与自然结构以及生态系统与生态系统之间的协调。以可持续发展为基础，立足于景观资源的可持续利用和生态环境的改善，保证社会经济可持续发展。景观生态规划必须从整体出发，对整个景观进行综合分析，使区域景观结构、格局和比例与区域自然特征和经济发展相适应，谋求生态、社会、经济三大效益的协调统一，把社会经济的持续发展建立在良好的生态环境基础之上，实现人与自然和谐共生。

(7) 综合性：景观生态规划是一项综合性的研究工作。景观生态规划基于对景观的起源、现状、变化机制的理解，且景观是自然与文化的载体，其结构异常复杂。对它们的分析不是某单一学科能解决的，也不是某一专业人员能完全理解的，并对景观内在的复杂关系并做出合理的决策。景观生态规划需要多学科合作，包括景观规划者、土地和水资源规划者、景观建筑师、生态学家、土壤学家、森林学家、地理学家等。而且景观生态规划是对景观进行有目的的调整，除景观本身的自然属性之外，必然涉及社会、经济条件以及人类价值观。这就要求在全面和综合分析景观自然条件的基础上，同时考虑社会经济条件、经济发展战略和人口问题，还要进行规划方案实施后的环境影响评价，只有这样，才能增强规划成果的科学性和应用性。

（8）规划的最优化与现实性协调：最优方案常常是仅基于规划者明智的判断，而不涉及现实政策。在实际工作中，由于种种因素限制，最优方案常常不能彻底地付诸实施。这样就有必要提供其他可供选择的交易性方案，通过与最优方案对比，可选方案的优缺点、可实行性就比较明确和清晰。因此，景观生态规划设计中有五个要素必不可少：时空背景、整体景观、景观中的关键点、规划区域的生态特性和空间属性。同时，在规划中要协调保护与开发矛盾的"空间解决途径"，此方案主要包括如下组成："必要的格局""集中与分散相结合的格局"及"战略点"。

1.4 景观生态规划的生态理念

1.4.1 整体协调发展理念

随着全球化、信息化时代的到来，全球呈现一个全新的、开放的、动态的发展环境，城市中的资本、土地、劳动力、技术诸要素在城市内部和城市之间快速流动。城市逐步从封闭、分散走向开放、联合，城市形态也从点的城市、面的城市区域走向区域城市化。社会经济发展背景的巨大变迁使区际、区内各要素之间的联系空前密切，作用也更为强烈，任一地区的发展建设都会对其他地区产生影响。因此，区域规划必须突破传统观念上封闭的行政区界限的束缚，着眼于区域整体利益的维护和实现，促进区域整体协调发展。不同行政区域之间及区域内城镇之间和城乡之间应该相互协调，自上而下与自下而上地整体协调发展。

1.4.2 城乡一体化理念

传统区域规划中"二元分割"的规划思维特征非常明显，仅强调城镇为研究的重点，而其他基质地域（生态地域、村地域）作为一种支撑城镇发展的成本。但全球经济和社会的不断发展使城市的发展过程变得难以把握和控制，大城市在发展中突破行政区管辖范围，与周边城镇连成一片的比比皆是，产生了城乡界限模糊的城镇密集区、城乡混合区等表象的空间形态。新的城乡关系"城乡一体化"作为区域整体协调发展理念正日益被广泛接受。它是指城市与乡村作为一个统一的整体，通过要素的自由流动和人为协调，达到经济一体化和空间融合的系统功能最优的状态。城乡系统资源配置合理，是共享现代文明的"自然-空间-人类"系统。

1.4.3 可持续发展理念

可持续发展作为目标，同自由、民主、公平、正义等概念一样，内涵丰富、外延模糊，是一个正在发展并被广泛运用的概念，最权威且引用最多的定义是《我们共同的未来》（1987年，世界环境与发展委员会报告）中提出的："可持续发展是既满足当代人的需要，又不对后代人满足其需要的能力构成危害的发展。"区域发展规划必须立足可持续发展的可能性和必要性，针对区域的固有特点制定区域发展目标，并对自然环境加以重视。可持续发展有多种解释方式，生态的、社会的、经济的和文化的。因而规划时应从不同的角度认识和保证区域的可持续性。然而可持续发展的具体内容、目标、标准是什么至今未有确切的定义,其可操作性仍不强。但只要它深入人心就可以使人类的生存和发展更加健康而有序。

1.4.4 以人为本理念

城市中人与人相互依赖与竞争是人类社区空间关系形成、发展和变化的决定性因素。随着社会、人文科学的发展,城市和区域规划也强调"以人为本"的理念。要从人的尺度、人的需要、人的情感和人的知觉以及人与人之间相互作用过程等方面出发,编制出真正符合人类需求的,能达到"富民"目的的合理规划。

同时,伴随着规划理论的深化,区域规划的方法也发生着巨大的变化,逐渐由定性描述、区划及分析等传统方法转变为使用系统工程、灰色控制系统、AHP法、系统动力学(SD)模型、多目标决策规划等方法。自20世纪60年代空间信息技术产生以来,其被应用到空间信息的取得、处理、管理和分析中,地理信息系统、遥感技术(RS)、机助制图技术等成为处理空间信息的常用工具,随后被广泛地应用于城市规划和区域规划中。进入20世纪90年代后,不少地区又将决策支持系统(DSS)技术引入区域发展规划编制工作,是规划方法手段革新的又一大转折点。这些新技术能帮助规划师与决策者更好地解决规划实践中的种种问题,提高工作效率,弱化人为因素产生的主观性影响,并重视规划中的量化问题。

1.5 几种典型景观的景观规划

1.5.1 城市景观规划

城市风貌是一个城市的物质环境与经济、社会、生活的外在表现形态,它可以表达城市的气质和性格,同时体现市民的精神面貌与素质。我国地域广阔,不同地区的城市有着其独特的风格,如以苏州古城为代表的婉约清秀江南古城,以上海为代表的现代化巨型大都市等。城市作为物质载体不仅为人们提供了生存的空间环境,又以其具体的形象在精神上长久地影响生活在其中的每一个人。一个富有特色、充满生机的城市能够使市民感到舒适与愉悦,唤起他们对生活在该城中的自豪感,从而增强城市的社会凝聚力。

城市景观规划的内容极为丰富,包括景观设计、绿地规划、小区规划、土地发展规划、城市设计、区域景观规划、环境敏感区保护、生态规划和设计以及景观人文设计等内容。如何在为人类创造一个可持续发展的,满足其物质文化需求的城市的同时,最大限度地保护自然景观,实现人与自然的协调发展,是城市景观规划的核心课题之一。

从我国实际情况出发,城市景观生态规划应遵循以下原则。

(1) 整体化原则:在城市规划尤其是大城市规划中,仅仅考虑城市本身的高效协调是不够的,必须将城市景观与整个区域的景观相协调(如城市发展与乡村发展,某一城市与周边城市发展相协调)。充分利用3S技术和系统方法理论,实现景观整体上的协调发展。

(2) 尺度原则:从景观单元角度来看,城市的景观结构要素包括斑块、廊道、基质等。这些景观结构要素在城市景观规划中的尺度问题,具体表现为城市生态绿地的规模、城市边缘地区破碎化、连接性景观廊道的隔离性尺度等。对这些尺度敏感地区进行理论分析，就其合理的尺度规模进行界定，并提出相应的规划管理措施，对于在城市景观规划中充分发挥这些地区的尺度特性，实现各城市景观单元的相互协调将会大有裨益。

(3) 注重环境容量与可持续发展，在进行规划时要充分考虑短期利益与长期利益的协调，立足当前，兼顾长远，实现城市的可持续发展。

(4) 自然景观优先原则：基于景观生态学原理的景观规划设计，要求人类对自然的介入应约束在环境容量以内，不破坏生态系统的物质流、能量流的基本通道，创造既服务于人，又与自然环境相融洽的最佳场所。注重自然景观的保护，尤其是环境敏感区的保护，对不得不破坏的自然景观应加以补偿或修复。对水源地、名胜古迹、重要的城市森林绿地加以格外的保护。

(5) 多样性与异质性原则：由于城市景观中自然生态系统少，应适当补充自然成分，协调城市景观结构；在补充自然成分中要注意物种的多样化，避免物种单调、结构简单的状况；廊道、嵌块体形式多样，大小嵌块体相结合、宽空廊道相结合，集中与分散相结合。通过多样化的景观配置，提高景观异质性。

(6) 结构与功能人本化原则：合理安排城市空间结构，合理规划工业区、商业区、居民区及绿化网点的布局，组织和谐一致的土地利用，取消功能混杂、相互干扰的布局，如工厂和住宅商业楼的混杂。使住宅离开交通干道，至少使建筑正面离开街道，以减少噪声干扰。居住小区应避免单调划一，努力提供方便舒适、多种多样和各具特色的生活场所，从而使居住环境、生活质量、城市文化相互促进。

(7) 地域化原则：根据地域的不同，合理配置植物种类，充分发挥绿色植物美化环境、净化空气的功能；构建立体、多彩、多层次的城市绿地景观；在人工环境中努力显现自然氛围，增加景观的视觉多样性和自然度。

1.5.2 农村景观规划

欧美一些发达国家，经济发展，农业现代化水平高，自然资源条件也相对优越，其农业景观规划较注重生态保护及美学观光价值，如高强度农业景观生物多样性与陆地表面覆盖物空间异质性关系，农田树篱结构变化对鸟类多样性影响，促进哺乳类和鸟类自由运动与水土流失调节的景观设计。对应于旅游业中人们"重返乡村"和"亲近自然"的情结，农村景观规划设计中一些富有特色的新型农业模式，如有机农业、生态农业、精细农业等构成相应的观光农业和农业示范观光的资源基础。

但是我国的国情不同，在长时期高度利用土地之下，农村景观中自然植被斑块所剩无几，人地矛盾突出。巨大的人口压力，大量人工辅助能流的导入，使现代农业景观中人类活动过程和自然生态过程交织在一起，导致生态特征和人为特征镶嵌分布。同时，由于各种原因，我国农村景观规划远远落后于城市景观规划，大多数农村景观的发展几乎处于自组织状态。更有甚者，某些出于政府的"政绩"工程的农业规划，如"万亩果园""万头养殖场"，不顾当地的自然条件和经济基础强行推行政府计划，给广大农民群众带来巨大经济损失，这就要求景观规划设计者以极为严谨求实的态度来规划设计农村景观。我国农村面临人口规模与耕地不断减少之间的矛盾，对此，景观规划所要解决的首要问题就是保证环境承载力和社会发展的平衡。因此，运用景观生态学原理，对农业景观资源进行合理的规划、设计，促进农业资源的合理利用及农业的持续发展，具有重要的现实意义。

理想的农村景观规划应能体现农村景观资源提供农产品的第一性生产、保护及维持生态环境平衡及作为一种特殊的旅游观光资源三个层次的功能。传统农业仅仅体现第一个层次的功能，而现代农业的发展除立足于第一个层次功能外，将越来越强调后两个层次功能。不同国家和地区基于经济发展水平、人口资源状况的差异，农村景观规划的目的也各有侧重。

生态保护必须结合经济开发来进行，通过人类生产活动有目的地进行生态建设，如土壤培肥工程、防护林营造、农业生产结构调整等。除了要遵守景观规划的一般原则（如整体综合性原则、景观多样性原则等）外，乡村地区的景观规划应贯彻以下原则。

（1）建设高效的人工生态系统，实行土地集约经营，保护集中的农田斑块；在维持农村家庭联产承包责任制不变基础上，以自觉自愿为前提，努力实现农业用地的统一管理和集约化经营，提高效益。

（2）在农业生产结构调整时应充分考虑当地的自然条件、经济基础、人力资源状况以及当前市场需求等，合理选择调整方向，不可盲目上马；同时，注重农业产业结构的多元化发展，不可"一刀切"。

（3）在工程建设区要节约工程用地，控制建筑斑块盲目扩张，建设具有宜人景观的人居环境。由于我国国情限制，农村建筑用地尤其是居住用地多为自发的、无组织状态的，进行统一的农村建筑用地规划难度非常大，这就需要从大尺度上，通过政治、经济等多种手段宏观控制农村建筑用地的增长。

（4）因地制宜地增加绿色廊道和分散的自然斑块，补偿和恢复景观的生态功能。如在沙地退化生态系统中，林带、林网、林草带、牧草带等，形成一个使干扰不断减少的负反馈调节机制，抑制沙化过程。

（5）水山林田路统一安排。改土、治水、植树、防污综合治理。典型乡村生态规划模式如湿地基塘体系景观模式，平原区农田防护林网络体系景观模式，南方丘陵区多水塘系统景观模式，黄土高原农、草、林立体镶嵌景观模式等。

（6）注重乡村整体风貌，建设具有宜人景观的人居环境，重新塑造环境优美、与自然系统相协调的景观整体。

1.5.3 园林风景区的景观规划

园林风景区规划建设的一个重要依据与理论基础就是景观的视觉多样性与生态美学原理。通过自然景观与人文景观的巧妙结合（如由地文景观、水文景观、森林景观、天象景观和人文景观构成的风景资源景观要素），通过适当的安排与组合各个经营要素，赋予其相应的文化内涵，以发挥其旅游、观赏等价值，并促进人的身心健康发展。

然而，随着我国经济的迅速发展，城市人口的膨胀，居民的基本生存条件受到威胁，这对我国的园林风景区景观规划提出了新的挑战，主要表现在：①户外体育休闲空间极度缺乏，广大人民群众的户外休闲娱乐锻炼的要求不能得到满足。②土地资源极度紧张。因此，通过大幅度扩大绿地面积来改善环境的途径较难实现。通过郊区化来改善居民环境的道路在中国难以行得通。③财力有限。难以实现高投入的城市园林绿化和环境维护工程。④自然资源有限。生物多样性保护迫在眉睫，整体自然生态系统十分脆弱。在此情况下，在具体进行园林景观的规划和设计时，应注意遵循以下原则。

（1）功能：注重园林风景区的生态、社会功能，必须把维护居民身心健康、维护自然生态过程作为园林的主要功能来评价。在景观设计中，秉承"人本"原则，充分考虑人类的需要，同时注重自然保护的原则。

（2）经济与高效：强调用最少的人工（资金）投入来健全自然生态过程、满足人类身心再生功能，强调有效地利用有限的土地资源来实现上述功能。用大量的化肥、花坛植物，进行人工或化学除草都是违背这一原则的。

（3）循环与再生：强调利用生态系统的循环和再生功能，构建城市园林绿地系统，如养分和水的循环利用，而避免对不可再生资源的利用。

（4）乡土与生物多样性：原则上强调城市园林绿地系统是乡土植物和乡土生物多样性保护的最后堡垒之一，应节制引用外来物种，保护和发展乡土物种。

（5）地方与地方精神：强调每一地方都有其自然和文化的历史过程，两者相适应而形成了地方特色及地方含义。强调注意发挥地方的、民族的特色，包括建筑物的格调、材料和应用于造园的生物种。

1.5.4 自然保护区的景观规划

建立自然保护区是生物多样性保护的主要途径，然而关于建立自然保护区的原理、方法仍很不完善。随着景观生态学理论、方法的成熟与发展，景观规划设计在生物多样性保护中的意义引起了人们的高度重视。Diamond（1975）依据岛屿生物地理学的"平衡理论"提出一套自然保护区设计原则，据此形成的自然保护区圈层结构（核心区、缓冲区、过渡区或实验区）的功能区划模式成为现代自然保护区设计的基础。在具体进行规划设计时，应合理地配置斑块、廊道等景观要素，如斑块的大小、数目、形状、位置，廊道的数目、宽度等，使之达到自然保护的目的。

（1）一个大的自然保护区要比小的自然保护区保存的物种多。一般而言，大型斑块可以比小型斑块承载更多的物种，特别是一些特有物种只有可能存在于大型斑块的核心区；对于某一物种而言，大型斑块有能力维持基因的多样性。相对地，小型斑块则不利于物种的生存、不利于物种多样性的保护，不能维持大型动物的延续。但小型斑块可能成为某些物种逃避天敌的避难所，因为小型斑块的资源有限，不足以吸引某些大型捕食动物，从而某些小型物种得以幸免。同时，小型斑块占地小，可以出现在农田或建成区景观中，且有跳板作用。

（2）合理的斑块形状。不同形状的斑块其生态功能可能有所不同。圆形的斑块周长面积比最小，可以最大限度地减小边缘圈的面积，而最大限度地提高核心区的面积比，使外界的干扰尽可能减少，有利于林内物种的生存，但其边缘长度相对最小，不利于物质能量的交换；而长条状或不规则的斑块，其周长面积比较大，可以与外界进行充分的物质能量交换，有较大的周转率，但易受外界的干扰，不利于核心物种的生存。一个能满足多种生态功能需要的斑块形状应该包括一个较大的核心区和一些可以充分与外界发生相互作用、利于物质能量交换的边缘触须或触角。

（3）充足的斑块数量。在设计保护区的时候，不仅要考虑斑块的大小，为所保护物种提供足够大小的斑块，还应考虑斑块的数量。

一般而言，两个大型的自然斑块是保护某一物种必需的最低斑块数目，4~5个同类型斑块则相对维护物种的长期健康与安全较为理想。

（4）对于多个保护区，应使它们尽量靠近一些，以减小隔离程度。对于一个处于孤岛状态的斑块，其无法与其他斑块进行物质能量及物种的交流，当遇到灾难性事件时，其中的物种也无法通过边缘通道进入其他斑块避难，物种消亡的可能性比一个与大陆（种源地）相邻或相近的斑块大得多。当与种源地相邻的斑块中的物种灭绝之后，其相邻斑块中的同种物种可以迁入该斑块，从而使物种整体上得以延续。几个保护区呈簇状配置，物种迁移的路线较短，阻力较小，比线状配置好。

（5）合理地设计廊道，以增加斑块之间的连通性。人类活动使自然景观被分割得四分五裂。景观功能流受阻，妨碍景观的正常功能。因此，加强孤立斑块之间及斑块与种源地之间的联系，是现代景观规划的主要任务之一。通过廊道可以将本来孤立的斑块联结起来，以利于物种延续。在设计廊道时，其数目、构成及宽度是最主要的考虑因素。假设廊道是有利于物种空间运动和维持的，则两条廊道比一条好，多一条廊道就减少一份被截流和分割的风险。联系各个斑块的廊道应由本地植物成分组成，并与作为保护对象的残余斑块相近。越宽越好是廊道建设的基本原理之一。廊道如果达不到一定宽度，不但起不到连接保护对象的作用，反而为外来物种入侵创造条件。对于廊道的宽度，目前没有统一的标准，对于一般动物的运动而言，1~2km宽度是比较合适的，但对大型动物则需十到几十千米。

（6）保护区功能区化。设立绝对保护的栖息地核心区，建立缓冲区以减少外围人为活动对核心区的干扰。将典型地带性森林植被和珍稀濒危动植物资源，人为干扰少、自然生态系统保存比较完好的区域划为核心区。缓冲区的作用是为核心区提供良好的缓冲条件，同时可开展科学实验、科考、珍稀动植物驯养繁殖、多种经营及生态旅游活动。为便于科学管理，可将实验区进一步划分为保护小区、科研小区、经营利用小区、生态旅游小区。

（7）增加景观异质性，景观异质性或时空的斑块特性有利于物种的生存和连续及整体生态系统的稳定。许多物种需要两种或多种栖息地环境。景观的空间格局与时间更替一样可能会显得杂乱无章，但这种动态和交替抹去了景观中的剧烈性的变化，使系统保持稳定。所以，保护和有意识地增加景观的异质性有时是必要的。增加异质性的人为措施包括控制性的火烧或水淹、采伐等。

任务2　景观生态规划的方法模型

2.1　城乡融合系统设计模型

第二次世界大战结束后，日本先后进行了三次国土规划工作。由于其规划都是将城市规划与农村规划分裂开来,采用的是头痛医头、脚痛医脚的对症疗法。结果总是城市大量吸纳农村资源,从而不但不能解决日本长期以来人口在城市过密而在农村过疏的问题,反而加剧了这种分布的不平衡性。针对这种情况,日本京都大学农学部教授岸根卓郎先生经过长期思考后,于1985年提出了以"自然-空间-人类系统"为核心的城乡融合系统设计模型。它的主要目标是从城乡融合出发,来建立一个"物心俱佳"的新的定居社会。它的主要思想包括三个方面:一是国土资源经济价值与公益价值协调一致的扩大再生产,二是国土资源利用管理合理化,三是最适定居的社会建设(自然空间、人类系统设计)。其中最适定居的社会建设是核心。这一城乡融合系统设计模型的实施可分为三个阶段:首先是明确目标;其次是按照功能结构、要素结构、位置结构的先后顺序,进行必要的系统内容设计,以保证系统目标的具体落实;最后是系统的优化,优化的目的是减少所设计的系统中的熵。在系统设计的第二阶段中,国土规划必需的各项软功能的理论设计,它形成了国土规划的"功能结构"。为实现这些功能结构,必须对必不可少的硬要素进行具体设计,形成"要素结构"。再根据要素结构确定各要素的配置,形成"位置结构"。这样就基本上完成了"自然-空间-人类系统"的设计。从国土功能上讲,它主要由城市功能和社会功能两部分组成。城市的代表性软功能包括多样性、文化性、娱乐性;农村的代表性软功能是自然性、情趣性、传统性等。而与城市软功能相对应的代表城市功能的硬要素包括人工化的住宅、工厂、学校,与农村软功能相对应的代表农村功能的硬要素包括自然化的森林、空间、农地。

为完成城乡融合的过程,首先需对城市与乡村的功能进行比配,建立功能矩阵。其次对涉及上述功能的硬要素进行比配,建立要素结构矩阵,这些矩阵中的元素也就是很重要的功能与结构空间单元。人们可以通过矩阵行列的不同组合,创建各种理想的定居社会。最后,将这些结构与功能单元在空间上配置起来,并使之最优化,这样就完成了整个城乡融合设计过程,也即建立了一个"农工一体复合社会系统",从而有望克服过去农业与城市工商业的分离、对立问题。

2.2 集中与分散相结合规划模型

该模型是Forman于1995年在《土地镶嵌景观与区域的生态学》中提出来的。该模型是针对"在景观中,什么是土地利用的最合适的安排?"这一问题的。它强调的是:应该集中土地利用,同时在一个被全部开发的地区,保持廊道和自然小斑块,以及把人类活动沿着主要边界在空间上分散安排。在具体操作过程中,要考虑七个景观生态学特性,它们是大的植被自然斑块、粒度大小、风险的扩散性、基因变异性、交错带、小的自然植被斑块、廊道等。大型自然植被斑块至少在五个方面具有生态学上的重要性:保护水、保护低级溪流网络、为大型的当地分布物种提供生境、支持内部种的可变种群大小、容许对于种的进化与维持起重要作用的自然干扰特性。对于多生境生活的种群来说,大型自然植被斑块保持了微生境上的接近。而按Forman的划分,嵌块体在景观中按其大小可分为粗粒与细粒两类,它们在景观中的生态学意义是不同的。粗粒景观为特殊的内部种提供了大型自然植被斑块,而细粒景观占优势的种是泛化种类。为了防止在一次大的干扰事件中景观被全面破坏,所以在景观生态规划中有必要考虑危险传播这一因素。对景观而言，干扰对其异质性的发展与维持有重要的作用，基因的变异性在对干扰的抗性限制方面是很重要的，所以在景观生态规划与设计时也要考虑这一因素。

小的自然植被斑块在过度人工化的环境中是非常重要的。它可以保持整个景观的多样性，同时提高景观的异质性与人工环境下人的生存质量。廊道可以分为两类，一是自然植被廊道，二是包括多样性小尺度土地利用的廊道。前者可以增强诸如种与地表水运动等自然过程的重要性，而后者可以导致人类和多生境种在这些土地利用中运动的有效性。在明确规划要考虑因素的意义之后，需要基于上述因素进行空间上的景观生态规划与设计，可采取如下措施：通过集中的土地利用，确保大型自然植被斑块的完整性，以充分发挥其在景观中的生态功能；而在人类活动占主导地位的地段，让自然斑块以廊道或小斑块形式分散布局于整个地段；对于人类居住地，则把其按距离建筑区的远近分散安排于自然植被斑块和农田斑块的边缘，愈分散愈好；在大型自然植被斑块和建筑群斑块之间，可增加一些小的农业斑块。

2.3 生态网络方法模型

从生态系统观点，生态网络可以定义为是一个生态系统集，一个通过物种、人类、水流连接的生态系统，并与景观基质相互作用构成的空间网络。对于生物多样性而言，生态系统网络是一个多物种概念。一个丛林网络或许可以像一个生境网络一样可以使许多物种同时生存。一个景观通常包括几个生态系统类型并且最终包括数个生态系统网络。生态系统网络的一个关键特征是可以有不同的配置却有相同的目标。这些都归结于生态系统网络的四个基本特征：生境质量、总的网络区域、网络密度和基质的渗性。总之，这些特征构成了景观的空间凝聚力。在规划中，这四个标征可以被用作四个空间策略：可以被用于设计成满足不同的外形和维度需要的生态系统网络；生态网络的理念已广泛应用于自然保护区规划、城市规划中；原则上，生态功能网络是基于生态跳岛（垫脚石）或生态网络，即由网络的连接加强景观中物质与能量的交换；除自然生态功能区外，在空间形式上，人工构建的生态功能网络结构元素则以绿带、绿心或其他形式的生态跳岛为主。

（1）绿带：绿带的功能最初是防止城市的无序蔓延，控制未来的城市成长，以避免城市相互吞并，具有区分城镇与乡村的特性。自20世纪70年代以来，相关的生态研究赋予其保护与重建的新功能。

（2）绿心：城市绿心是基于花园城市的概念，其认为完善的城市规划需围绕公园展开并具备中心公园。广义的绿心则包括都市内部及都市间的大型生态斑块。

（3）生态跳岛：除绿带和绿心等较大的景观廊道或斑块外，其间也存在许多具有生态功能的小斑块，或由小斑块相互串接而成的跳岛系统，可提供物种散布、物质与能量流动通道，进而形成区域生态网络的连接，在生态网络中起着媒介的作用。

在实践中，生态网络概念已广泛应用于空间规划的各个层次中，包括自然规划、经济规划和社会规划。俞孔坚等在石花洞风景名胜区景观生态规划过程中提出了网络的规划目标与规划标准（表6.1），尽管是个案研究，非一般规律，但仍具有重要的参考价值。

表 6.1　　　　　　　　　　　　网络的规划目标与规划标准

网　络	规 划 目 标	规　划　标　准
大石河水系网络	恢复作为河流廊道的功能，恢复审美和游憩价值功能	（1）大石河以及汇入大石河的支流和地表径流构成一个连续的树枝状网络，沿着整个网络所发生的大水文过程和生态过程高度连续； （2）具有足够的保护宽度，可以最大限度地发挥河流生态廊道的功能； （3）整个水系网络应该尽量维持自然状态，具有良好的植被，适合野生动物栖息和开展一些滨水游憩活动
野生动物生境网络	构建连续、安全的生境网络，恢复野生动物的生物多样性	（1）对原有和潜在的栖息地进行保护； （2）将栖息地通过安全的生态廊道连接； （3）设置适当的缓冲区，减小人类活动对野生动物生存的干扰
风景游赏网络	构建非机动休闲游道网络，整合风景资源	（1）以大石河休闲廊道为主干，建立专用的连接所在重要景点和景区的非机动休闲游道； （2）可游赏各种自然景观和人文景观，沿途有良好的游览环境； （3）尽量避开机动交通的威胁，确保游人的人身安全
居民生产网络	合理安排居住与生产的空间布局，尽量与自然环境相协调	（1）不破坏山体、土壤、植被和河流廊道，不造成视觉、噪声、粉尘和大气污染； （2）不在类似采空区这种有安全隐患的区域内居住； （3）尽量不影响河流的自然山体功能，不造成水土流失； （4）尽量不切割野生动物的生态廊道，不影响野生动物的生存
机动交通网络	交通流畅，尽量减小对游赏活动的干扰，与自然环境相协调	（1）交通流畅，沿途环境优美，对游赏活动的干扰小，对游人不构成安全威胁； （2）尽量不切割野生动物的生态廊道，不影响野生动物的生存； （3）尽量不压迫河流，维护河流的自然形态和生态功能

2.4　McHarg 方法

20 世纪 60 年代，McHarg 著作 *Design with nature* 中所建立的以区域自然环境与自然资源适宜性等级分析为核心的生态学框架，至今仍是研究者们所遵循的基本准则，目前仍在土地利用生态规划中发挥着作用。McHarg 的规划方法包括以下 7 个步骤。

（1）确定规划的目标与规划范围。

（2）生态调查与区域数据的分析。在规划范围与目标确立之后就应广泛收集规划区域内自然与人文资料，并将其尽可能的加载在地图上，之后对各因素进行相互间联系的分析。

（3）适宜性分析。对各主要因素及各种资源开发利用方式进行适宜性分析，确定适宜性等级。在这一过程中，常用的方法有：地图叠置法、因子加权评分法、生态因子组合法等。这是 McHarg 方法的核心。

（4）方案的选择。方案的选择应该以规划研究的目标为基础，基于适宜性分析结果，针对不同的社会需求方案，选择一种与实施地适宜性结果矛盾最小的方案，作为实施地的最佳利用方式。

（5）规划结果的落实。使用不同的策略、手段和过程以实现被选择的方案。

（6）规划的管理。在规划结果得以落实之后，进一步的管理在很多情况下是必需的。这可以由公共机构工作人员或市民委员会来完成。

（7）规划的评价。它的目的是随着时间的推移来评价规划的结果，并做一些必要的调整。因为随着时间的变化，原来规划时段的一些基本的社会、经济及环境参量将会发生变化。如果规划不做相应调整，将会影响到规划方案的正确性。

2.5　E. P. Odum 的分室模型

分室模型是 E. P. Odum 于 1969 年提出来的。E. P. Odum 认为，所有的土地利用都可以划入他的生态系统分室模型中的四个分室中的一个。他进一步提出了可用作分室分类标准的一系列参数。这些参数又被划分成 6 组，即：群落能量学、群落结构、生活史、N 循环、选择压力、综合平衡。但是由于其中的很多参数是很难量测的，在区域景观尺度尤其如此。然而量化后的物质量和经验数据在群落能量学上还是可用的，尤其是在生产/呼吸比率、生物量、产量估算等。由于农业生产与天然生物生产有较大区别，为表述这种差别，又可以把上述四个分室模型扩展为五个分室，即把原来的生产性土地利用分室分化为农业生产土地利用分室与自然生产土地利用分室。在分室模型的应用中，可按三步来完成。

首先，根据上述参数组，选定一定的数学方法（如判别功能分析的多变量统计技术等），把规划区域内的各类土地利用归入五个分室中去。

其次，计算相同土地利用类型的利用效果，包括经济效益和生态效益。经济效益是指利用后能够获得的生物收获量；生态效益是指假设土地利用后，发生的土壤侵蚀、水土流失、养分损失等破坏作用，据此确定土地利用后的区域生态效应。

最后，计算生态匹配值（表 6.2）。它的基本假设是：在文化景观的生态特性与自然景观的基层特性之间存在着一种联系。而匹配的过程可以看作是"最适即最好"的量度。在这一步骤中，先根据区域不同分室的自然基底功能与土地用途建立生态匹配等值计算表。建立匹配表之后，把规划用地分别置于表中估算生态匹配值，从而可以判断目前利用状态与规划后利用状态的生态适宜程度和生态效果，确定开发利用方案的总体生态效益。

表 6.2　　　　　　　　　　生态匹配值计算表

项　目	保护	高生产	高农业生产	生产	高自然生产	农业生产	自然保护	商业
保护性土地利用	+3	0	0	0	0	0	0	0
农业生产性土地利用	−2	+3	+3	+2	−1	+1	−1	−1
自然生产性土地利用	−1	+2	−1	+2	+3	+1	+1	−1
调和性生产利用	−2	−3	−3	−2	−2	−2	−1	+3
城镇工业土地利用	−3	−3	−3	−2	−2	−2	−1	+3

2.6 德国的土地利用系统模型

德国的土地利用系统模型是 W. Haber 根据上述的 E. P. Odum 的分室模型基础上提出来的。该系统主要包括土地利用规划中三条基本准则。

第一，在一给定区域单元内，占优势的土地利用类型（起源于土地的适宜性和传统）必须不成为惟一的土地利用类型。至少土地的 10%～15% 必须为其他土地利用类型所占据。

第二，在一给定区域单元内，如果它的绝大部分是农业或城市工业利用，则至少应保留 10% 的面积作为自然地景，其中包括未管理的草场和被择伐的森林。这又被称为"10% 急需律"，该定律可以被看成是使得有足够数量的野生动植物与人类土地利用共存的一般法则。而且这 10% 的自然地景必须或多或少均匀地分布于整个规划区域，而不能集中于边际土地的偏远角落。

第三，占优势的土地利用类型本身要多样化，必须避免大的土地连片。在人口稠密的地区，田块的大小必须永远不超过 $8～10hm^2$。该模型建立的基本假设是：每一种土地利用类型不可避免地引起环境影响和其他的机会，由此带来的影响具有固有的局限。土地利用的时间和空间分割会在同一时候分割环境的影响，从而可以减缓影响。同时，该模型通过空间异质性的维持，促进了生物多样性。

2.7 其他模型与方法

除以上所介绍的 6 个景观生态规划模型外，德国的景观规划模型、捷克的 LANDEP 模型、荷兰的通用生态学模型（GEM）、美国的大城市景观规划模型（METIAND）、澳大利亚的南海岸研究模型等，影响力也很大，本书只做简单介绍，具体可参阅徐化成的《景观生态学》教材（徐化成，1996 年）。

2.7.1 德国的景观规划

德国自 20 世纪 70 年代以来，动植物物种大量丧失，森林严重衰退，为此、以 WOHABER 为领导的生态学家进行一系列以环境问题为目标的研究，其中景观规划的基本任务是：①按照受影响的生态系统的敏感性，来鉴别、降低和缓和环境影响；②维持甚至必要时需要加强国家的地境多样性和景观多样性；③保护稀有的和较敏感的生态系统组合。通过土地利用类型、空间格局、影响级感性、空间连锁、影响结构这五个步骤的分析，得出景观规划的方案的合理建议。

2.7.2 捷克的 LANDEP 模型

Ruzicka 通过 20 年的研究工作，提出了景观规划的 LANDEP 体系。LANDEP 概念强调评价景观时要将景观作为一个在自然现象和过程的基础上人为和社会活动于其中的一个区域。LANDEP 包括两个基本部分。①景观生态数据。这部分的核心是：对非生物和生物成分进行调查和评价，对当前的景观结构、生态现象和过程以及人为活动对该景观的作用后果进行评定。它可分为分析、解释和综合（类型化和区域化）三个步骤。②景观利用的最适化。所谓最适化，就是要将计划的土地利用项目安排在最合适的地方。要使选定的立地最低限度不受害，且与人为活动与自然条件矛盾最小。LANDEP 的主要步骤包括区域的景观生态、社会经济数据的分析综合、景观生态数据的解释和景观指标与人为活动的评价并提出建议。

2.7.3 荷兰的通用生态学模型（GEM）

荷兰国土面积相对较小，人口密度大，动植物区系贫乏，所以在景观规划中要特别注重自然保护，比任何欧洲国家都更为重视。这反映在实际工作中，需要对规划区域进行详细的景观生态调查，荷兰景观生态学发展的重要标志是提出 GEM 模型（通用生态模型）。GEM 模型包括：社会系统（社会中个人和群体间的社会结构和过程）、经济系统（社会中的经济关系）和生态系统（社会与自然环境的关系），除此以外还分出行政系统，它包括规划客体、决策人员和规划程序等。GEM 方法的阶段划分为以下四个阶段：功能描述阶段、生态评价阶段、生态相互作用分析阶段、社会评价和冲突分析。

2.7.4 美国的大城市景观规划模型（METLAND）

METLAND 是大城市景观规划模型的英语缩写，于 20 世纪 70 年代由美国马萨诸塞大学研究组以巴斯顿大城市区域作为实例研究出来的。

METLAND 采用参数途径来进行土地评估。整个模型分三个阶段。

第一阶段又可分为三个部分：第一部分，将每一个土地单元的景观属性的适宜性分为作为人类利用资源的价值、公害程度、对住宅建设的适宜性三类。采用线性综合的方法，并将其换算成金钱，使这三类适宜性分级综合成一个总指标（称之为景观价值）。第二部分是对土地单元的"生态相容性"评价。所谓生态相容性指的是文化景观特征与其自然特征的适宜程度。第三部分是对景观公共服务潜力（污水处理、供水、警察、防火）进行评定和制图。

第二阶段则是利用电脑，通过改变模型不同分量的权重等方法，生成多种替代计划方案，筛选"生态相容性"的最佳方案。

第三阶段是以完成三种不同的社区目标（景观价值、生态相容性和公共服务）的潜力来评价各种替代方案。

2.7.5 澳大利亚的南海岸研究模型

澳大利亚联邦科学和工业研究组织 1972 年开始研究新南威尔士州的南海岸的土地利用问题。该项研究的目的是如何规划各种土地利用。面临的问题有：农业土地的减少，游憩区日益城市化，国家公园扩大，木材资源锐减等。

南海岸土地利用问题的研究可分为两个阶段。

第一阶段是适宜性制图。将土地用途分为 8 种（农业、林业、城市建设、游憩、养蜂业、自然保护和残废物消化地，而残废物消化地包括填土池和化粪池等）。根据具体的地质、植被、地形图和土壤数据，按照一组主观的"排除规则"来确定它们对 8 种用途的相容性。"排除规则"是说明哪一种景观属性与哪一种土地用途是不相容的。

第二阶段是形成各种替代计划，然后优选土地利用计划方案。所有土地利用方案均由 5 个公共利益群体（农业、自然保护、林业、游憩、城市建设）来给予权重，而对每一个利益群体也给予一定的权重，然后通过线性规划达到最优化，制订优先的土地利用计划。

任务3 景观生态规划的应用

3.1 土地利用规划

3.1.1 土地利用

土地利用与土地利用规划是两个密切联系的概念,要准确理解土地利用规划的内涵与外延,首先必须准确界定土地利用概念。

土地是人类从事一切生产和生活活动的物质源泉。它具有满足人类多种需要的特性功能,可直接用以满足人类的物质生活需要,或作为工具和原料以间接实现这一目标。土地系统是多种要素相互作用、相互联系的综合体,这个综合体随着人类早期利用和改造土地活动的开始,就不断注入人类劳动的成果,形成自然和人工结合的土地系统,这样的系统如果从利用和改造角度来进行考察,称其为土地利用系统。这一系统的核心问题是土地利用,只有正确、合理、高效地组织土地利用,系统才能组合得当,结构合理,综合平衡,关系协调。而使其经常保持良好的动态平衡状态。土地利用是人们根据土地的特性和人为干预所决定的土地功能,本质是人与土地之间的内在联系。土地利用实质上是一个综合性概念,即指在特定的时期和地区条件下,对土地资源的开发、利用、治理、保护和管理,并通过一系列的合理利用、组织、协调人地关系及人与资源的关系,以获得最大生态经济效益的过程。

联合国粮食及农业组织的《土地利用规划指南》认为:"土地利用规划是指对自然、社会和经济因素的系统评价,以此来鼓励和帮助土地利用者选择提高其生产力、可持续利用和满足社会需要的最佳途径。"加拿大的《土地利用规划规程》认为:"土地利用规划是对打算实现的土地用途做出决策的过程。"我国学者将土地利用规划定义如下:土地利用规划是对一定区域未来土地利用超前性的计划和安排,是依据区域社会经济发展和土地的自然历史特性在时空上进行土地资源合理分配和土地利用协调组织的综合措施。土地利用规划学是以研究合理组织土地利用规律性和科学方法的边缘科学。

3.1.2 土地利用规划的任务、内容及方法

土地利用规划的主要任务是:根据国家和区域发展战略的要求,结合区域内的自然生态和社会经济具体条件,寻求符合区域特点的土地资源优化配置。具体来讲,土地利用规划的任务有:土地总供需综合平衡,土地利用结构的优化,土地利用的宏观布局,土地利用的微观规划。

由于规划的对象、范围和任务不同,土地利用规划的内容有所差异。土地利用规划依其对象的不同可分为城镇土地利用规划和乡村土地利用规划,依其任务可分为土地利用总体规划、土地利用详细规划和土地利用专项规划;依其范围可分为区域性土地利用规划和用地单位土地利用规划。

土地利用规划的研究方法可以简略地概括为以下三点:①系统分析法;②统计分析法;③比较择优法。

土地利用规划学作为一门学科,发展趋势可以大体概括为:①综合化,即应用系统观点综合研究土地利用,借助规划使土地利用达到最佳综合效益;②生态化,即应用生

态学观点研究土地利用,使经济生态化,协调经济发展、生态环境与土地利用之间的关系,保持生态环境与土地利用之间的良好关系,在保持良好的生态环境条件下促进土地利用的合理化;③社会化,即应用社会学原理来研究作为社会经济发展载体——土地资源可持续利用;④定量化,即应用计量方法,在定性原则的指导下研究土地利用过程中的数量特性,以保证土地利用决策科学化。

3.2 区域规划

区域规划与景观规划有着很大的相似性和共通处,二者基本是在相同的背景下同步萌芽(工业革命后)、发展、成熟的。区域规划的尺度更大,而且涉及社会、经济、政治等层面,更为广泛。值得注意的是,区域规划在20世纪70年代曾一度进入衰落时期。这是由于当时环保主义和新自由主义思想的萌芽和盛行,而当时的区域规划观与新自由主义思想恰恰是大相径庭的。进入80年代后,随着国际贸易体系的形成,各国经济在全球范围内实现了整合。全球经济活动的整合唤起了区域规划的复兴,但此时的区域规划与以往有所不同,它继承了新自由主义思想平等、环境保护等社会学、环境学思想,不再单纯地从经济的角度考虑区域规划。区域规划走出以经济为唯一目标的误区,而转向以重构经济、社会、环境、技术等为综合目标的规划。同时,由于区域是个处于时代变化中复杂的综合体,尤其在区域内要素流动快速而又复杂的背景下,区域规划只能是有限目标的规划,必须对能真正发挥作用的内容进行规划,提高规划的编制效率与可操作性。美国在20世纪90年代就开始有针对性地进行区域规划,不再面面俱到,如洛杉矶地区进行了以解决空气污染为主要内容的区域规划;佛蒙特州进行了土壤侵蚀规划。在新时期下,区域规划的理念出现了前所未有的新变化。

3.3 景观生态规划与景观生态设计的关系

景观生态规划与景观生态设计以及景观生态管理构成了景观生态建设,属于景观生态学的应用研究,它们在国土整治、资源开发、土地利用、生物生产、自然保护、城乡建设和旅游发展等领域发挥了重要的作用。从国内外景观生态规划与设计的实践来看,内容不尽相同。景观生态设计更多地从具体的工程或具体的生态技术配置景观生态系统,着眼的范围较小,往往是一个居住小区、一个小流域、各类公园和休闲地等的设计;而景观生态规划则从较大尺度上对原有景观要素进行优化组合以及重新配置或引入新的成分,调整或构建新的景观格局及功能区域,使整体功能最优。景观生态规划强调从空间上对景观结构规划,具有地理科学中区划研究的性质,通过景观结构的区别,构建不同的功能区域;而景观生态设计强调对功能区域的具体设计,由生态性质入手,选择其理想的利用方式和方向。景观生态规划与景观生态设计是从结构到具体单元,从整体到部分逐步具体化的过程。由此可见,景观生态规划和景观生态设计既相互联系又各有侧重,在一个具体的景观生态规划与设计中,规划与设计是密不可分的,许多文献也证明了这点。此外,读者从前面的论述中也可发现在景观生态规划中有景观生态设计的内容和思想,反之亦然,两者相互渗透。

面对全球的生态环境危机和人们追求生活质量的提高,景观生态规划与景观生态设计的应用领域将会越来越宽广,并将对实现全球的可持续发展作出重要的贡献;同时,持续发展和人类需求也对景观生态规划与设计提出了许多新的要求,即通过合理的规划与设计协调人类活动与自然的关系,使人类达到"以与自然和谐共处的生活方式过着健康而富有的生活"。这就要求景观生态规划与景观生态设计在充分认识和理解区域资源与环境特性以及人类活动与自然生态过程的基础上,始终把景观作为一个整体来考虑,从整体上协调人与环境、社会经济发展与自然环境、生物与非生物环境、生物与生物以及生态系统与生态系统之间的关系,建立人与自然关系的新秩序,改变人与自然的对立状况,在不断变化和不确定性因素的干扰下维持景观稳定性和持续发展。

拓展思考题

一、选择题

1. 景观生态规划的目的三个核心内容正确的是（　　）。

①景观的结构与功能的协调；②景观的最优化利用；③景观的维持与发展；④景观的产生量

A. ①②③　　　　B. ①②④　　　　C. ②③④　　　　D. ①③④

2. 除自然生态功能区外,在空间形式上人工构建的生态功能网络结构元素则以（　　）、（　　）或其他形式的生态跳岛为主。

A. 绿带、垫脚石　　B. 绿带、网络　　C. 网络、绿心　　D. 绿带、绿心

3. 捷克斯洛伐克的 LANDEP 模型包括两个基本部分,分别为生态景观数据和（　　）。

A. 景观生态结构　　　　　　　B. 景观利用的最适化

C. 廊道　　　　　　　　　　　D. 斑块

4. 区域规划与生态理念包括：整体协调发展理念、城乡一体化理念、可持续发展理念、（　　）。

A. 经济开发理念　　　　　　　B. 以人为本理念

C. 以物为本理念　　　　　　　D. 生态规划理念

二、简答题

1. 景观生态规划的目的和任务是什么？
2. 景观生态规划的原则有哪些？
3. 谈谈学习景观规划与设计的思路,并以校园景观为例,设计并规划方案。

项目 7

景观生态与生态系统管理

生态系统管理的目的是保护异质景观中的物种和自然生态系统,维持正常的生态学和进化过程,合理利用自然资源,从而保证生态系统的可持续性。本项目主要内容包括景观生态多样性保护、景观生态系统管理等。

任务 1　景观生态与生态系统

生物多样性保护可分为两种途径:以物种为中心的传统保护途径和以生态系统为中心的景观保护途径。前者强调濒危物种本身的保护,而后者则强调景观系统和自然栖息地的整体保护,力图通过保护景观多样性来实现物种多样性的保护。景观生态在生物多样性保护中已处于中心地位,因为它能在环境异质性和斑块的框架中对生物多样性的问题作出反应。

从景观生态的角度进行物种保护是当今生物多样性保护的一个突破,也是景观生态学的主要研究方向。单纯在物种层次进行生物多样性的保护从根本上说是一种亡羊补牢的方法,这种方法虽然能暂时减缓濒危物种的灭绝速率,但不能从根本上解决问题,往往是资金投入大但收效甚微。以景观生态学的原理和方法保护和管理物种栖息地是生物多样性保护最为有效的途径。为了长期保持一个物种,不仅要考虑目标物种的本身及其种群,还要考虑它所在的生态系统以及有关的生态过程;不仅要重视保护区,更要重视保护区的背景基底等,即问题(物种的稀有或濒危)的发生和研究在一个层次(种群),而问题的解决(保护和管理)需要在更高的层次(整个景观的层次)上。生物多样性的保护战略从目标物种途径转到景观途径是日益严峻的生物多样性丧失的生态环境问题的客观要求。了解各种景观结构或过程与生物多样性的关系问题,对于科学地保护和管理生物多样性具有重要的指导意义。

1.1　斑块与生物多样性

景观中斑块的类型、大小、形状、组合、动态对生物多样性都会产生影响。斑块类型对物种动态的影响是非常明显的。它通过影响某一特定的物种从斑块中的迁入或迁出,来影响该物种在该斑块中的种群数量和丰富度,进而影响物种的多样性。Forman 和 Gordon 根据斑块产生机制和起源将斑块分为四种类型:干扰斑块、残存斑块、环境资源斑块和引进斑块。例如,在永久沼泽地(环境资源斑块),物种的动态变化相对不明显；然而在小的火烧斑块（干扰斑块）中，演替的迅速发生，使得物种动态变化非常迅速。这样，前者的生物多样性变化就较小，而后者的生物多样性变化则较大。物种数量是增加还是下降，则要看演替的类型和方向。另外，人类活动，如毁林开荒，形成引进斑块。在这种引进斑块中，农作物的高度单一性，必然造成物种多样性的减少。

1.2 廊道与生物多样性

廊道是具有通道或屏障功能的线状或带状的景观要素，是联系斑块的重要桥梁和纽带。它不同于两侧的基底，可以看作一个线状或带状斑块，与斑块具有相同的形成机制。几乎所有的景观都为廊道所分割，同时，又被廊道连接在一起。这种双重而相反的特性证明了廊道在景观中具有重要的作用。

廊道在很大程度上影响斑块间的连通性，也在很大程度上影响斑块间物种、营养物质和能量的交流。廊道最显著的作用是运输，它还起到保护作用。对于生物群体而言，廊道具有多重属性，概括起来，它在景观中主要起五种作用：通道、隔离带、源、汇和栖息地。此外，廊道还可以起到过滤的作用，由不同植物种类组成的廊道，在功能上可以允许某些物种或物质顺利通过，对其他物种或物质将起到阻挡作用。廊道的通道作用早已为人们所重视，特别是研究由人类活动占主导地位的农业景观地区动物栖息地的保护，在生物栖息地之间建立合理的廊道将起到积极的保护作用。然而，对于廊道的隔离作用尚未引起足够的重视。研究廊道对于保护生物的正面效应时，还应研究其负面效应，对于一种适合于某种物种的廊道，在生态功能上是否也适合于其他物种的生存值得探讨。

景观廊道在生物多样性保护中的优缺点并不能通过岛屿生物地理学理论来解释。相反，岛屿生物地理学理论一开始就假定廊道有助于减少物种的灭绝，而促进物种的迁移，结果导致物种丰富度提高。然而，事实并非总是如此，一般认为，正确地设计和运用廊道在破碎化景观中是物种管理的一个有用和有效的工具。廊道的有效性依赖于许多因素，包括廊道内生境结构、廊道的宽度和长度、目标种的生物习性等。

1.3 基底与生物多样性

基底在景观中面积最大、连通性最好，因此其在功能上起着重要作用，能够影响能流、物流和物种流。基底可以看作围绕在斑块"岛"周围的"海"，因此它既有对斑块的隔离作用，又有一定的缓冲作用，其类型、质量及其改变都会对物种多样性产生影响。

基底类型对景观中物种多样性会产生影响，但物种对不同类型基底的敏感程度不同。在热带，相对于人工橡胶林基底的景观而言，陆生哺乳动物更喜欢天然次生林基底的景观。对步甲的研究表明，不同的景观基底对步甲群落的组成会有很大的影响，城市化程度高的基底特有种少，而泛化种多，而在森林基底中则相反。

基底的质量也是影响景观中物种多样性的重要因素。在墨西哥山地景观中，与森林中的蚂蚁丰富度相比，以有机方式经营的咖啡林为基底（高质量基底）的景观中的蚂蚁丰富度并无显著差异，而以传统方式经营的咖啡林为基底（低质量基底）的景观中的蚂蚁丰富度与前两者相比则显著降低。在农业景观中，农业基底的质量同样会对残存其中的半自然斑块物种的传粉产生影响，主要是影响传粉者的扩散，但基底质量对不同类群的影响是不同的，取决于其生活特性。如蜜蜂的物种丰富度会随基底质量的降低而显著下降，而其多度则不受影响；而食蚜蝇的物种丰富度则不受基底质量的影响，但其多度则随质量的下降而明显降低。

基底的改变会对不同的物种产生不同的影响，这主要取决于物种的特性。在以商品松林为基底的景观中的控制实验研究表明，与对照相比，进行皆伐的松林中，鸟类的丰富度会明显下降，而负鼠的丰富度则没有受到影响。基底对物种多样性的影响还表现在基底影响廊道的有效性上，高抵抗力的基底将大大降低廊道的有效性，因此基底作为景观的有机组成部分，应该与廊道结合起来考虑。另外，对基底的恢复将会进一步提升景观的生态系统服务功能，进而更好地保护物种。

1.4 景观格局多样性与物种多样性

由于人类长期开发利用，以及生境破碎化，很多景观都受到严重破坏。各景观类型在空间分布上既间断又联系，物种多样性成为这种联系的主要体现。通过研究景观类型的物种多样性，测度景观格局多样性，可以揭示这些景观类型之间的差异，与环境因子的关系，及其空间分布规律。

1.5 景观生态与生态恢复

保护生物学是一门既针对目前危机又着眼于长远生态前景的，以研究生物多样性为主题的综合学科。生物多样性不只是物种多样性、基因多样性或生态系统多样性，也不是它们的简单相加而得的总和。生物多样性保护的理论和实践都必须明确地认识到生物多样性是一个具有等级、时空尺度和格局特征的复杂系统概念。景观生态学和保护生物学为补充，在研究内容上有许多相似和重叠的地方。例如，生物多样性、生境破碎化、斑块动态以及复合种群动态在两个领域的研究中都占有很重要的地位。对于某些已经破坏或损伤的种群、群落、生态系统或景观，"保护"已为时太晚，而必须修复其结构，恢复其功能。恢复生态学正是为此目的而发展起来的，其使命就是为生态学系统的恢复提供科学理论基础以及可行的技术实施方案。与生物多样性保护一样，生态学系统的恢复不但要重视恢复那些能看得见的对象（如种群、群落），而且特别要求人们认识到那些看不见、摸不着的生态学过程的重要性，生态学系统中各组织层次的相互联系，以及所恢复生态学单元与其景观基底和相邻生态学系统的相互作用。一言以蔽之，格局、过程、尺度和等级的观点在这两个学科中十分重要。

景观生态学的发展为保护生物学和恢复生态学提供了新的理论基础，而保护生物学和恢复生态学为检验景观生态学理论和方法提供了场所，而且为其发展不断提出新的目标。从景观生态学的角度来看，传统的以物种为中心的自然保护途径（"自然保护的物种范式"）缺乏考虑多重尺度上生物多样性的格局和过程及其相互关系，显然是片面的、不可行的。物种的保护必然同时考虑它们所生存的生态系统和景观的多样性和完整性。近些年来，景观生态学原理和方法在自然保护的研究和实践中应用广泛，对自然保护中从"物种范式"向"景观范式"的转变起到了积极推动作用。需要强调的是，保护的景观途径并不是指把整个景观作为保护区，而是强调应用景观生态学的理论和原理设计自然保护方案，当然这一途径必然涉及多尺度和大尺度。

1.6　景观生态与生态系统可持续性

景观生态学是有关异质性研究的交叉学科,这一点已经取得广泛共识。异质性的重要性使景观思想与不同组织水平的生态学和跨尺度的地球科学建立了普遍联系。例如,空间异质性是社会和经济系统的多样性和复杂性形成的基本原因和驱动力,而格局、过程和尺度的关系在所有的自然和社会科学中都是一个核心问题。因此,空间异质性和尺度应该是将自然科学和社会科学耦合起来的核心概念。景观规划、景观设计、生物多样性保护、生态系统管理以及可持续发展都是景观生态学研究的范畴。为了能够提供真正有用的理论和实践指南,景观生态学必须包容和整合生物-物理和人文-社会经济途径,从而成为一个多元的、具有等级结构的交叉科学。一般地说,交叉科学研究涉及多个彼此相关的学科,并在一个共同的概念框架上实现共同目标。而学科的交叉性是具有等级的,例如,有生物学内部的交叉学科,有由不同自然科学组成的交叉学科,还有跨自然科学和社会科学的交叉学科。因此,景观生态学同时具有多种学科交叉性和跨学科性。

可持续性科学是一门新兴的研究自然和社会之间动态关系的科学。可持续性科学以环境、经济和社会为三个基本组成成分,强调局部、区域和全球三个核心尺度。可持续性科学研究常涉及以下概念:自组织复杂性、脆弱性、恢复力、阈值、应变管理和社会学习等。与景观生态学特别相关的是"土地变化科学",它既是景观生态学又是可持续性科学的关键组分。土地变化科学重点是观测和监测土地利用和土地覆盖的变化(LUCC),评估LUCC对生态系统过程、功能和服务的影响,以及认识LUCC的生物-物理学和社会-经济学机制。

景观生态学能够对可持续性科学的发展作出重要贡献。人类景观(或地区)也许是研究和维持可持续性的基本空间单元,因为它是能够清楚地阐明自然和人类相互作用关系的最小空间尺度。景观生态学可为可持续性科学在处理多尺度的生物多样性和生态系统功能问题时提供理论和方法。景观生态学已经有很多研究自然-社会耦合系统的经验,并发展了整体论途径。景观生态学可为研究自然-社会耦合系统的空间异质性及其对可持续性的影响提供理论和方法。景观生态学发展的一系列格局指数和方法可帮助研究如何将可持续性定量化。景观生态学可为研究自然-社会耦合系统中的尺度推绎和不确定性问题提供理论和方法。总之,景观生态学不仅对可持续性科学的发展很重要,而且是可持续性科学的核心内容的一部分。但是,这里必须强调,景观生态学不等于可持续性科学。作为一个"异质性"科学,景观生态学不光有可持续性科学的特征,同时还有许多与传统生态学密切相关,共同组成学科金字塔结构。

任务 2　景 观 生 态 管 理

2.1　景观生态管理的概念

景观生态管理是指将景观生态评价提出的建设性对策、景观生态规划设计方案以及相关反馈调控措施切实落实到景观空间单元上,并通过学科综合、部门协调、技术规范及政策引导实现景观资源的合理配置与景观系统的可持续利用目标,为相关管理的具体实施提供决策支持。

2.2 景观生态管理的目标

景观生态管理的目标是保护异质景观中的物种、生态系统多样性，维持景观的关键生态过程，并结合社会经济发展需求合理开发利用景观资源，保持和恢复景观系统的健康、生产力，维持可持续景观。

2.2.1 维持景观多样性的适度水平

景观多样性包括斑块、类型和格局的多样性。其中斑块多样性指斑块的数量、大小和形状的多样性与复杂性，它是物种的聚集地和能量交换的主要场所；类型多样性指景观类型的丰富度和复杂度，主要体现为对物种多样性的影响；格局多样性指景观类型空间分布的多样性以及斑块之间的空间关系和功能联系，它直接影响生态过程，如物种运动、物质迁移等。

2.2.2 维持景观的健康状态

景观生态健康包括活力、组织力、恢复力和生态服务功能四个方面的基本内容。一个健康的景观生态系统不仅具有抵抗胁迫的能力，受到干扰后还要具有恢复到平衡状态的能力，还能持续提供有益于人类社会发展的生物生产、环境服务和美学价值等。

2.2.3 维持景观的可持续性

景观是一个开发系统，管理并不是单纯的保护或开发，而是综合协调景观自身承载力与干扰大小、强度、频度，制订多目标优化方案，管理过程需要社会、经济、政治、法律等诸方面的参与，管理的目的在于维持健康景观的可持续发展。

2.3 景观生态管理的原则

2.3.1 结构和功能整体性原则

景观是异质生态系统的镶嵌体，是自然和文化的复合载体。景观生态过程塑造景观格局，而景观格局又影响景观生态过程及其功能的发挥。景观生态管理应该将景观系统作为一个整体来考虑，以实现其整体的优化状态和资源的合理配置。例如，大型流域通常跨越多个行政区，分割管理往往造成景观要素在流域的上、中、下游时空分布和动态变化不能整体体现，导致管理的无效或效率低下。

2.3.2 多目标和多功能优化原则

景观的多功能性决定了景观生态管理必须综合协调不同的土地利用目标，实现多目标优化决策。多功能景观是景观生态管理的综合整体战略，其重要的目标是使不同的土地利用功能适应当地的生态状况，并且形成不同土地利用方式在功能上的互补，因此，针对景观系统的多功能要求，通过多目标优化实现景观功能的有效发挥是景观生态管理的必然要求。

2.3.3 动态性和适应性原则

景观是一个复杂的、开放的、动态的系统，格局和功能的变化是其重要的特征。景观生态管理方案不能针对景观某一固定的状态，而是允许管理者在动态变化中保持灵活性和适应性。管理方案的设计必须具有弹性和可调整性，服从适应性原则。适应性管理需要满足可更新和可调整的需求。

2.3.4 可操作性和便于公众参与原则

景观管理的目标是维持景观的可持续发展，其管理方案能付诸实施并切实发挥不可替代的作用，关键是要具有可行性和可操作性，将景观管理所需要的制度保障、人力、物力、财力支撑进行综合考量。另外，人类活动不仅是引起景观结构和功能退化的重要因素，也是寻求保护或恢复景观的能动力量，景观的管理实践不可避免地重视社会人文因素。因此，景观管理除了要发挥管理人员的积极性外，其社会性决定了景观管理的目标和措施必须符合当地公众的整体利益和长远利益，要鼓励公众参与管理和决策，提升公众对于景观变化或调整引发问题的理解，增强公众对于管理重要性和意义的认识，从而有利于管理措施的执行和实施，使景观管理工作赢得更广泛的社会支持。

2.4 景观生态管理的内容

景观格局、景观过程、景观功能是景观生态学研究的核心内容，景观生态管理也是基于这三大内容展开的，三者在管理目标、手段和基本调控单元方面存在一定差异。

2.4.1 景观格局管理

景观格局的管理又可细分为斑块管理、廊道管理和基底管理。①斑块管理：斑块管理的途径大致分为两条，一条是控制来自基底的人为干扰，构建和维持核心大斑块，并在周围设立廊道和小斑块，增强斑块抵御自然干扰的能力，提高斑块自身的稳定性；另一条是保持斑块间良好的连通性，防止隔离，调整斑块的大小、数目、形状、空间构型及廊道的宽度和连接度，使斑块足以承载内部种，即使内部种局部灭绝，也具有物种迅速迁入的通道。②廊道管理：廊道管理重点要关注宽度、连接度、与斑块的连通性、植被覆盖度和物种组成等，以充分发挥其栖息地、迁移通道、污染物过滤、旅游娱乐等功能。③基底管理：基底管理重点是控制土地利用空间变化的规模和强度，调整斑块、廊道与基底的空间分布和面积比率关系。

2.4.2 景观过程管理

对景观过程的管理意味着通过直接或间接地干扰这些生态流的强弱、方向，进而改变景观功能，因此干扰管理是景观过程管理的主要方式。

按照来源区分，干扰有自然干扰和人为干扰两种。自然干扰指无人为活动介入，自然条件下发生的干扰过程，如自然林火、火山爆发、地震、洪水等。一般来讲，人类对自然干扰的调控力量是微弱的，人类应该尊重自然规律，但是人类可以研究自然规律，通过适应性管理及采取适当的预防措施来减少自然干扰对景观的破坏和降低其对人类社会经济财产造成的损失。人为干扰则是在人类有目的的行为指导下对自然进行改造。

随着经济的发展和人口数量的增长，人类干扰对景观过程产生越来越深远的影响，深刻地影响着自然景观的内在功能。长期以来，人为干扰作为一种负效应对景观生态过程的阻滞、改向甚至消除造成了巨大的影响。现代的景观管理要发挥人类活动的正面效应，通过环境保护、生态规划、生态恢复与重建、生态文明制度设计等正向干扰，调控自然生态过程和社会经济过程向有利于景观功能正常发挥的方向发展，实现景观生态过程的有效管理。

2.4.3 景观功能管理

对景观功能进行管理的重点是通过调控生态过程和综合人为管理措施，发挥人们所期望的主体功能或开发和管理整合协调的景观多功能。其包括两个方面：一是关键功能地区的管理和保护。景观中关键地区的存在与状态对于维护景观整体功能具有重要的意义,因此,需要在景观格局和过程调控的基础上适当增加人为管理,实现关键地区的格局优化和功能维护。二是多功能景观管理。多功能景观管理要求综合整体的土地开发利用与资源管理战略,围绕如何优化不同景观单元和整体景观在时间和空间上支撑地区可持续发展的作用,发挥景观的多重价值,保障自然景观系统和人工半自然生态系统为人类提供可永续利用的生态服务的能力。

2.5 景观生态管理的基本程序

实现有效和高效的景观生态管理,需要明确景观生态管理的策略方法和基本程序。景观生态管理的方法和策略归结为四个方面:①可持续管理途径;②适应性管理途径;强调管理措施的灵活性和可调节性;③生态系统管理途径,不仅关注景观尺度的管理之外,同时还要关注生态系统动态,如种群动态、矿质营养元素循环、生物多样性等;④景观恢复途径,包括非生物要素诸如土壤、水、大气等,生物因素诸如物种、种群、群落等,景观层次的结构和功能。

2.5.1 确定管理景观的目标和时空范围

建立明确的结构化目标体系是景观生态管理的首要任务。比较常见的目标体系是将最终的综合目标设定为"顶级"目标,再将"顶级"目标细化为各次级目标,直至最终确定期望状态。此外,在制定明确的管理措施之前,需要明确景观生态管理的时空范围,尤其要了解管理范围内水文水资源、地形地貌和植被土壤等主要自然要素的空间分布,识别不同层次利益相关体,分析管理区域与不同尺度上行政区域背景的关系。

2.5.2 资料的收集与实地调查

基础资料一般包括历史文献资料、专题图件、社会经济统计和遥感与大地测量数据等涉及区域自然地理、生态环境、社会经济和文化传统等宏观背景资料。资料分析着重考察区域景观要素的基本构成、结构和空间分布,包括生物和非生物成分、景观动态变化、干扰状况以及影响因素等。在资料调研分析的基础上,野外实地调查和必要的采样观测也常常是必不可少的。

2.5.3 景观综合分析、评价与模拟

根据收集的资料,综合分析所在区域景观空间格局与关键的生态过程,并进行景观生态适宜性、景观生态健康、景观动态趋势评价与模拟预测,诊断存在的问题,为管理预案目标确定、管理工具和管理政策选择、管理综合实施方案制订等后续工作奠定基础。

2.5.4 合理管理工具的选择

管理工具和技术主要有三类:①科学工具,包括"3S"技术等各种监测技术、模型方法、社会调查和经济预测等;②行政工具,包括政策法规文件的制定与执行;③舆论工具,包括宣传教育和公众参与等方式。

2.5.5 综合管理方案的制订

景观生态管理是一个多目标决策的过程,涉及政府机构、土地所有者、资源使用者和开采者及其他在管理单元内拥有利益或司法权益的公共机构和个人,通过各部门的沟通交流和科学分析,制订一套切实可行的综合管理方案。方案应当具有明确的目标清晰的任务和责权利主体、完善的管理机构以及配套的政策法规、经费来源渠道和公众参与

手段等。

2.5.6 管理功效监测评估与反馈调节路径

基于景观生态系统的监测,开展管理方案功效的评估,深化并改进认识,提出相应的正负反馈调节措施,是实现景观生态管理目标的重要环节。评估通常选择对景观变化较为敏感的指标,评估的方式包括景观生态风险评估、景观生态敏感性评估、景观生态脆弱度评估等内容。反馈调节是在动态监测的基础上,根据对管理目标实现程度的评估,提出适应性调整方案,并反馈修正整个管理流程和对策。

2.6 景观生态管理重点领域

2.6.1 土地利用格局与生态过程及尺度效应

景观格局与生态过程的相互作用及其尺度效应是景观生态学研究的核心。傅伯杰研究团队在黄土高原地区将尺度-格局-过程有机结合,从单一土地利用类型、复杂坡面和小流域及区域尺度,通过定位观测、景观样带调查和遥感与模型相结合,系统开展了土地利用格局与生态过程的相互作用机理研究和生态系统服务的动态变化评估。揭示了土地利用格局对土壤水分、养分和土壤侵蚀的影响机理,提出了黄土丘陵坡地和小流域合理的土地利用结构。建立了结合景观格局-生态过程和生态系统服务的概念框架,分析了变化景观下生态系统服务变化的驱动机制,提出了综合评价和区域集成的方法,为区域生态建设提供了科学依据。

揭示景观格局与生态过程的空间尺度特征及其尺度效应对于开展生态服务功能评价与尺度转换具有重要意义。针对黄土丘陵区景观格局变化的尺度效应,中国学者开展了大量的研究工作。已有研究发现,随着时空尺度变大,景观变化速度均在变小;比例尺不同,景观指数的粒度变化效应也不相同。水土流失过程方面,随着流域面积变大,径流模数和侵蚀模数在数量和增加幅度上有变小的趋势,径流与侵蚀模数随流域面积变化所表现出的尺度效应可用对数函数 $y=a\ln x+b$ 来拟合。景观格局对侵蚀产沙过程的解释表现出明显的尺度依赖特征;在斑块类型、景观和"嵌套景观"3个水平下,对应的景观格局对泥沙输移过程变异的解释分别为70%、66%和67%;同时研究发现,黄土丘陵沟壑区景观格局是影响黄土丘陵沟壑区泥沙输移过程时空变异的主导格局,远大于地形地貌格局对水沙过程的影响。这些研究结果为控制黄土丘陵沟壑区的水土流失和植被恢复提供了重要依据。

2.6.2 城市景观演变的环境效应与景观安全格局构建

城市化进程突出表现在不透水地面增加、绿地和水体景观减少、景观破碎和离散化等,由此引起了景观格局变化。中国学者针对城市景观格局演变及其环境效应开展了一系列研究,主要集中以下方面:①城市景观格局演变与空间扩展模式;②城市景观格局与地表热环境的定量关系;③城市不透水面与城市水文过程;④城市景观格局演变的生态服务效应。在城市景观格局演变与城市空间扩展模式研究中,通过将两者相结合,根据城市扩展和道路、建设用地的邻接关系,可以将城市扩展归纳为填充型、外延型和独立型三种发展模式。在城市景观格局与地表热环境的定量关系研究中发现,在绿地覆盖率相当情况下,大斑块绿地降温效应明显高于小斑块绿地,但绿地和水体对气温的调节作用往往存在一个阈值,只有在该阈值范围内的景观才能发挥出最大的气温调节功能,绿地和水体斑块的形状也会影响热岛效应的强弱；同时，城市景观的空间位置及其空间邻接关系也会对热岛效应产生显著影响，通过定义热力景观、建立热力景观空间格局的评价体系，能够为定量分析城市热环境及城市气候演变提供基础。在城市不透水面与城市水文过程的研究中发现，城市不透水面的增加成为影响城市水文过程的重要因素，不仅能够隔离地表水下渗，还将切断城市地表水与地下水之间的水文联系；不透水表面增加的水文效应主要表现为短时间内增大降雨的径流量，长时间内增加洪水频率和径流总量，由此导致城市地表渍水与洪涝灾害的发生。城市景观格局演变与生态系统服务之间存在着密切相关性；城市化过程会导致生态系统服务功能下降，使得建成区成为生态系统服务功能密度的低值区。因此，城市绿地景观的演变特征及其生态服务价值，尤其是在生物多样性保护方面的作用，得到了广泛的关注。

在城市景观安全格局构建过程中，设置生态用地对于保障城市生态安全、约束城市空间发展具有重要作用。俞孔坚等借助景观安全格局理论和方法，从土地地表属性和空间属性两个方面，界定了生态用地的内涵，将其定义为：在不同空间尺度上，对维护关键生态过程和提供生态系统服务具有重要意义的生态系统（土地单元）及其空间部位。在此基础上，以北京市为例，通过对水文、地质灾害、生物、文化遗产和游憩过程的模拟和动态分析，判别维护上述过程安全的关键性空间格局，构建了不同安全水平的综合生态安全格局，特别是界定最低安全标准下的景观格局；并以生态安全格局为刚性框架，模拟了北京城镇格局扩张的生态环境效应，指出了北京基于"低水平生态安全格局"的城镇发展格局所需要的生态用地底线。此外，景观生态安全格局的设计，也需要通过构建生态廊道和生态节点等来加强生态网络的空间联系，在保障生态安全基础上优化城市合理的扩展趋势和空间布局模式。在这个过程中，构建城市绿地生态网络、合理扩展城市空间、协调城市景观功能、实施生态调控策略，对于实现城市的生态安全具有重要意义。

2.6.3 景观生态规划与自然保护区网络优化

景观生态规划与生物多样性保护一直是景观生态学关注的内容，自然保护区人类活动对景观结构的影响以及景观多样性和物种保护往往是关注的重点。作为保护生物多样性的重要手段，自然保护区设计固然重要，但研究发现建立独立的自然保护区有时并未能起到保护生物多样性的作用，自然保护区的建立，反而隔断了不同种群之间的基因联系，增加了物种濒危灭绝的风险。如何通过自然保护区网络设计与格局优化，真正起到保护濒危物种的作用？对此，中国学者基于景观生态学的原理和方法，从区域物种保护角度做了许多积极的探索性研究。

如在大熊猫自然保护区设计方面，学者们在深入研究大熊猫生境利用模式基础上，以秦岭山系为研究区域，以生境评价与通达性分析为主要方法，探讨了自然保护区群的空间合理布局与功能优化。研究发现，秦岭山系现有和在建大熊猫自然保护区达到了17个，初步形成了一个保护区体系，但适宜大熊猫生存的核心区却被隔离为20个部分，直接影响了大熊猫的保护效果。在自然保护区管理中，应当从区域景观生态安全格局角度出发，通过在不同自然保护区之间修建生境廊道，从而实现区域自然保护区网络的构建，达到自然保护区空间布局的整体优化。

2.6.4　干扰、森林景观动态模拟与生态系统管理

干扰与森林景观动态一直是景观生态学研究的重点。在中国，基于空间直观景观模型，针对森林景观动态及其带来的生态环境效应开展了大量的模拟研究，主要表现为以下几个方面：①火干扰与植被恢复；②森林景观动态模拟；③森林生态系统服务与管理。其中，林地火烧迹地与林地植被恢复动态是火干扰与植被恢复重点研究内容，这方面的研究主要使用了 LANDIS 模型，结合中国东北地区森林火灾火烧迹地的空间分布特征、面积大小，探讨了植被恢复过程中土壤有机质、结构的恢复和对植被群落的影响。森林景观动态模拟往往是探讨人类活动或不同气候变化情景下，森林生态系统的时空动态演变特征。如 Chang 等通过设计 2 种情景预案（灭火和自然火），利用 LANDIS 模型模拟了大兴安岭呼中林区森林景观动态演替，发现现有灭火策略将使樟子松林的演替提前约 100 年，使云杉林演替提前约 110 年，使白桦林演替提前约 80 年；不同火情景预案下，火烧面积、强度及火烧斑块的空间结构组成存在明显差异。森林生态系统服务与管理研究的涵盖范围较广，如森林生态系统服务功能情景模拟、森林采伐管理、林下可燃物处理、全球气候变化对森林树种的情景模拟、森林景观破碎化和生物多样性保护等。

2.6.5　绿洲景观演变与生态水文过程

绿洲景观格局演变对区域生态环境、生态水文过程的影响一直是研究的热点问题。在中国西北干旱地区，绿洲景观成为支撑中国广大西北地区国民经济和生态系统稳定的关键，但由于受到水资源供给限制，直接制约了绿洲生态系统的持续发展。针对该科学问题，景观生态学科技工作者开展了有针对性的研究。

（1）绿洲廊道与景观格局演变。研究发现绿洲廊道对绿洲景观格局和变化起着重要的影响和塑造作用。绿洲廊道维系着绿洲的形成与发展，连接着干旱区的绿洲网络体系，在绿洲景观中发挥着决定性的作用。在绿洲廊道与景观格局演变研究中，可以通过分析渠系、道路和河流廊道的分布格局及其与不同土地利用的关系，进而识别河流廊道对干旱区景观格局的影响和辐射效应。

（2）绿洲景观格局变化的生态水文效应。近几年，研究绿洲景观格局与绿洲生态水文效应越来越受到重视，不论是在研究方法还是科学理论上都进行了较好的探索。一方面，基于不同时期土地利用变化数据，分析土地利用和径流过程各参量之间的定量关系，能够建立基于降水和土地利用因素的径流过程统计模拟模型；另一方面，运用地统计学方法分析石羊河下游、三工河流域和黑河中游等不同流域绿洲的地下水特征时空变异规律及其与土地利用变化的关系，通过地下水特征的空间插值图和同期土地利用图的空间叠加，可以实现了地下水特征格局与土地利用在空间上的耦合。

（3）绿洲景观格局与绿洲稳定性。有关绿洲稳定性的分析与评价，一直是干旱区研究的热点问题。绿洲稳定性与绿洲水资源利用和绿洲面积之间往往有一定的统计关系，但是，从斑块尺度到景观尺度、区域尺度，景观格局与绿洲稳定性的关系将发生变化，人工绿洲的稳定需要绿洲景观多样性逐渐降低和景观廊道复杂性增加。在绿洲稳定性评价分析中，通过构建绿洲发育度等绿洲结构指标，能够有效评价不同流域绿洲的稳定性；也可以通过将景观连接度指数与荒漠化过程相关联，探讨绿洲景观格局与区域生态

安全的关系。

2.6.6 景观破碎化与物种遗传多样性

景观碎裂化是生物多样性丧失的主要原因之一,其对物种遗传多样性的威胁主要包括三方面:①减少生境总面积,降低遗传多样性的整体规模;②分隔种群,增大局部种群受随机干扰而灭绝的风险;③限制或阻断种群间的基因流,导致了局部种群的遗传多样性丧失。目前,大多研究关注人为或自然成因的景观碎裂化的遗传结果,探讨异质或碎裂化景观中,隔离种群的遗传多样性水平和种群间的遗传分化格局,并结合N_m等指标间接推断种群间的基因流强度。一些研究也将种群遗传变异水平与土壤养分、海拔梯度和生境干扰强度等环境因子相结合,探讨了种群遗传多样性对景观环境变化的响应,针对异质景观中具有碎裂化种群的资源物种、病害物种、濒危珍稀物种或入侵物种,通过物种遗传分化的空间特征,还原物种的谱系分化历史和种群扩散格局。

针对景观碎裂化过程的遗传效应的研究目前还为数不多。已有研究表明,景观碎裂化对基因流具有阻隔作用,恢复种群的遗传结构存在一定的瓶颈,生态恢复与遗传多样性恢复之间具有不同步性;景观碎裂化和种群基因流共同决定隔离种群之间的遗传结构变化,因此需要对物种繁殖策略的观测分析,来反映和解释基因流对景观碎裂化的响应。景观生态学对尺度和空间结构的强调,及其提供的空间信息与分析手段,都将有助于这一领域的发展,而这一领域的发展也将丰富景观生态学的理论与方法。

2.6.7 多水塘系统与湿地景观格局设计

历史上中国许多地区均有水塘分布,特别是在村庄及其周边地区,水塘成为人们必不可少的景观之一。在中国南方,由于水资源丰富,流域内常常分布有一系列水塘,与河流水系共同组成了多水塘系统。多水塘系统具有很高的生态服务价值,在雨季可以收集雨水、生活及农业污水,开展渔业养殖;干旱季节可以作为水源用于农田灌溉,使得养分在农田生态系统中循环利用;与此同时,水塘底泥(沉积物)可以作为有机肥料,用于农业生产,使营养物质回归到农田,进行多次循环利用。关于多水塘景观的生态价值中国学者已经做了较多研究,尤其以尹澄清团队所做的工作最为突出。根据相关研究结果,多水塘系统可以有效地截留农田中流失的养分,起到保护流域下游地表水体的作用。这些研究将生态学中的源、汇概念运用到景观空间配置与养分截留方面,拓展了源汇景观生态学的应用领域。但对于多水塘系统的管理仍然存在许多待研究的问题,如水塘大小和结构,植物种植与收获,水塘清淤处理,特别是多水塘景观的空间布局,既可以发挥水塘的生态服务功能,也可以极大地提高土地的使用效率,但这一方面的研究相对较少。湿地景观的合理开发和利用一直是中国景观生态学关注的热点,除了多水塘景观外,中国学者在湿地景观的破碎化与驱动机制、湿地景观与养分截留及水文调节、湿地景观与生物多样性保护、湿地景观与区域生态安全等方面也开展了大量研究工作,取得了积极进展。

2.6.8 稻-鸭-鱼农田景观与生态系统健康

稻-鸭-鱼农田景观是中国南方地区多年来探索出来的提高农田生产服务价值,促进农田系统良性循环的重要模式,目前已经成为中国重要的物质文化遗产。该模式一般实行垄(厢)稻-沟鱼/鸭,配合鱼沟鱼凼建设。这样的农田景观具有多方面功能:①提高了土地的时间利用效率,稻-鸭-鱼模式可由单纯利用冬水田种稻的 140 天左右增加到 350 天左右循环利用,增加土地的生产服务价值;②提高了土地的空间利用效率,将过去水稻一层利用生产模式改变为稻-鸭-鱼综合立体利用模式,可以获得土地、水体、水面等要素的多层利用,充分利用有限的土地空间;③提高物质的利用效率,将水稻种植、鱼鸭养殖综合在一起,可以起到一次投入、多级利用、鱼鸭过腹还田之功效。研究稻-鸭-鱼农田景观系统的健康与可持续利用为探讨基于功能的景观格局设计提供了良好应用实例。

关于稻-鸭-鱼农田景观管理,仍然存在许多问题需要进一步去研究和探索,如土地整理技术、稻-鸭-鱼时空搭配、养分投入和合理利用频率、农田轮作与生态系统健康维持等。

2.6.9 源汇景观格局分析与水土流失危险评价

源汇景观格局分析是陈利顶等于 2003 年提出并逐渐发展起来的。其关键是:基于各景观类型的生态功能特点,从"源""汇"的角度,重新定义了景观类型的性质;根据景观对某一生态过程的作用和功能,将之分为源景观和汇景观。在此基础上,构建了基于源-汇过程的景观空间负荷比指数。该指数已经得到了初步的验证,可以用来比较同一时期,不同流域景观格局在控制水土流失和养分流失方面的优劣,也可以比较同一流域不同时期景观格局变化对水土流失和养分流失的影响。目前,源汇景观概念和相应的评价方法已经被应用到森林格局的水资源涵养评价、水土流失评价、热岛效应等领域。此外,中国许多学者还从农田景观设计与生态规划及非点源污染控制、农业景观与美丽乡村建设、农业景观与生物多样性保护、景观格局与生态功能等方面开展了许多有特色的研究,拓展了景观生态学的研究领域。在可持续发展背景下,景观可持续性与景观可持续性科学也开始进入了研究者的视野。

任务 3 景观生态与自然保护区

自然保护区,是指对有代表性的自然生态系统、珍稀濒危野生植物物种的天然集中分布区、有特殊意义的自然遗迹等保护对象所在的陆地、陆地水体或者海域,依法划出一定面积予以特殊保护和管理的区域。

3.1 自然保护区规划目标

根据国家环境保护总局统计,截至 2019 年 9 月,全国已建立各种类型和不同级别的自然保护区 2750 个(不包括香港、澳门特别行政区和台湾省),总面积 $147 \times 10^4 km^2$,陆地保护区面积约占陆地国土面积的 15%。其中国家级自然保护区 474 个,面积 $9415 \times 10^4 hm^2$,占全国自然保护区面积的 64.7%,并有内蒙古锡林郭勒、吉林长白山、江苏盐城、浙江南麂列岛、福建武夷山、湖北神农架等 29 个自然保护区被联合国教科文组织列入"国际人与生物圈保护区网";吉林向海、黑龙江扎龙、上海崇明东滩、江苏大丰麋鹿等 49 个自然保护区被列入《国际重要湿地名录》;四川九寨沟和黄龙、湖南张家界等一些自然保护区被列入世界自然遗产。这些保护区对保障我国生态环境安全,保护生物多样性,发挥着巨大的作用。

根据《中华人民共和国自然保护区条例》（2017年修订），自然保护区实行分区保护，自然保护区可以分为核心区、缓冲区和实验区。自然保护区内保存完好的天然状态的生态系统以及珍稀、濒危动植物的集中分布地，应当划为核心区，禁止任何单位和个人进入；因科学研究的需要，必须进入核心区从事科学研究观测、调查活动的，应当事先向自然保护区管理机构提交申请和活动计划，并经省级以上人民政府有关自然保护区行政主管部门批准；其中，进入国家级自然保护区核心区的，必须经国务院有关自然保护区行政主管部门批准。自然保护区核心区内原有居民确有必要迁出的，由自然保护区所在地的地方人民政府予以妥善安置。核心区外围可以划定一定面积的缓冲区，只准进入从事科学研究观测活动。缓冲区外围划为实验区，可以进入从事科学实验、教学实习、参观考察、旅游以及驯化、繁殖珍稀、濒危野生动植物等活动。原批准建立自然保护区的人民政府认为必要时，可以在自然保护区的外围划定一定面积的外围保护地带。在自然保护区规划中，斑块的形状、大小，廊道的走向，斑块和廊道的组合格局，对许多生物有重要影响。景观生态学在自然保护区规划中应当发挥重要作用。

自然保护区规划的目标应当是自然保护区建设总目标的具体化，要紧紧围绕自然保护区保护功能和主要保护对象的保护管理需要，坚持从严控制各类开发建设活动，坚持基础设施建设简约、实用，并与当地景观相协调，坚持社区参与管理和促进社区可持续发展。自然保护区的规划要贯彻"全面保护自然环境，积极开展科学研究，大力发展生物资源，为国家和人民造福"和"加强资源保护、积极驯养繁殖、合理开发利用"的方针。

自然保护区规划目标应当包括四方面的内容：①自然生态和主要保护对象的保护状态目标；②人类活动干扰控制目标；③工作条件和管护设施完善目标；④科研和社区工作目标。

景观生态学在自然保护区规划方面有更显著的优势，为生物多样性保护提供了新的视角。与传统的保护生物学相比，景观生态学更多地关心生态过程的连续性和稳定性，注重在大尺度上对生物生境的保护，通过合理调整和控制现有景观格局和规划设计新的景观格局来保护景观多样性。景观生态学中关于自然保护区规划设计的原理主要有：岛屿生物地理学理论、复合种群理论、景观连接度和景观异质性与生物多样性。

3.2 自然保护区景观生态规划

自然保护区的规划中首先应当确定保护对象的价值，依据保护价值确定相应的保护等级，自然保护区的选择应当遵循一定的原则，从稀有性、典型性和多样性等角度确定保护区的性质，依据景观生态学的相关原理从斑块的面积、形状、廊道的构成等方面进行规划，从根本上起到保护生物多样性的作用。

3.2.1 自然保护区的大小

根据岛屿生物地理学理论，自然保护区面积越大越好，一个大保护区比具有相同总面积的几个小保护区好。通常情况下，面积大的保护区与面积较小的保护区相比，大的保护区能够为物种生存提供更加良好的生境，同时生境条件更加趋于多样化，有利于更好地保护物种，大的保护区能保护更多的物种，一些大型脊椎动物在小的保护区内容易灭绝。同时，保护区的大小也关系到生态系统能否维持正常功能。

保护区的大小也与遗传多样性的保持有关，在小保护区中生活的小种群的遗传多样性低，更加容易受到对种群生存力有副作用的随机性因素的影响。物种的多样性与保护区面积都与维持生态系统的稳定性有关。面积小的生境斑块，维持的物种相对较少，容易受到外来生物干扰。保护区面积达到一定大小后才能维持正常的功能，因此在考虑保护区面积时，应尽可能包括保护对象生存的多种生态系统类型及其相关的演替序列。

一般而言，自然保护区面积越大，则保护的生态系统越稳定，其中的物种越安全。但自然保护区的建设必须与当地的经济发展相适应，自然保护区面积越大，可供生产和资源开发的区域越小，因而会与经济发展产生矛盾，同时，为了达到自然保护区的保护目标，需要投入资金、人力和物力来维持自然保护区的运转。因此，保护区面积的适宜性是十分重要的。保护区的面积应根据保护对象、目的和社会经济发展情况而定，即应以物种-面积关系、生态系统的物种多样性与稳定性以及岛屿生物地理学为理论基础来确定保护区的面积。

3.2.2　自然保护区的形状

自然保护区的形状应以圆形或者近圆形为佳，这样可以避免"半岛效应"和"边缘效应"。考虑到保护区的边缘效应，则狭长形的保护区不如圆形的好，因为圆形可以减少边缘效应，狭长形的保护区造价高，受人为影响也大，所以保护区的最佳形状是圆形。如果采用狭长形或者形状更加复杂的自然保护区，则需要保持足够的宽度。保护区过窄，则在狭长形保护区中不存在真正的核心区，这对于需要大面积核心区生存的物种而言是不利的，同时管理的成本也会加大。当保护区局部边缘被破坏时，对圆形保护区和狭长形保护区的影响截然不同，圆形保护区的实际影响很小，狭长形保护区局部边缘生境的散失将影响保护区核心内部，减小保护区核心区的面积。

在进行自然保护区的景观生态规划时，需要考虑的因素还包括保护对象所处的地理位置、地形、植被的分布和居民区的分布等。在规划的保护区内应该尽量避免当地的人为活动对保护区内物种生境的影响。

3.2.3　自然保护区功能分区

联合国教科文组织提出的"人和生物圈计划"（MAB）是一个世界范围内的国际科学合作规划。MAB在计划的实施过程中提出了影响深远的生物圈保护的思想。根据其思想，一个合理的自然保护区应该由三个功能区组成。①核心区：在此区生物群落和生态系统受到绝对的保护，禁止一切人类的干扰活动，但可以有限度地进行以保护核心区质量为目的，或无替代场所的科研活动；②缓冲区：围绕核心区，保护与核心区在生物和景观上的一致性，可进行以资源保护为目的的科学活动，以恢复原始景观为目的的生态工程，可以有限度地进行观赏型旅游和资源采集活动；③实验区：保持与核心区和缓冲区的一致性，在此区允许进行一些科研类经济活动以协调当地居民、保护区及研究人员的关系。

在具体规划设计自然保护区的实践中，最重要的是如何合理地划定自然保护区功能区的边界。一般有以下几个原则：①核心区。核心区的面积、形状、应满足种群的栖居、饲食和运动要求；保持天然景观的完整性；确定其内部镶嵌结构，使其具有典型性和广泛的代表性。②缓冲区。隔离区外人类活动对核心区天然性的干扰；为绝对保护物种提供后备性、补充性或替代性的栖居地。③实验区。按照资源适度开发原则建立大经营区,使生态景观与核心区及缓冲区保持一定程度的和谐一致,经营活动要与资源承载力相适应。生物圈保护区的思想为自然保护区的设计规划提供了全新的思路。需要指出的是,生物圈保护区只是有关自然保护区规划设计的一种思想。在具体设计操作中,如何确定各功能区的边界、如何合理设计保护区的空间格局及如何构建廊道为物种运动提供通道等。这些问题必须根据其他相关学科的知识理论来解决,尤其是景观生态学的理论和方法。景观生态学的理论在自然保护区规划设计中的应用日益引起人们的关注和兴趣。

3.2.4 自然保护区生态廊道的规划

自然保护区中的生态廊道经常被用作缓冲栖息地破碎的隔离带,能够将孤立的栖息地斑块与物种种源地相联系,有利于物种的持续交流和增加物种多样性。但是廊道还可能会成为外来物种入侵的重要通道,也可能成为病虫害入侵的通道,这无疑会增加物种灭绝的风险,不能实现自然保护区的目标。

因此,自然保护区规划设计中对生态廊道的考虑应当基于景观本地、生境条件、保护对象特点和目标种的习性等来确定其宽度和所处的位置,特别要考虑有利于乡土生物多样性的保护。一般而言,为保证物种在不同斑块间的移动,廊道的数量应适当增加,并最好由当地乡土植物组成廊道,与作为保护对象的残存斑块的组成一致。这一方面可提高廊道的连通性,另一方面有利于残存斑块的扩展。廊道应有足够的宽度,并与自然的景观格局相适应。针对不同的保护对象,廊道的宽度有所不同,保护普通野生动物的宽度可为1km左右,但保护对象为大型哺乳动物则需几千米。

在自然保护区进行廊道规划时,首先必须明确廊道功能,然后进行生态学分析。影响生境功能的限制因素很多,有关的研究主要集中在具体生境和特定的廊道功能上,即允许目标个体从一个地方到达另一个地方。但在一个真实景观上的生境廊道对很多物种会产生影响,所以,在廊道规划时,以一个特定的物种为主要目标时,还应当考虑景观变化及其对生态过程的影响。保护区间的生境走廊应该以每一个保护区为基础来考虑,然后根据经验方法与生物学知识来确定。应注意下列因素:要保护的目标生物的类型和迁移特性,保护区间的距离,在生境走廊会发生怎样的人为干扰,以及生境走廊的有效性等。为了保证生境走廊的有效性,应以保护区之间间隔越大则生境走廊越宽的要求设置生境走廊。因为大型的、分布范围广的动物(如肉食性的哺乳动物)为了进行长距离的迁移需要有内部生境的走廊。研究表明,使用生境走廊时除考虑领域与走廊宽度外,其他因素,如更大的景观背景、生境结构、目标种群的结构、食物、取食型也影响生境走廊的功能。

任务4 景观文化建设

4.1 景观文化性

景观从表象上看,是物质实体与空间,但与人们的精神世界是连在一起、密不可分的。景观反映了人们利用自然、改造自然的态度差异,更反映了人们价值观念、思维方式等的不同。特别是人工景观属于物化了的精神，始终附着在知识、观念与艺术上，是一定社会的政治和经济在观念形态上的反映；是人类精神对自然的加工，是人类社会组织制度，人们的价值观念、思维方式的载体。景观的文化性不仅包括它的物质功用的方面，还包括它的精神功用的方面，精神功用的方面非常多。

城市中许多文化设施，其物质载体是可以看成建筑的，作为建筑融进整座城市的硬质景观，但是它的精神层面却是在打造这座城市最为重要的文化灵魂。承载一座城市历史文化和艺术珍品的博物馆、艺术馆，还有传承人类文化知识的各类学校在体现城市的文化品位上都有着极为重要的作用。人工景观虽然都是人建的，但它的形成却有客观的不为个人所左右的历史。一座城市成为什么样的城市，受到它的地理、功能、历史人文、生活习俗等多方面的影响。在漫长的成长历史过程中，景观形成了自己的文化特色与文化个性。

4.2　文化景观的基本特征

文化景观是人文地理学研究的核心。早在19世纪末至20世纪初，就有德国学者提出"景观"是地理学研究的对象。没有经过人类活动发生重大变化的景观为原始景观，又称自然景观，如行云飞瀑、高山流水等。原始景观在人类活动作用下发生了重大变化（尤其是功能变化）后，就成了文化景观，如园林建筑、书画题记等。文化景观是人们为了满足某种需要，利用自然物质加以创造，并附加在自然景观上的人类活动形态。例如，农田、道路、学校、纪念碑等，都是人类利用自然提供的物质，在原始地表之上创造出来的。

文化景观可分为两类：物质文化景观和精神文化景观（或非物质文化景观）。物质文化景观比较容易理解，精神文化景观是指人们主要通过视觉以外的其他感官感受人类创造物，如音乐、戏剧、精神传承、地名等。

文化景观的特性表现在以下三个方面。

4.2.1　文化景观的空间性

它是确定文化要素中何为文化景观的关键尺度，文化景观是附着在自然物质之上的人类活动形态，而任何自然物质都必须占据一定的空间，不论其形态大小，文化景观所处的空间位置都应具有稳定性或固定性。

4.2.2　文化景观的功能性

它是指文化景观在人类社会中的文化功能性，它可确定某一自然景观是否在人类的作用下已经成了文化要素。如城市雕塑具有美学享受功能意义，烽火台具有军事信息传递功能等。

4.2.3　文化景观的时代性

它是三个基本特性中具有应用意义的，每个文化景观都是特定时代的产物，它必然带有创造和生产它的那个时代的特点，即人们通过一个地区不同时期的文化景观，了解该地区不同时期的文化特点，以及社会文化的变化轨迹。如烽火台、古长城等留存至今，已经完全或部分丧失了当初的功能，它们更多地体现当时的文化特征。如今，它们的功能是旅游观赏。

文化景观是人地相互作用的产物，通过对它的观察和研究，可以了解人类活动与自然环境的相互关系,探究历史时期自然环境的原貌,认识人类为了生存和发展而对自然环境施加的影响及其作用程度,主要表现为以下两点。

（1）文化景观是自然环境的指示物。文化景观指示自然环境,类似于植物可以指示环境,但是,由于文化景观的产生是多种因素影响和作用的结果,既有必然性,也有偶然性,不是任何文化景观都能直接反映自然环境的状况,因此,文化景观对自然的指示作用也是有限的。如由《中国虫神庙与明代北方蝗灾频率分布图》可以了解蝗灾频发区的主要范围,推知当时的地理环境状况;但并不是有蝗灾的地方,自然环境状况就完全一样。

（2）文化景观是文化系统的折射物。文化景观在形式上有较为简单的,也有较为复杂的,它们都可以不同程度地反映它们所属的文化体系的特征。如马头琴是一种比较简单的文化器物,当把它放大做成雕塑或陈列在艺术博物馆时,也就成了一种文化景观,它既反映了音乐的特征,也反映了蒙古族人民在大草原上放牧而创造的表达豪放、粗犷开朗性格的精神文化特点。

总之,文化景观是地表上文化的一种印记,是附加在自然景观上的人类活动的形态,一种文化景观能显示一个地区的人地关系特征。

4.3 景观文化建设的内容与基本原则

景观文化建设,是指通过对原有景观文化的传承和研究,进一步深度剖析,挖掘内涵,提炼新的景观文化,树立景观的核心文化。景观文化的建设过程,是开发与保护并重的过程,也是继承与创新并重的过程。

景观文化建设,一要与发展产业文化相结合。合理开发景观资源,依托景观独特的地理位置以及丰富的历史文化、山水等资源,以山水田园风光吸引大量的游客,在取得可观经济效益的同时,也把景观自身的独特魅力向世人做了一个尽情展示。二要与传承民族文化相结合。在山水资源丰富的地区,独特的地形地貌景观孕育多样性的,具有"原始、古朴、生态、自然"等特点的传统文化。真实地展现景观的这些民族地方特色,是景观文化建设的核心任务之一。

文化是一个空间的精神内涵所在,仅仅有形式和功能是不够的,内涵才是一个作品的灵魂,有内涵的作品能使其所在的开放景观成为吸引人的好去处,寓教于乐是人们历来所追求的一个目标。中国的文化源远流长、悠久灿烂,任何带有人文主题的开放景观总是耐人寻味、使人流连忘返的,是沉思冥想的好场所。

挖掘和提炼具有地方特色的风情、风俗,并恰到好处地表现在景观意象中,对于体现景观的地方文化标志特征,增加区域内居民的文化凝聚力和提高景观的旅游价值都具有重要的作用。

景观文化建设的重要原则是在建设的过程中要保持重要景观的真实性和完整性。真实性包括景观的形式与设计、材料与实质、利用与作用、传统技术与管理、位置与环境、言语和其他非物质遗产、精神与感受,以及其他内在和外在的因素。完整性是保护景观边界,确保景观价值完整展示。一处文化景观代表着一个地区的人与自然互动的结果,是特定的自然环境、人文精神共同作用的结果,它不仅强调它所保护的文化遗产单体,更强调它赖以存在的周边环境,即景观的真实性和完整性。

4.4 案例分析——云南哈尼梯田景观文化建设研究

梯田耕作是人类适应山地环境而形成的一种农业生产类型，中国是世界上梯田分布最广泛的国家之一，中国云南红河哈尼梯田尤为著名（图7.1）。哈尼梯田景观是哈尼文化区内的典型景观，是哈尼文化的代表，也是人地和谐共处的具有持续发展特性的文化景观，对降雨条件较好的亚热带山地的农业开发和山地环境保护具有重要的借鉴意义。本案例以元阳县城南沙南部的麻栗寨行政村为研究对象，剖析哈尼梯田的景观结构、空间格局和生态功能，提出梯田文化景观的保护思路。

图7.1　哈尼梯田景观

4.4.1　哈尼梯田文化景观结构与功能

哈尼梯田景观是在人为调控下对自然生态系统有意识地干预、调节而形成的文化景观，它由森林景观、哈尼聚落景观和梯田景观组成（图7.2）。森林景观由森林生物群落（植物和动物）和生态环境（土壤环境和气候环境）所组成，其格局受自然因素和哈尼族的资源利用方式约束。哈尼聚落景观是以哈尼族为核心的人文系统，由哈尼族、哈尼聚落格局与哈尼族的梯田稻作等组成，是哈尼梯田文化景观中的异质镶嵌体和控制中心。梯田景观是一个人为控制下的不完整的人工生态系统，其生产者是农作物——水稻与生长于梯田埂边的各种野生草本植物以及鱼、螺蛳、黄鳝、泥鳅等水生动物；分解者是各种土壤微生物、细菌等。另外，它还包括水稻土、空气、梯田动物、微生物等自然环境组分，并与气候因素有密切联系。从土地利用格局看，哈尼梯田文化景观的各子系统是沿等高线分布的。在垂直高度上，分布在最高处的是森林景观，中间是哈尼聚落景观，海拔最低的是梯田景观（图7.2）。

这种林-寨-田在空间上的垂直分布模式，形成了系统内独特的能量和物质流动（以水、土、肥和微生物的流动为主，从系统的顶部森林生态子系统开始，经过村寨文化子系统，被加强后，流入梯田生态子系统，并在梯田子系统中被层层重复利用后，流入河流），这也是红河南岸的哈尼族最典型的土地利用格局。

4.4.2　哈尼梯田文化景观保护

哈尼梯田文化景观是哈尼族适应自然、改造自然和创造自然而形成的文化遗产，在

项目 7　景观生态与生态系统管理

图 7.2　哈尼梯田景观的结构示意

红河南岸地区极为典型，也非常壮观，具有极高的美学和保护价值。哈尼族对梯田、水沟和森林的长期保持和维护，是保证文化-环境良性发展的基础，是哈尼族优秀的文化遗产，值得保护和发扬。21 世纪初，随着交通和医疗状况的改善、人口的增加以及市场经济的发展，许多哈尼人改变了其赖以生存的文化传统，毁林开荒、过度猎杀和采集野生动植物，使哈尼梯田文化景观面临山体滑坡、泥石流等的威胁，影响了哈尼梯田文化景观的持续存在。同时，由于历史上的封闭和自然环境的多样，哈尼族形成了 20 余个支系，如哈尼、叶车、阿卡、哈欧、碧约、卡多、白宏、糯比等，各支系均发展了独特的服饰和丰富多彩的民族风情，使哈尼文化多样性成为云南民族文化多样性的重要组成之一。但哈尼族没有统一的语言，更没有自己的文字，文化的传承仅靠为数很少的"摩批"（又称"贝玛"）的口头传唱。在现代信息和传媒的冲击下，很多哈尼人已经不会说哈尼话，民族文化危在旦夕。因此，保护哈尼梯田文化景观，抢救民族文化，实现文化与环境的持续发展，必须保护哈尼梯田文化景观。

针对哈尼梯田文化景观及哈尼文化的特征和现状，可采取以下保护措施。

（1）申请世界自然文化遗产，提高哈尼梯田文化景观的知名度，获取国际资助，以确保哈尼梯田文化生态系统的持续发展，使之为人类的持续发展作出应有的贡献（哈尼梯田 2010 年 6 月由联合国粮食及农业组织认定为"全球重要农业文化遗产"

(2) 以哈尼梯田农业景观和丰富多彩的哈尼族风情，以及丰富的天然旅游资源（溶洞、动植物）为基础，发展集生态、经济和社会效益于一体的生态旅游。

　　(3) 开展林-寨-田结构及比例的研究，确定一定面积的梯田所需的水源涵养林面积及其位置，并依此规划梯田文化景观的用地构成和比例。

　　(4) 加强梯田渠系的建设，确保多雨季节水源的调配和分流，并根据梯田稳定性程度（坡度），对高坡度梯田采取适当的工程措施予以保护。

　　(5) 建立一支研究哈尼文化的科研队伍，挖掘哈尼文化的价值，探求切实可行的方式和方法，发扬哈尼文化的优秀部分，摒弃不良传统，使其与现代社会的发展同步。

拓展思考题

一、选择题

1. 景观生态与生物多样性保护包括斑块与生物多样性、廊道与生物多样性、（　　）、景观格局多样性与物种多样性。
　　A. 基底与生物多样性　　　　　　B. 空间分布多样性
　　C. 环境因子多样性　　　　　　　D. 景观类型多样性

2. 下列哪一个不是景观生态管理的内容？（　　）
　　A. 景观格局管理　　B. 景观过程管理　　C. 景观功能管理　　D. 景观时空管理

3. 文化景观是（　　）学研究的核心。
　　A. 历史学　　　　B. 生态学　　　　C. 人文地理学　　　D. 物理学

4. 景观文化建设的重要原则是在建设的过程中要保持重要景观的真实性和（　　）性。
　　A. 安全　　　　　B. 完整　　　　　C. 可靠　　　　　　D. 单一

5. 景观文化建设的主要特征包括（　　）。
　　A. 文化景观的空间性　　　　　　B. 文化景观的艺术性
　　C. 文化景观的功能性　　　　　　D. 文化景观的时代性

6. 景观文化建设是指（　　）。
　　A. 对原有景观文化的传承和研究　　B. 进一步深度剖析，挖掘内涵
　　C. 提炼新的景观文化　　　　　　　D. 树立景观的核心文化

二、简答题

1. 简述景观生态要素与生物多样性的关系。
2. 景观生态管理的内容有哪些？
3. 简述景观生态管理与可持续性科学的关系。
4. 文化景观有哪些特征？
5. 试分析加强文化景观建设的重要性。

项目 8

"3S" 技术在景观调查中的应用

遥感（remote sensing，RS）、全球定位系统（global positioning system，GPS）和地理信息系统（geographic information system，GIS），统称为"3S"技术，具有强大的空间信息采集和处理功能。在大的空间尺度上，景观生态学研究所需要的许多数据大多是通过遥感手段来获取的。景观中的组分或过程的具体地理位置是空间数据的重要内容，但这些空间位置往往不易精确而方便地测得，全球定位系统使这个问题迎刃而解。地理信息系统技术为海量数据的信息挖掘和分析提供了有用的平台，也为景观生态学提供了全新的研究手段。随着遥感、地理信息系统和全球卫星导航系统技术的迅速发展，它们在景观格局分析和模型构建中的作用也越来越重要。

任务 1　遥感技术及其在景观生态学中的应用

1.1　遥感的概念

遥感是 20 世纪 60 年代发展起来的一门对地观测综合性技术，其字面理解即为"遥远地感知"。遥感是指由传感器非接触式地采集目标对象的电磁波信息，通过对电磁波信息的传输、变换和处理，定性、定量地揭示地球表面各要素的空间分布特征与时空变化规律的探测技术。按照遥感获取方式，即按电磁辐射能源的不同，遥感可以分为被动式遥感和主动式遥感两大类。被动式遥感系统本身不带有辐射源，在遥感探测时传感器仅接收和记录目标物自身发射或反射来源于自然辐射源（如太阳）的电磁波信息。主动式遥感系统带有人工辐射源，通过向目标物发射一定形式的电磁波，再由传感器接收和记录其反射波。自 20 世纪 80 年代以来，遥感技术因感测范围大、宏观观测能力强；获取信息快，信息量大；更新周期短，便于动态监测等技术优势，快速发展并广泛应用于农业、林业、地质矿产、水文、气象、地理、测绘、海洋研究、军事侦察及环境监测等领域，应用领域在不断扩展。

1.2　RS 技术在景观生态学中的应用

RS 包括卫星图像、空间摄影、雷达以及用数字照相机或普通照相机摄影的图像。遥感技术的发展使得人类能够从不同时间和空间尺度获取景观数据，因而已经成为生态空间、生态过程（景观流）研究不可缺少的技术手段。RS 在景观生态学研究中的具体应用主要体现在植被和土地利用分类、大尺度生物多样性监测、生态系统和景观特征的定量化及其景观动态方面（图8.1）。定量化特征包括不同尺度上斑块的空间格局；植被的结构特征、生境特征以及生物量；干扰的范围、严重程度及频率；生态系统中生理过程的特征（光合作用、蒸发蒸腾作用、水分含量等）、景观物质流中的水和碳、氮等元素循环。景观动态包括土地利用在空间和时间上的变化；植被动态（包括群落演替）；景观对人为干扰和全球气候变化的响应；基于多源影像源的尺度推移。此外，近年来新发展的激光雷达技术凭借其提供的高精度三维地物信息，已经在林业、气象、测绘和考古等领域得到应用并独具优势。

1972—2008年密云水库流域森林植被的变化

图8.1　利用遥感影像进行土地利用的变化研究

遥感获得的生态系统特征参数和过程模型相结合是生态系统动态及其服务功能研究的重要手段。例如，遥感数据驱动的植被生产力光能利用率模型能够定量表达植被生产力和营养元素循环等因子的空间分异；和计量模型相结合，用于景观的生态系统服务功能价值度量；基于所反映的生物种群特征和景观特征的相关关系，间接推断景观尺度上野生动物生境和生物多样性等。

遥感技术在景观监测方面具有以下技术优势：①不同空间分辨率的遥感图像为识别不同尺度上的景观信息奠定了基础，由此可以研究景观动态变化的尺度特征及过程特征；②遥感快速获取技术可以及时地提供不同时期地表景观的信息，由此反映景观的动态变化规律；③遥感的多光谱特性为识别不同景观信息及其动态变化奠定了基础。与传统生态学方法相比，基于RS技术的景观生态学方法具有以下特点：①由于所摄图像是通过不直接接触被测物体获得的，避免了研究者对研究对象的直接干扰，并且允许重复性观察；②RS技术是大格局动态的唯一监测手段；③可以通过摄影镜头和卫星传感器的不同光谱幅度和空间分辨率，在不同的观测高度上，为景观生态学研究提供必需的多尺度资料；④遥感数据一般是空间数据，即所测信息与地理位置相对应，这也是研究景观的结构、功能和动态所必需的数据形式。总之，遥感成果获取的快捷以及所显示的效益，是传统方法不可比拟的，遥感正以其强大的生命力展现出广阔的发展前景。

任务 2　全球定位系统及其在景观生态学中的应用

2.1　全球卫星导航系统的概念

全球定位系统是能在地球表面或近地空间的任何地点为用户提供全天候的三维坐标和速度，以及时间信息的空基无线电导航定位系统，它是泛指所有的卫星导航系统（图 8.2）。目前美国的全球定位系统、俄罗斯的格洛纳斯系统（GLONASS）、欧洲的伽利略卫星导航系统（GALILEO）和中国的北斗卫星导航系统（BDS）被全球卫星导航系统国际委员会认定为四大 GNSS 服务供应商。多个国家也计划或正在建设自己的区域导航系统，如日本正在建设的准天顶系统（QZSS）和印度的区域导航系统（IRNSS）。现阶段以发展最早的美国 GPS 最为成熟、性能指标最为稳定，是世界各国用户量最多的系统。北斗系统是我国自行研制的全球导航卫星系统，相较于美国 GPS，中国北斗起步较晚，但发展迅速。北斗系统由空间星座部分、地面监控部分和用户终端三部分构成，可提供定位、导航、授时三大功能。除此之外，其具备双向短报文传通信功能，这是北斗相较于其他全球卫星导航系统的独特之处。

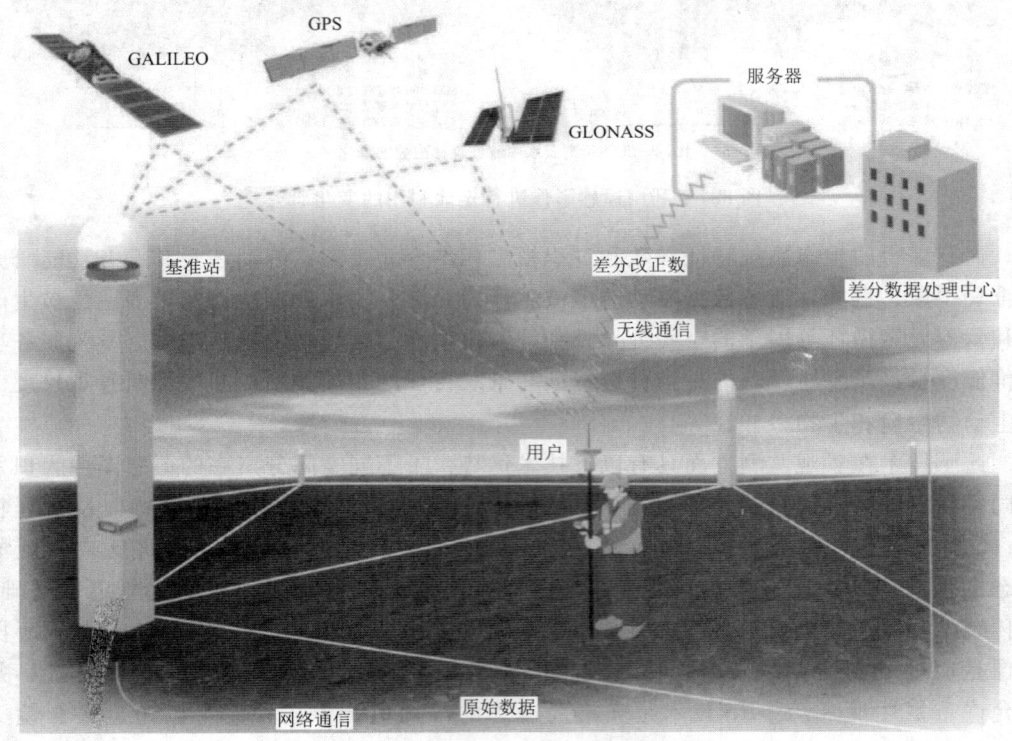

图 8.2　GPS 工作原理

全球定位系统的主要特点有以下几个。

（1）全球、全天候工作。

（2）定位精度高。单机定位精度约为 10m，采用相对定位时精度可达厘米级和毫级。

（3）操作简便。

2.2 GPS在景观生态学中的应用

GPS可在专题地图（生境图、植被图、土地利用分布图等）的制作、航空相片和卫星遥感图像的定位、地面校正和环境监测等方面为景观生态学提供支持，归纳起来有以下四个方面。

2.2.1 景观元素定位

景观元素定位主要是利用GPS测定野外样地定位，也常被用作遥感解译标记及解译结果的核查和补充。例如，在林业资源调查中，以遥感图像和地形图为基础，结合GPS实地布点调查。在森林景观林区作业中，应用GPS完成作业区定位、伐区设计、造林设计、抚育采伐设计、林分改造等作业设计的成图和面积求算。

2.2.2 景观中物种运动跟踪

GPS可应用于景观中的动物活动行踪监测。一方面可以基于GPS技术的高精度跟踪器应用探测候鸟迁徙路径；另一方面GPS的高精度定位功能可用于景观中濒危动物运动方式的追踪和制图（卫星项圈、卫星定位器）。例如，野生雪豹在全世界估计剩下3500～7000只，由于它生活的范围常处于海拔较高的地区，采用常规的手段难以对它的生境和行踪进行跟踪。世界自然保护联盟（IUCN）开始利用GPS定位器与红外线照相机来收集雪豹的活动范围和生活习性等基本信息，并利用这些信息来更好地保护它们。又如，2011年9月4日，新西兰动物研究人员在南大洋海域放生了几个月前误闯新西兰的帝企鹅。放生前，研究人员在企鹅身上安装了一个GPS卫星定位器，用来了解它的行踪，并随时随地地对其进行监测、研究。在我国四川卧龙大熊猫自然保护区，一群野生大熊猫戴着具有GPS定位的项圈在竹林中生活。利用GPS、野外调查与监测、DNA检测技术等，可以揭示大熊猫的行为模式、汶川地震对大熊猫行为和生境利用的影响，以及野外种群的个体间亲缘关系。

2.2.3 斑块边界与形状识别

高精度差分CNSS技术能够识别微地貌变化，得到坡面沟道的发育过程及其形态变迁的时空动态特征。

2.2.4 在环境监测中的应用

在环境监测中，GPS技术经常与全球移动数字移动通信网络（GSM）相结合，为跟踪定位与远程监控信息的传输提供了可靠的保障。GPS/GSM技术已在环境、气象、土地管理、交通、地质等部门得到广泛应用。例如，在近海海洋环境监测中，特别是突发海洋污染事故（如核辐射事故），需要将现场数据实时传输，以便决策者作出科学部署。

任务3 地理信息系统及其在景观生态学中的应用

3.1 地理信息系统的概念

地理信息系统的定义是由两个部分组成的。一方面，地理信息系统是一门学科，是描述、存储、分析和输出空间信息的理论和方法的一门新兴的交叉学科；另一方面，地理信息系统是一个技术系统，是以地理空间数据库为基础，采用地理模型分析方法，通过收集、存贮、提取、转换和显示空间数据，适时提供多种空间的和动态的地理信息，为地理研究和地理决策服务的计算机技术系统。地理信息系统的主要特征包括：①具有采集、管理、分析和输出多种地理空间信息的能力，具有空间性和动态性；②以地理研究和地理决策为目的，以地理模型方法为手段，强调空间分析，具有多要素综合分析和动态预测能力，能够产生高层次的地理信息；③由计算机系统支持进行空间地理数据管理，并由计算机程序模拟常规的或专门的地理分析方法，作用于空间数据，产生有用信息，完成人类难以完成的任务。GIS具有以下四大基本功能：数据的采集与编辑功能、地理数据库管理功能、制图功能和空间查询与空间分析功能。除了在地理方面应用外，GIS应用范围还广泛覆盖环境保护、生态监控、城市管理、交通通信、农林牧副渔诸多行业。

3.2　地理信息系统在景观生态学中的应用
3.2.1　景观空间格局分析

利用地理信息系统的栅格化数据或矢量化数据表达景观数据是景观分析的开始（图8.3）。除了景观单元的数量特征，地理信息系统还可以分析不同景观单元在空间的分布关系，如不同单元之间的距离、邻接性、连通性、核心区和边缘效应等。同时可以进行景观格局对生态过程的敏感性分析和模拟，研究不同景观格局对生态过程的影响。核心区和边缘效应的分析在濒危物种的保护中具有较高的应用价值。对于任何物种的保护，栖息地面积的大小常常具有重要的影响，一般的物种均需要足够大的面积来容纳一定数量的物种，否则将起不到预想的保护作用。然而由于边缘效应的影响，仅仅从斑块面积的大小分析栖息地的保护作用，常常会偏差万里。有时对同样面积的不同斑块，由于斑块形状的影响，在生物保护中将起到不同的作用。此时研究核心区的大小和形状将具有特别的意义。核心区是指生物在栖息地中的生存不受边界外干扰活动的影响而可以生存的那部分面积的区域。它与边缘效应是相对的。对于同样面积的斑块，边缘效应越大，相应核心区的面积越小，反之核心区的面积越大。地理信息系统中的距离分析功能（分析到某一点或线的距离）为核心区和边缘效应的分析奠定了基础。地理信息系统常常用于生物生境的质量评价和景观结构分析。

用地理信息系统与景观研究方法（景观指数分析法和空间分析方法），卢克对新泽西国家森林保护区的景观组成与结构的动态变化进行了研究，并用景观结构指标对人类活动与自然干扰对景观变化的影响进行评价，结果表明，在16年研究期间，自然和人类的干扰导致景观结构（斑块数目、大小和形状）变化及产生的镶嵌景观，体现了一系列尺度干扰机制作用的特征。陈彩虹等应用地理信息系统技术，分析了南京市城乡交错带的景观生态特征，通过比较东南两样区各景观组分的斑块体的面积和平均周长、平均分维数、平均伸长指数和分离度，指出了城乡交错带不同类型斑块体景观特征及生态意义。周廷刚等利用地理信息系统技术对城市绿地景观按行政单元进行了综合评价。高峻等建立上海绿化景观地理信息系统，并分析评价了上海市区的绿化景观格局，得到绿化景观格局较好的区域。

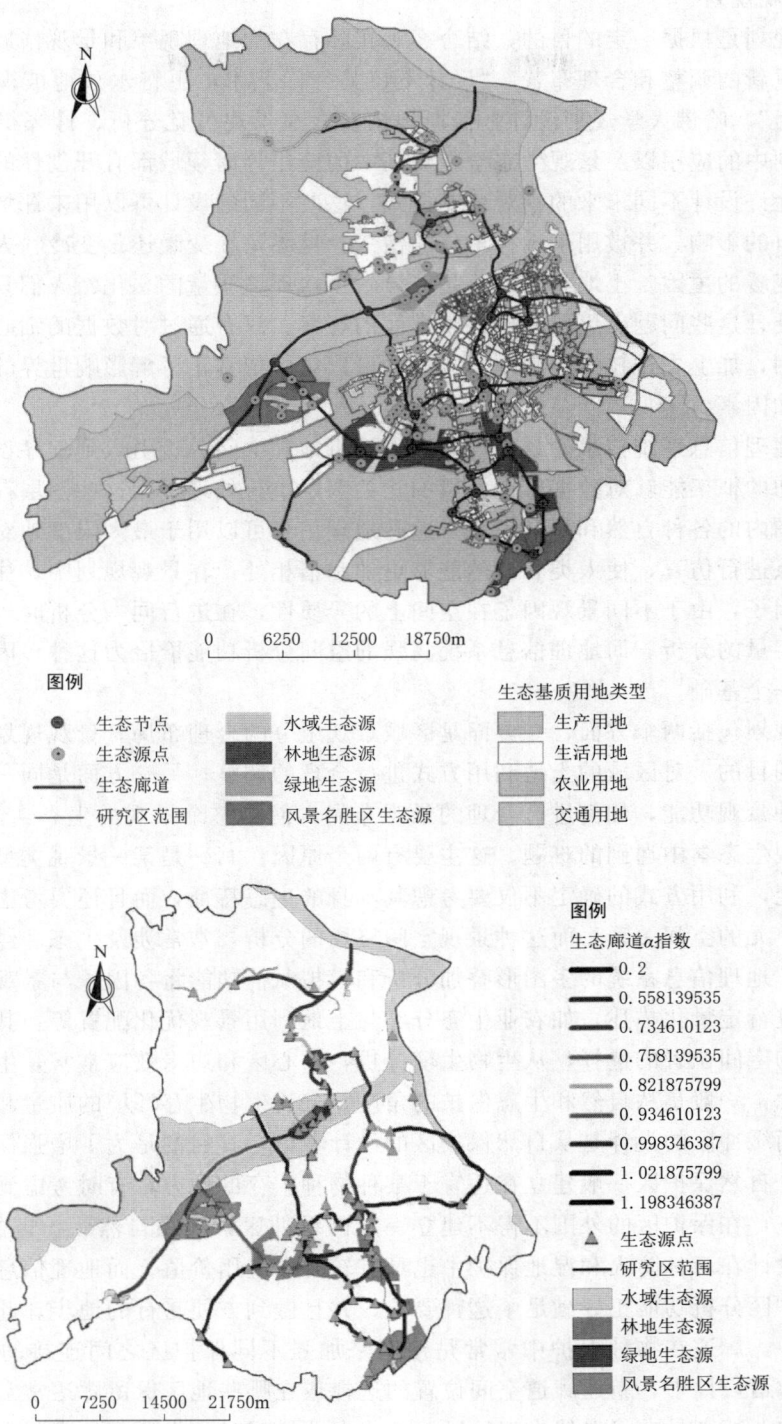

图 8.3 一个区域景观的 GIS 数据表达及廊道分析

3.2.2 景观规划

景观规划是根据一定的目的,结合客观实际存在的地理现象和景观格局,对景观格局的一次重新的调整和合理布置。"设计不仅是一门艺术,更将永久地被视为解决问题的一种行为"。哈佛大学规划设计教授斯坦内茨,在景观可觉分析、计算机和地理信息系统在规划中的应用以及景观生态学在规划中的应用等诸领域都有开创性的贡献。他开发了一个允许设计不同未来的景观改变模式,这些不同的设计可以用来评估它们对自然环境和人口的影响,并被用来选择最佳的情景。世界是在变暖还是变冷?人口的增长是否是气候变暖的主因?土地利用变化是否导致了水环境质量的恶化?人们只是刚刚开始了解如何处理这些问题,更要找出科学有效的答案。只有通过对数据的细心观察,科学原则的运用,加上先进技术的应用,人们才可以有希望真正了解影响世界的复杂系统的各种压力和因素。

基于地理信息系统技术的景观规划和设计将地理空间分析引入到程序设计时代,程序设计最初的框架能够对数据库中大量的相关图层进行处理,而这些图层存储的信息涉及空间范围内的各种自然和社会因素。这些地理信息可以用于最大限度地对自然系统的机能和特点进行仿真,使人类和自然能够更加和谐相处。在景观规划中,往往要考虑众多的景观因子,由于不同景观因子在空间上的异质性,在进行同一分析时,常常会遇到许多无法定量的分析。而地理信息系统高强的空间分析功能恰恰为这种多因子的融合分析提供了一个基础。

景观规划包括两个方面,一方面是区域景观组分的合理布局。景观规划常常是为了某一特定的目的,对区域的土地利用方式进行合理的调整;另一方面是同一土地类型往往具有多种景观功能,如何进行合理的景观布局,使得整个景观的生态功能达到最优,常常是景观生态学中遇到的难题。这主要有两个原因:其一是某一景观类型的最佳利用方式的确定,利用方式的确定不仅要考虑其本身的生态特征,而且还要考虑景观类型与相邻景观单元的空间关系,而这种景观空间格局的分析,常常涉及生态、经济和社会文化等特征,地理信息系统的多图形叠加分析和模拟赋值功能将各因子与景观单元的关系在空间上进行定量化描述,如农业生态分类与土地利用景观优化配置等。其二是对某一景观要素的空间位置的选择,从生物生境分析,核心区和边缘效应常常是生态学家关注的两个概念,一般是从自然和生态保护的角度,分析生物生存环境的质量和栖息地的实际功能。而缓冲区的设计是从自然保护区的设计考虑,其目的是为了增强保护区的实际保护功能。自然保护区一般建立在适宜于某种物种生存的地方,有时考虑到保护区面积和边缘效应,在保护区的外围不得不建立一定的缓冲区,加强自然保护区的保护功能。缓冲区的设计在森林防火和湿地保护中也具有较高的应用价值。而地理信息系统的距离分析和缓冲区分析功能正好满足了这种要求,并且做到方便易行的地步。此外,在景观生态研究中,廊道在物种保护中常常是被用来加强不同保护区之间连接的一个有效途径。而在廊道设计中,新建廊道空间位置的选择或在哪些地区保留廊道常常是生态学家头疼的问题,特别是在将自然生态地区改变为农业景观时常常遇到的实际问题,为了不破坏原来自然种群之间的基因交换,就需要保护不同自然栖息地之间的通道。因而,就需要研究景观空间格局的分布特征和功能,找出最适合的地方建立野生生物自然保护区，将生物经常迁移的通道留作廊道，以利于不同生物种群之间的基因交流，达到保护生物多样性的目的。

3.2.3 景观模拟

在景观生态学研究中，景观变量的空间分布、一致性或邻近度等可以作为输入参数通过 GIS 进入空间预测模型；反过来，预测模型的结果也可由独立的数据检验或重新输入地理信息系统进行空间分析、显示或查询。景观模拟按以下步骤进行：①数据的采集，包括遥感数据、公开出版的数据和统计资料及调查的数据等；②根据来源和技术手段建立景观分类系统；③把不同的来源数据转化成相同的空间数据系统；④结合 GIS 系统平台的专业模型进行景观动态模拟，如元胞自动机（CA）、多智能体等模型在城市演变更替、土地利用变化、土壤侵蚀监测等方面的应用。随着遥感和地理信息系统的发展，景观空间变化模拟越来越受到重视。

总的来说，GIS 技术在景观生态学中的应用主要体现在收集和管理景观数据、各类景观图的绘制、景观动态与模型模拟和景观评价与规划设计等方面。通过空间叠加操作可以合并不同空间数据库，并产生新的数据层和属性；可以分析不同数据层之间的空间交叉及相关关系，进而分析空间现象随时间的变化。例如，把景观模式类型与其他地面特征（DEM、土地利用与土地覆盖、道路、河流等）数据层叠加，可以分析河流与道路密度、镶块体大小与分维数以及土地覆盖与景观模式类型的关系。再如，根据研究需要，采用适宜比例尺的地理底图，通过地面调查或者遥感图像解译，开展不同时期的景观类型制图；可以在 GIS 支持下，对不同时期的景观类型图进行数字化与栅格化处理，获取不同时期研究区景观类型的定量信息；通过 GIS 叠加不同时期景观类典型研究区景观动态变化的特征。此外，在景观评价中，邻近度与缓冲区分析是 GIS 空间分析的重要手段。工业区选址时，为减少水质污染必须远离某一污染源，则可为此污染源建立一个一定宽度的缓冲区，在此缓冲区内的各点都不能作为工业区地址。在分析某一湖泊周围农田的灌溉便捷度时，对此湖泊建立动态缓冲区，缓冲区内与空间物体距离不同的地方，灌溉便捷度不同，离湖泊越远，便捷度越差。

景观生态学的发展对 GIS 在调查与监测中提出新的要求，需要能够在不同等级级别上处理一系列尺度的生态学数据的 GIS 软件。具备这种功能的 GIS 软件应具有几个特点：①具有能够高效地存储和管理大尺度上生态系统资料的数据库结构；②能够方便地进行多尺度（如区域、景观、局部生态系统、样方）的数据聚合和解聚；③能够帮助研究者准确、迅速地确定研究样地或具有某种生态特征地段的地理位置；④能够方便地为生态系统、景观和全模型提供输入数据，确定空间参数。

总之，遥感、地理信息系统和全球定位系统三种技术的有机集成，可以实现对各种空间信息的快速准确收集、处理与更新。在景观生态学的研究中，遥感往往是一种最可靠的快速收集数据的手段，其重复监测的能力提供了不同时期的地表空间信息，使分析人类活动和全球变化背景下景观特征及其动态变化成为可能，定量遥感可以定量提取生态系统及其植被、土壤和水体等各组分特征。地理信息系统则为海量数据处理和分析提供了必不可少的工具。以地理信息系统为技术平台，包括遥感数据在内的各种来源的空间数据，如专题图、样点调查数据等以相同的地理坐标信息和数据格式统一在整体框架下，一方面，通过地理信息系统本身的空间分析和统计工具，可以实现景观结构的空间和数量特征提取；另一方面，不同来源的空间数据，在地理信息系统图层叠加分析功能的支持下，实现景观生态分类制图和适宜性评价，这也是景观规划的重要基础。此外，不同来源的空间数据，结合地理信息系统发展的专业模型，可以实现景观生态过程量化研究和动态模拟。全球定位系统提供特征地物的定位信息用于遥感影像的几何校正，使得遥感影像和地表地物在空间上能够匹配；全球定位系统为影像判读提供地面解译标记，遥感图像从电磁波信号转换为一定区域范围内的地表景观结构及生态系统特征信息。同时，GPS的实时动态信息也是地理信息系统建立和数据更新的重要手段。全球定位系统在生态系统管理中的典型应用当数美国农业部林务局的GPS技术系统，它涉及确定林区面积，估算木材量，计算可采伐木材面积，确定原始森林、道路位置，对森林火灾周边测量，寻找水源和测地区界线等各个方面，为我国生态系统管理的信息化提供很好的学习样本。总之，在"3S"技术的支撑下，景观生态学的研究，特别是大区域范围的研究，获得了前所未有的进展。

拓展思考题

一、选择题

1. "3S"技术包括（   ）。
   A. GPS、GIS、RS   B. GPS、GIS、KPSB
   C. GLONSS、GPS、RS   D. GIS、RS、GPS

2. （   ）是采用人工辐射源，向物体发生一定能量和一定波长的电磁波，接收器接受物体反射微波，达到遥感的目的。
   A. 电磁波遥感技术   B. 主动式遥感技术
   C. 被动式遥感技术   D. 声学遥感技术

3. 所谓（   ）是直接接收目标物反射和发射的电磁波，达到遥感的目的。
   A. 电磁波遥感技术   B. 主动式遥感技术
   C. 被动式遥感技术   D. 声学遥感技术

4. 全球定位系统的主要特点包括（   ）。
   A. 全球全天候工作   B. 定位精准度高   C. 操作简便   D. 操作复杂

5. 地理信息系统在景观生态学中的应用主要是（   ）。
   A. 景观单元数量特征分析   B. 景观空间格局分析
   C. 景观规划   D. 景观模拟

二、简答题

1. 遥感有什么特点？其在景观生态学上有什么应用？
2. 地理信息系统的组成是什么？其有什么功能？
3. 地理信息系统在景观生态学中的应用主要有哪些途径？
4. GPS的定位原理是什么？其应用领域有哪些？

参考答案

项目1
选择题答案：C、A、B、A、B
项目2
选择题答案：C、A、ABCD、D、C
项目3
选择题答案：A、B、C、A、C
项目4
选择题答案：B、D、C、ACD、D、C、C、D
项目5
选择题答案：C、A
项目6
选择题答案：A、D、B、B
项目7
选择题答案：A、D、C、B、ACD、ABCD
项目8
选择题答案：A、B、C、C、ABCD

参 考 文 献

[1] 陈昌笃. 评介 Z. 纳维等著的《景观生态学》[J]. 植物生态学与地植物学丛刊, 1985, 9 (3): 243-244.
[2] 陈昌笃. 景观生态学的理论发展与实际应用 [M]//马世骏. 中国生态学发展战略研究（第一集）. 北京: 中国经济出版社, 1991.
[3] 陈传康. "景观概念是否正确?" [J]. 地理学报, 1957, 24 (1): 99-113.
[4] 陈传康. 苏联景观学的发展现况与趋势 [J]. 地理学报, 1962, 28 (3): 231-240.
[5] 陈利顶, 吕一河, 傅伯杰, 等. 基于模式识别的景观格局分析与尺度转换研究框架 [J]. 生态学报, 2006, 26 (3): 663-670.
[6] 陈利顶, 傅伯杰, 徐建英, 等. 基于"源-汇"生态过程的景观格局识别方法: 景观空间负荷对比指数 [J]. 生态学报, 2003, 23 (11): 2406-2413.
[7] 陈利顶, 傅伯杰. 黄河三角洲地区人类活动对景观结构的影响分析 [J]. 生态学报, 1996, 16 (4): 337-344.
[8] 陈利顶, 李秀珍, 傅伯杰, 等. 中国景观生态学发展历程与未来研究重点 [J]. 生态学报, 2014, 34 (12): 3129-3141.
[9] 董雅文. 苏联、捷克斯洛伐克等国的现代地理学 [J]. 地理学报, 1983, 38 (1): 90-95.
[10] 傅伯杰, 陈利顶, 马克明, 等. 景观生态学原理及应用 [M]. 2 版. 北京: 科学出版社, 2011.
[11] 傅伯杰, 陈利顶, 王军, 等. 土地利用结构与生态过程 [J]. 第四纪研究, 2003, 23 (3): 247-255.
[12] 傅伯杰, 刘世梁. 长期生态研究中的若干问题与趋势 [J]. 应用生态学报, 2002, 13 (4): 476-480.
[13] 傅伯杰, 吕一河, 陈利顶, 等. 国际景观生态学研究新进展 [J]. 生态学报, 2008, 28 (2), 798-804.
[14] 傅伯杰. 地理学的新领域——景观生态学 [J]. 生态学杂志, 1983, 2 (4): 60-67.
[15] 傅伯杰. 景观生态学的对象和任务 [M]//肖笃宁. 景观生态学: 理论、方法及应用. 北京: 中国林业出版社, 1991: 26-29.
[16] 傅伯杰. 黄土区农业景观空间格局分析 [J]. 生态学报, 1995, 15 (2): 113-120.
[17] 戈峰. 现代生态学 [M]. 2 版. 北京: 科学出版社, 2008.
[18] 郭晋平. 景观生态学 [M]. 2 版. 北京: 中国林业出版社, 2016.
[19] 郭晋平, 周志翔. 景观生态学 [M]. 北京: 中国林业出版社, 2007.
[20] 何进东. 景观生态学 [M]. 北京: 中国林业出版社, 2013.
[21] 何进东. 景观生态学 [M]. 2 版. 北京: 中国林业出版社, 2019.
[22] 黄锡畴, 李崇皜. 长白山高山苔原的景观生态分析 [J]. 地理学报, 1984, 39 (3): 285-297.
[23] 黄锡畴. 欧亚大陆温带山地垂直带结构类型 [M]. 北京: 科学出版社, 1962.
[24] 景贵和. 景观生态学 [M]//马世峻. 现代生态学透视. 北京: 科学出版社, 1990.
[25] 李哈滨, 富兰克林. 景观生态学——生态学领域里的新概念构架 [J]. 生态学进展, 1988, 5 (1): 23-33.
[26] 李双成, 蔡运龙. 地理尺度转换若干问题的初步探讨 [J]. 地理研究, 2005, 24 (1): 11-18.
[27] 李秀珍, 布仁仓, 常禹. 景观格局指标对不同景观格局的反应 [J]. 生态学报, 2004,

24（1）：123-134.
- [28] 林超，李昌文. 北京山区土地类型研究的初步总结［J］. 地理学报，1980，35（3）：187-199.
- [29] 刘茂松，张明娟. 景观生态学——原理与方法［M］. 北京：化学工业出版社，2004.
- [30] 吕一河，陈利顶，德伯杰. 景观格局与生态过程的耦合途径分析［J］. 地理科学选展，2007，26（3）：1-10.
- [31] 潘树荣，伍光和. 自然地理学［M］. 北京：高等教育出版社，1985.
- [32] 特罗勒. 景观生态学［J］. 林超，译. 地理译报，1983（1）：1-7.
- [33] 邬建国. 景观生态学——格局、过程、尺度及等级［M］. 北京：高等教育出版社，2000.
- [34] 邬建国. 景观生态学——格局、过程、尺度及等级［M］. 2版. 北京：高等教育出版社，2007.
- [35] 邬建国. 景观生态学——概念与理论［J］. 生态学杂志，2000，19（1）：42-52.
- [36] 肖笃宁. 景观生态学理论、方法及应用［M］. 北京：中国林业出版社，1991.
- [37] 肖笃宁，李秀珍，高俊，等. 景观生态学［M］. 北京：科学出版社，2010.
- [38] 肖笃宁，苏文贵，贺红士. 景观生态学的发展和应用［J］. 生态学杂志，1988，7（6）：43-48.
- [39] 肖笃宁，赵羿、孙中伟，等. 沈阳西郊景观格局变化的研究、应用［J］. 生态学报，1990，1（1）：75-84.
- [40] 肖笃宁. 景观生态学研究进展［M］. 长沙：湖南科学技术出版社，1999：1-23.
- [41] 徐化成. 景观生态学［M］. 北京：中国林业出版社，1995.
- [42] 许桂灵，司徒尚纪. 广东华侨文化景观及其地域分异［J］. 地理研究，2004，23（3）：411-421.
- [43] 岳天祥，刘纪远. 生态地理建模中的多尺度问题［J］. 第四纪研究，2003，23（3）：256-261.
- [44] 张娜. 景观生态学［M］. 北京：科学出版社，2014.
- [45] 张硕新. 生态管理学［M］. 北京：中国农业出版社，2009.
- [46] 赵文武，傅伯杰，陈利顶. 尺度推绎研究中的几点基本问题［J］. 地球科学选展，2002，17（6）：905-911.
- [47] 赵文武，傅伯杰，陈利顶. 景观格局指数的力度变化效应［J］. 第四纪研究，2003，23（3）：326-338.
- [48] 周志翔. 景观生态学基础［M］. 北京：中国农业出版社，2007.
- [49] 曾辉，陈利顶，丁圣彦. 景观生态学［M］. 北京：高等教育出版社，2017.
- [50] 曾辉，郭庆华，喻红. 东莞市凤岗镇景观人工改造活动的空间分析［J］. 生态学报，1999，19（3）：298-303.
- [51] ALLEN T F H, STARR T B. Hierarchy：perspectives for ecological diversity［M］. Ilinois：University of Chicage，1982.
- [52] BENTRUP G. Conservation buffers：design guidelines for buffers, corridors, and greenways［EB/OL］. http：//nac. unl. edu/buffers/docs/conservation_buffers. pdf.
- [53] DUNGAN J L, PERRY J N, DALE M R T. A balanced view of scale in spatial statistical analysis［J］. Ecography，2002，25（5）：626-640.
- [54] FORMAN R T T, GODRON M. Landscape ecology［M］. New York：John Wiley & Sons，1986.
- [55] FORMAN R T T. Land mosaics：the ecology of landscapes and regions［M］. Cambridge：Cambridge University Press，1995.
- [56] FORMAN R T T. Some general principles of landscape ecology［J］. Landscape Ecology，1995，10（3）：133-142.
- [57] HABER W. Using landscape ecology in planning and management［M］//ZONNEVELD I S,

FORMAN R T T. Changing landscapes: an ecological perspective. New York: Springer-Verlag, 1990: 217-232.

[58] HABER W. Landscape ecology as a bridge from ecosystems to human ecology [J]. Ecological Research, 2004, 19: 99-106.

[59] HARRISON S. Local extinction in a metapopulation dynamics [J]. Biological journal of the Linnaean Society, 1991, 42: 73-88.

[60] HOBBS R J, CRAMER V A. Natural ecosystems: pattern and process in relation to local and landscape diversity in southwestern Australian woodlands [J]. Plant and Soil, 2003, 257 (2): 371-378.

[61] KING A W. Translating models across scales in the landscape [M]//TURNER M G, GARDNER R H. Quantitative methods in landscape ecology. New York: Springer-Verlag, 1991: 479-518.

[62] LI H, WU J. Use and misuse of landscape indices [J]. Landscape Ecology, 2004, 19: 389-399.

[63] MACARTHUR R H, WILSON E O. The theory of island biogeography [M]. Princeton: Princeton University Press, 1967.

[64] MAGNUSON J J. Long-term ecological rosearch and the invisible present: uncovering the processes hidden because they occur slowly or because effects lay years behind causes [J]. BioScience, 1990, 40 (7): 495-501.

[65] NAVEH Z, LIEBERMAN A S. Landscape ecology: theory and aipplication [M]. 2nd ed. New York: Springer-Verlag, 1994.

[66] O'NEILL R V, DEANGELIS D L, WAIDE J B, et al. A hierarchical concept of ecosystems [M]. Princeton: Princeton University Press, 1986.

[67] OPDAM P, FOPPEN R, VOS C. Brideing the gap between ecology and spatial planning in landscape ecolosy [J]. Landscape Ecology, 2002, 16 (8): 767-779.

[68] PEASE K M, FREEDMAN A H, POLLINGER J P, et al. 2009. Landscape genetics of California mule deer (Odocoileus hemionus): the roles of ecological and historical factors in generating differentiation [J]. Molecular Ecology, 18 (9): 1848-1862.

[69] PEASE K M, FREEDMAN A H, POLLINGER J P, et al. Landscape genetics of California mule deer (Odocoileus hemionus): the roles of ecological and historical factors in generating differentiation [J]. Molecular Ecology, 2009, 18 (9): 1848-1862.

[70] PETERS D P C, BESTELMEYER B T, TURNER M G. Cross-scale interactions and changing pattern-process relationships: consequences for system dynamics [J]. Ecosystems, 2007, 10: 790-796.

[71] PICKETT S T A, CADENASSO M L. Landscape ecology: spatial heterogeneity in ecological systems [J]. Science, 1995, 269: 331-334.

[72] PULLIAM H R. Sources, sinks and population regulation [J]. American Naturalist, 1988, 132 (5): 652-661.

[73] TROLL C. Luftbildplan und ökologische bodenforschung [R]. Zeitschrift der Gesellschaft fur Erd-kunde Zu Berlin, 1939: 241-298.

[74] URBAN D L, O'NEILL R V, SHUGART H H JR. Landscape ecology: a hierarchical perspective can help scientists understand spatial patterns [J]. Bioscience, 1987, 37 (2): 119-127.

[75] URBAN D L. Modeling ecological processes across scales [J]. Ecology, 2005, 86 (8): 1996-2006.

[76] WAINWRIGHT J, PARSONS A J, SCHLESINGER W H. Hydrology - vegetation interactions in areas of discontinuous flow on a semi - arid bajada, Southern New Mexico [J]. Journal of Arid Environments, 2002, 51 (3): 319 - 338.

[77] WIENS J A, MILNE B T. Scaling of 'landscape' in landscape ecology, or, landscape ecology from a beetle's perspective [J]. Landscape Ecology, 1989, 3: 87 - 96.

[78] WU J, LEVIN S A. A spatial patch dynamic modeling approach to pattern and process in an annual grassland [J]. Ecological Monographs, 1994, 64 (4): 447 - 464.